外国金融制度系列丛书

南非金融制度

主　编　刘明志

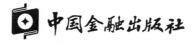
中国金融出版社

责任编辑：王慧荣
责任校对：刘　明
责任印制：陈晓川

图书在版编目（CIP）数据

南非金融制度（Nanfei Jinrong Zhidu）/刘明志主编 . —北京：中国
金融出版社，2018.4

（外国金融制度系列丛书）

ISBN 978 - 7 - 5049 - 9499 - 8

Ⅰ.①南… Ⅱ.①刘… Ⅲ.①金融制度—研究—南非共和国
Ⅳ.①F834.781

中国版本图书馆 CIP 数据核字（2018）第 052646 号

出版　**中国金融出版社**
发行

社址　北京市丰台区益泽路 2 号
市场开发部　　（010）63266347，63805472，63439533（传真）
网 上 书 店　http://www.chinafph.com
　　　　　　　（010）63286832，63365686（传真）
读者服务部　（010）66070833，62568380
邮编　100071
经销　新华书店
印刷　保利达印务有限公司
尺寸　169 毫米×239 毫米
印张　16
字数　236 千
版次　2018 年 4 月第 1 版
印次　2018 年 4 月第 1 次印刷
定价　50.00 元
ISBN 978 - 7 - 5049 - 9499 - 8
如出现印装错误本社负责调换　联系电话（010）63263947

外国金融制度系列丛书
编委会

《海合会国家金融制度》编写组

组　长：高　波

副组长：李　宁　夏　勇

执笔人：吴　达　郭　莉　冶玉龙　孙秋实　刘　侃　倪全学
　　　　金泽芬　王进会　卢瑞亮　付　静　李　印　李冰倩
　　　　张亚茹　白　萍　贺妍秋　张　锋　于　磊　马春晖
　　　　吉　洁

《南非金融制度》编写组

组　长：刘明志

副组长：程　军　王文彬　张进国　李　峰　刘全雷　王昌盛
　　　　陨卫华

统稿人：何　华　彭　陶　易明霖

执笔人：何　华　焦　芃　李文俊　李智贤　彭　陶　屈蕾郁
　　　　孙　亮　陶元良　王翰涛　徐佳佳　徐延子　杨　博
　　　　杨兢生　姚　磊　易明霖　张世民

出版说明

　　20 世纪 80 年代，我国实施改革开放的国策，如何借鉴国外先进理念和技术，更好更快地发展我国经济，是摆在各行各业面前急需解决的问题。在这种形势下，中国金融出版社及时组织出版了一套《资本主义国家金融制度丛书》，为研究和推动我国金融体制改革提供了可供借鉴的宝贵资料，受到了经济金融界的广泛赞誉。岁月变迁，当今各国金融制度也处于不断的变革中。中国金融出版社因时制宜，发挥专业优势，精心论证，积极策划，邀请具有深厚理论素养和从业经验的专业人士编写，现推出新的"外国金融制度系列丛书"。

　　本系列丛书包括《美国金融制度》、《日本金融制度》、《欧盟金融制度》、《英国金融制度》、《澳大利亚金融制度》、《海合会国家金融制度》、《南非金融制度》等，从发展历史、中央银行与货币政策、金融市场、金融监管、危机应对等方面，力求从多角度、多侧面、立体地描述各国金融制度的基本构成、特征和发展趋势，尤其对 2008 年金融危机后各国金融制度的新变化进行了较为详细的论述。本系列丛书内容简明扼要、客观准确、权威可读，既适合国内外学界研究人员阅读和使用，也适合对经济金融问题感兴趣的一般读者，是较好的学习和研究资料。我们希望，该系列丛书的出版能够在向读者呈现各国金融制度全貌的基础上，对我国金融体系的发展和完善提供借鉴。

　　在本系列丛书的策划和撰写过程中，我们得到了中国人民银行国际司原司长何建雄、现司长朱隽的热心帮助和指导，得到了国际司研究处、国际清算银行处和海外代表处各位同仁的强力支持，在此一并表示感谢！

目 录
Contents

第一章

南非金融体系概况

　　南非是非洲四个最大的经济体之一，经济发展水平在非洲首屈一指，金融业也最为发达。南非金融业具有悠久的历史，早在荷兰殖民者统治时期的18世纪末期，荷兰人就开办了具有发钞职能的商业银行，19世纪上半叶英国主导开普殖民以后，也建立自己的银行并发行货币，因此南非金融体系具有荷兰和英国金融业的影子。由于英国殖民统治的影响较大，南非金融体系受英国影响也较大。南非金融业大体经历了殖民地时期到20世纪60年代初主要受宗主国和殖民者控制和影响，20世纪60年代初南非共和国成立到90年代中期种族隔离制度结束之前逐渐形成本土化色彩较浓的金融业，20世纪90年代中期以来逐渐对外资开放并形成现代金融体系三个主要阶段。南非金融业从发展理念到货币政策、金融监管及金融立法都受到发达国家的影响，在金融制度上竭力向发达国家看齐。南非现拥有完善的金融机构体系和品种齐全的金融市场体系，中央银行具有较高的独立性，货币政策实行通货膨胀目标制和汇率自由浮动制，建立了完善的金融监管体系，十分注重风险防控，采用严格的风险防控标准，同时也相当重视消费者金融保护，还拥有完备的金融法律体系。自南非种族隔离制度结束以来，南非逐渐放松外汇管制并对外资开放金融业，一些大型跨国金融机构在南非设立子行、分行或入股当地金融机构，外资金融机构在南非金融市场上发挥着不可忽视的作用。目前，中国银行、中国建设银行在南非设有营业性分行，中国工商银行入股了南非标准银行，并成为后者单一最大股东，另有中资开发性金融机构、中国银联股份有限公司等在南非设有代表机构，南非成为中国在非洲设立金融机构最为集中的国家。同为金砖国家，中国和南非进一步加强经济金融合作具有广阔空间。

第一节　南非金融发展历程

南非金融业发端于荷兰殖民时期，英国殖民占主导地位以后，英国人在南非金融业居于支配地位。1961 年南非共和国成立以后，英国、荷兰控制的金融机构先后转变为本土注册的金融机构，南非逐渐发展起本土色彩浓厚的金融体系，但是英国、荷兰的影响依然存在。20 世纪 90 年代中期以来，随着种族隔离制度的结束，南非与外部世界关系得到改善，南非逐渐放松了外汇管制，并对外资开放了金融业，准许一些外资金融机构在南非设立子行、分行或入股当地金融机构，形成了规范管理的现代金融体系，金融业发展水平几乎可与发达国家比肩，尤其是国内主要大型银行在管理水平上具备了与国际银行竞争的能力。

一、南非金融发展的经济背景

大约公元前 5000 年起，就有土著桑人在南非生活，桑人经济活动主要以牧业为主，包括狩猎和采集等，随着财富的增加，桑人的群体里出现了个人财富和社会依附意识的分化，其酋长的地位也得到发展。其中的牧民被称为"科伊科伊人"，其中的定居者则被称为"布须曼人"，两个族群经过长期的通婚，最终形成科伊桑人。后来，一部分科伊桑人逐渐向着海岸发展，另一部分科伊桑人继续在内陆活动。大约 2500 年前，班图人开始南迁，使南非地区的活动变得复杂起来，约公元 1200 年前后，通向北方的贸易网络逐渐形成。科伊桑人通过印度洋到达今天的莫桑比克地区从事经济贸易活动，使南非地区逐渐发展成为当时的贸易中心，交易的商品包括本地生产的象牙、黄金，甚至产自中国的瓷器等。

南非现代经济的发展始于殖民地时期 19 世纪下半叶钻石的发现和开采。在其后的几十年里，通过开采和出口钻石、黄金等重要的矿产资源为契机，南非获得了一定的资本原始积累和技术力量。在这一时期，矿业发展所形成的巨大冲击波，辐射到南非社会经济的方方面面，将传统的部落经济和农牧经济变成了矿业经济的附庸，改变了这个地区的面貌及其在世界中的地位。

1910 年英国人控制的南非联邦成立后，一直到 20 世纪 70 年代，南非经济大体上保持着快速发展的步调，使南非从一个农矿原料的生产国输出国演变为一个以矿业和商品性农业为基础、以制造业为主导的工业化国家。1909 年，英帝国议会通过了《南非联邦法案》，确定英国人与南非布尔人联合统治南非，并且规定了对白人、黑人及其他有色人种的不同待遇。英国人主要拥有矿产资源，荷兰人后裔阿非利康人主要占有农田。1910－1932 年，南非制造业发展迅速，在国民经济中的比重迅速增加。1929 年的世界经济"大萧条"给南非经济的发展带来了严重的消极影响。"大萧条"结束至 1960 年，南非制造业得到了巨大发展，其间第二次世界大战的爆发促进了南非工业化的全面发展及农业的繁荣。1961 年，南非共和国成立，南非经济发展的自主性逐渐增强。1961－1974 年，南非已经建立起发达的现代工业体系，并发展了完善的基础工业和第三产业，其发展水平居于当时世界中等发达国家行列。

从 20 世纪 80 年代初期至 90 年代初期，南非经济出现衰退，社会动荡不安，导致南非居民的消费行为短期化，储蓄率持续下降，经济发展更加依赖外资，而社会和政治的动荡不安同样导致了投资环境的恶化和日益严重的国际制裁，又引起资金纷纷外流。南非储备银行被迫收紧外汇管制及采取其他必要的货币政策措施以应对日益恶化的国际收支形势。受被动的对外封闭影响，1980－1993 年，南非经济平均增速仅为 1.4%，远远落后这一时期世界 3.7% 的平均增速。

1994 年，南非非国大政党主导的新政府上台后，种族隔离主义成为历史，政局也趋于稳定，为了恢复和发展经济，新政府采取了一系列经济措施，遵循宪法规定的保护公民合法财产权利，实施了鼓励投资的政策。1994 年以来，南非政府实行谨慎的财政政策，在面临巨大就业压力，百废待兴、信贷需求旺盛的形势下，坚持财政紧缩和货币从紧政策，以保持金融秩序稳定和抑制通货膨胀，使南非经济在恢复和发展的过程中建立了稳固的税收基础，并使公共债务保持在较低水平。同时，由于对外关系改善，经济形势好转，外汇管制也逐渐放松，对外开放逐渐扩大。1994－

2008 年，南非经济保持了 3.3% 的平均增速。现在，南非作为非洲最大的经济体之一，GDP 总量约占非洲经济总产出的 1/4，大部分金融制度已达到欧洲标准，资本市场名列全球前 20 位。

2008 年国际金融危机及其后的大宗商品价格波动不可避免地对南非经济造成了负面冲击。由于产业结构单调，对资源和大宗商品出口过度依赖，工会力量过于强大又导致工资缺乏弹性且易爆发罢工，都使南非经济从危机冲击以后的衰退中恢复比较困难。金融危机对南非经济增长所造成的负面影响在 2008 年第三季度开始显现，2008 年全年经济增长率由 2007 年的 5.4% 降至 3.2%，2008 年第三季度南非国内生产总值的增长率骤降至 1.8%，第四季度增长率更是低至 -1.7%。2009 年全年实际 GDP 增长率仅为 -1.5%。2010 年，经济增速有所回升，曾一度升至 3.2%，其后经济陷入复苏乏力、增速放缓并在低位徘徊，2016 年经济增速仅为 0.3%。随着金融危机导致南非经济陷入衰退，南非财政收入特别是税收也受到了较大的负面影响。仅在金融危机扩散的 2009/2010 财年，南非政府获得的运营活动产生的现金收入，就较 2008/2009 财年减少了超过 336 亿兰特。近十年来，南非失业率一直处于高位，官方公布的 2017 年第二季度失业率高达 27.7%。当前，南非经济景气依然低迷，如何提速增效成为南非政府、企业和人民共同面对的一项艰巨任务。

二、南非银行业发展历程

南非在历史上先后有荷兰殖民和英国殖民，因而受荷兰和英国影响，南非银行业起步较早，而且有着鲜明的英国和荷兰传统。1793 年 4 月 23 日，南非历史上第一家银行 Lombaard 银行在荷兰东印度公司的支持下在开普敦成立，当时是具有发钞职能的银行。1808 年，英国殖民政府也在开普敦成立了贴现（Discount）银行。

1837 年，南非第一家私有银行好望角银行成立。随着英国殖民活动逐步深入南非内陆地区和贸易的扩大，越来越多的私有银行应运而生。1837 - 1866 年，仅开普半岛上就有 29 家银行成立，这些银行大都发行各自的纸钞。但 19 世纪 60 年代中期，由于外部经济形势困难和过度授信，很多本土小银行破产倒闭。

在小银行大量倒闭的同时，帝国银行（Imperial Banks）即英国银行开始进入南非，1861年伦敦＆南非银行成为第一家进入南非的帝国银行。英国标准银行南非公司于1863年1月在南非的伊丽莎白港正式营业，并于1879年吞并了伦敦＆南非银行。1879年英国人成立了非洲银行。在无中央银行的情况下，这些帝国银行自行发行纸钞。由于背后有强大的资本支持，帝国银行在整个殖民地开设分支机构，并尽可能吞并剩余的本土小银行，至1892年原有的小银行已几乎全部被帝国银行吞并。

20世纪20年代，帝国银行在南非金融业的统治得到了进一步的加强。标准银行和巴克莱银行各自吞并了一些竞争对手。1930年，南非银行业被这两家帝国银行主导，其存款市场占有率达到90%以上。

1921年6月30日，私人持股的南非储备银行成立，这是世界上较早成立的中央银行之一，依据1920年通过的《货币和银行法案》作为发行的银行、银行的银行和政府的银行，履行中央银行职能。

两家帝国银行的垄断阻止了新银行进入市场，但在第一次世界大战和"大萧条"之后，市场竞争有所增强。第二次世界大战之后，Volkskas银行、南非荷兰银行（Netherlands Bank of South Africa）和Trust银行加入了竞争行列，市场份额也逐步增加。

第二次世界大战之后，南非经济增速迅猛，银行业不仅发挥了显著的作用，而且得到了长足的发展。南非银行业资产在20世纪60年代早期约占南非GDP总量的3.4%，80年代末期该比例已达到11.9%。

为了推动本国金融的发展，南非政府1972年正式提出南非银行外资控股不得超过50%的要求。在此之前，标准银行1969年已变更成部分本地持股的南非公司，巴克莱银行1971年也进行了同样的变更。南非荷兰银行则在1969年变更成南非本地银行，并于1971年更名莱利银行（Nedbank）。20世纪70年代到80年代，莱利银行的发展速度超过两家帝国银行，打破了南非银行业两家帝国银行独大的局面。80年代末之前，由于南非实行种族隔离主义，国际社会制裁并施加压力，发生了大量资本外流现象，当局不得不收紧外汇管制以及采取其他货币政策措施，当然金融业也没有新的外资进入。

20世纪90年代早期，金融机构完成了整合兼并，组建了大型的银行集团，基本形成了南非四大银行主导的市场格局并延续至今。1994年曼德拉当选总统后，南非经济逐渐开放，大规模资本1995－1999年再次流入，外资银行也以缓进的方式重返南非。南非的政治转型，外汇管制的放松和非洲经济的日益自由化，都促使南非成为南部非洲地区的金融中心。

1994年《南非银行法修正案》开始允许海外银行在南非开设代表处、办事处和银行分支机构。此后，国际性银行在南非的业务迅速拓展，美国摩根大通银行、法国兴业银行、德意志银行及英国渣打银行等在南非设有分支机构。外国银行拥有雄厚的资金实力及丰富的运营经验，给南非本土银行带来了巨大的竞争压力。这些外国银行多关注大公司客户和个体私人银行，并主导南非经纪产业市场，但未涉入零售市场。

到了21世纪初，影响全球的金融危机对南非银行体系的冲击不大，主要原因是南非银行业本身监管较为严格，资产选择较为保守，对金融衍生品市场的参与有限，对全球市场尤其是国际衍生品市场的参与也有限。近十年来银行机构数量及市场格局变化不大，银行业总资产保持持续增长，来自黑人低收入人群对金融服务的需求日益增长，目前南非77％的成年人拥有银行账户，该比例远高于非洲其他国家。

三、南非保险业发展历程

南非保险业肇始于英国殖民时期。1806年，英国凤凰公司授权两个南非人为代理人，1808年，该公司在南非正式接受投保业务，标志着南非保险市场的诞生。1826年，总部设在伦敦的联合帝国和大陆人寿保险协会，在好望角设立了一家分支机构。同年，不列颠联盟与国外人寿和火灾保险公司开始在南非提供服务。1831年，英国移民托马斯·布雷顿创立了南非第一家保险公司——南非火灾和人寿保险公司。1838年，好望角火灾保险公司新设一家分支机构，专注提供海事险，成为南非第一家专营海事业务的公司。1845年，好望角开普互助保险协会（耆卫公司前身）成立。1853年以后，随着船只在南非、英格兰、澳大利亚和印度之间定期往来，南非与世界其他地区之间发展起保险业务，南非的保险机构也逐渐向其他地区派驻业务代表，增设分支机构。

19 世纪 90 年代，开普敦的商业保险公司率先推出意外事故险。1898年，疾病保险在市场上出现。到 19 世纪末，仅开普地区就有 50 多家外国机构提供保险服务。南非荷兰人后裔在 20 世纪初创立了两家南非最大的保险公司——南非国家信托与保险公司（SANTAM）和南非国家人寿保险公司（SANLAM），专门动员荷兰后裔的储蓄资金。

1994 年，南非结束种族隔离，消除了国家动荡的最大社会根源，保险机构发展的政治环境实现了正常化。根据新宪法，南非对种族隔离时期的法律包括保险监管体系等作了修改，黑人经济赋权计划促进了包括保险机构在内的股权结构的多元化。截至 2016 年末，南非市场从事短期保险业务的机构近 100 家，从事长期保险业务的机构 70 多家。

四、南非证券交易所的演变

约翰内斯堡证券交易所成立于 1887 年，在南非历史上一直是最为重要的交易所。约翰内斯堡证券交易所 1963 年加入世界交易所联合会，1990年后引入电子交易系统。

1990 年南非期货交易所成立，同时约翰内斯堡证券交易所股票衍生品部成立，正式开启了南非场内金融衍生品市场。2001 年，约翰内斯堡证券交易所收购了南非期货交易所。

2003 年，约翰内斯堡证券交易所发布了用于小型和中型上市公司的交易板 AltX，随后发布了用于利率和通货交易的 Yield X，2005 年在自己的交易所内挂牌上市。

1996 年南非债券交易所成立，负责管理南非的债券市场，是非洲大陆最大的债券交易市场，也是世界上流动性最高的新兴债券市场之一。2007年 12 月南非债券交易所转型为上市公司。2008 年南非债券交易所公布的交易量达到 19.2 万亿兰特，约有 100 家主权机构和公司发行 1,102 种债券，总市值为 9,350 亿兰特。约翰内斯堡证券交易所于 2009 年以 2.4 亿兰特的价格收购南非债券交易所，并重新命名为约翰内斯堡证券交易所债券市场。

目前约翰内斯堡证券交易所是南非唯一一家综合性金融产品交易所，同时向市场提供股票、债券以及期权等众多金融衍生品交易服务。约翰内斯堡证券交易所是非洲最大证券交易所，也是全球前二十大证券交易所之一。根据 2012 年世界交易所联合会对衍生品交易的年度调研，约翰内斯堡证券交易所是全球第六大单一股票期货交易所，也是第九大货币衍生品交易所。

第二节　南非金融体系的现状和特点

南非金融业发展水平高，拥有种类齐全的金融机构体系、产品众多的金融市场，还有一家独立性较强的中央银行，实行多头金融监管体制，实行严格的风险防控标准，现正努力向"双峰"监管体制过渡。

一、中央银行独立性强

南非储备银行是南非的中央银行，于 1921 年 6 月 30 日依据《货币和银行法》成立，总部位于南非政治首都比勒陀利亚，至今仍为私营性质，目前拥有约 650 名股东，资本金为 200 万兰特。其作为发行的银行、银行的银行和政府的银行，在货币发行、制定和实施货币政策、监管银行体系、确保国家支付系统有效运行、管理国家外汇储备和保持银行系统平稳运营等方面发挥着关键作用。

南非储备银行由 14 名董事组成的董事会管理，行长、3 名副行长（任期 5 年）以及 3 名董事（任期 3 年）由总统在咨询财政部长及董事会意见的基础上任命，其他 7 名董事由股东选举产生（分别来自商业、金融、工业及农业等部门）。尽管私人股东拥有储备银行股权并有资格参加年度股东大会，但由于法律规定了储备银行的独立性，而且储备银行半数董事由总统任命，货币政策决策由货币政策委员会作出，货币政策委员则由总统任命的行长、副行长以及储备银行内其他 2~4 名高级官员组成，因此私人股东无法左右储备银行的决策，尤其是无法对货币政策决策施加特殊影响。

从 2000 年起，南非正式实施通货膨胀目标制的货币政策，并采用浮动汇率制，通过设定通货膨胀目标区间来衡量和实现价格稳定。为实现保持币值稳定以推动经济平稳持续增长的主要目标，南非储备银行被宪法赋予了较高的独立性和自主权。南非储备银行货币政策委员会具体负责制定货币政策。2000 年以来，南非通胀水平的波动性大幅度下降，回购利率也相应地趋于稳定，以控制通胀为目标的货币政策取得了相当的成效。南非储备银行采用通货膨胀目标制的货币政策框架，表明其决策是根据实现货币政策单一目标的需要作出，不受政府其他目标干扰，也不受政府干预，凸显了其独立性地位。

二、外汇管制日益宽松

1994 年以来，南非政府主张开放资本市场，但是坚持渐进式放宽外汇管制的政策。1995 年，废除对非本国公民换汇的限制。到 1999 年，南非 70% 的外汇管制已经取消。2004 年 10 月 26 日，南非取消对南非公司到国外直接投资的限额，同时废除对在外国取得的红利须汇回国内的限制。但是，到国外投资仍然需要向南非储备银行的外汇管制部门申请，并按照现有的外国直接投资（FDI）标准核定。南非储备银行对特大规模的境外投资相关的资本外流保留干预的权力，以防止对外汇市场的潜在冲击。南非公民个人也可以向在南非上市的外国公司投资。2005 – 2006 年，南非外汇管制进一步放宽，废除对非本国公民和外国公司汇出资本和利润的限制。目前南非仍然保留对前南非公民[1] 的冻结财产的控制。南非仍然根据其《外汇管理条例》实施一定的外汇管制，并通过一系列规章对居民汇出款项与汇入款项进行管理。

三、债务管理行之有效

1994 年南非新政府成立之初，背负着沉重的债务负担，债务约占国内生产总值的 48.6% 。为了不影响外资信心，新政府承诺继续偿还种族隔离时期的债务，包括 10 个"黑人家园"政府的债务。南非政府采取可持续的财政与宏观经济政策，以及健全透明的债务管理制度，得到了国际投资

1　前南非公民指 1994 年之前种族隔离时期的南非公民。

者的认可，使南非发行的以兰特为货币单位的国内债务和外债吸引了各类投资者。在积极管理债务组合方面，财政部负责识别、控制和管理政府面临的风险，具体则由财政部下属的综合风险管理机构对风险作出定量分析。严格有效的管理使南非政府债券市场发展平稳，债务负担处于可承受水平，债务规模处于可持续状态。

四、采用多头监管模式

由于历史原因，南非金融监管体系与英国及其前殖民地国家呈现较大的相似性。从20世纪80年代至2000年前后，南非金融监管先后经历了机构监管模式为主时期和功能监管模式为主时期。当前南非金融以功能监管为主，机构监管为辅，监管机构众多，监管职能分散。作为二十国集团（G20）的成员之一，南非金融监管机构完全按照巴塞尔银行监管委员会的最新全球资本要求制定相关监管标准。目前，南非正在执行《巴塞尔协议Ⅱ》向《巴塞尔协议Ⅲ》的过渡，预计将在2019年全面实施《巴塞尔协议Ⅲ》。此外，南非已批准开始研究"双峰"监管模型。

南非金融监管的机构设置较为复杂，包括诸多政府机构以及自律组织。主要监管机构包括南非储备银行下属的银行监管部，负责对银行的审慎监管；南非财政部下设的金融服务委员会，负责非银行金融机构以及证券市场的监管；贸易和工业部下设的国家信贷监管局，负责在涉及信贷商的市场行为中维护消费者利益；财政部则牵头负责制定金融监管政策。另外，金融情报中心负责监管金融机构执行反洗钱法律、法规与国际反洗钱条例，预防并查处洗钱、恐怖融资以及金融犯罪等。为进一步完善金融监管体系，改变多头监管局面，提高监管效率，南非政府推出监管"双峰"模型，拟将现行多头管理体系改为由中央银行负责维护国内金融市场稳定、由金融服务委员会负责金融企业的运营管理的"双峰"监管体系。

五、金融市场品种齐全

南非金融市场形态完备，交易品种齐全，由货币市场、外汇市场、债券市场、股票市场、黄金市场、金融衍生品市场和商品衍生品市场等子市场构成。每个子市场上都有丰富的产品供市场参与者交易。仅货币市场上就有财政票据、南非储备银行票据、大额可转让存单、银行承兑汇票、回购协议、土地储备银行票据、商业票据等产品。债券市场上则有政府债券（含固定利率债券、通货膨胀挂钩债券、零息债券、可变或浮动利率债券、零售储蓄债券、外币债券、伊斯兰债券、资产剥离债券等）、市政债券、半国营和水利部门债券、公司债券（又可按不同标准划分为多种债券）。丰富的金融市场产品为市场参与者提供了足够多的选择，使投资者、融资者甚至投机者都能在市场上满足其需求。

南非货币市场、外汇市场交易以场外交易为主，主要由银行部门主导。股票市场、债券市场以及大量的金融衍生品市场交易为场内交易，集中于约翰内斯堡证券交易所。约翰内斯堡证券交易所成立于1887年，是非洲最早的证券交易所，根据2004年的《证券服务法》获得交易所执照。约翰内斯堡证券交易所目前是南非唯一一家综合性金融产品交易商，也是世界第十九大、非洲第一大交易所。多年来，约翰内斯堡证券交易所从传统的场内股份交易市场发展成为一个现代化的证券交易所，提供完整的股票、金融和商品衍生工具以及其他相关票据的电子交易和结算服务，并且具有广泛的监管能力。约翰内斯堡证券交易所虽然在全球金融市场中仅属于中型市场（以市值计算），但居非洲第一位。在约翰内斯堡证券交易所上市的公司市值占全非洲上市公司总市值的75%。

六、银行业群雄逐鹿

南非的银行体系非常发达，竞争激烈。目前南非共有本地注册银行17家，互助银行3家、合作银行2家、外资银行设立的分行14家、外资银行设立的代表处39家。南非的四大银行——南非标准银行集团、南非联合银行（巴克莱银行在非洲的子公司）、第一兰特银行和莱利银行，主导着南非的银行业尤其是零售银行市场，其资产总额约占南非银行业资产总额的85%，利润总额约占整个南非银行业利润总额的90%。南非银行体系管理良好，建立了良好的公司治理机制和复杂的风险管理体制。

南非本土商业银行非常具有竞争力，并在非洲具有广泛的影响能力。

20世纪90年代中期银行业对外开放以后，德意志银行、汇丰银行、JP摩根等国际化大商业银行以及著名国际投行都在南非设立了分支机构。同时，作为金砖国家成员国，南非也一直在积极推动金砖国家新开发银行的成立，目前新开发银行已经在南非设立了总部以外的第一家分支机构。

七、保险业市场处于饱和状态

在南非，保险可以分为长期保险和短期保险两种。短期保险（非人寿保险）主要和风险评估有关，保险合同通常须每年签订，任何一方可以随时取消。此类保险包括工程、担保、债务、交通事故、医疗、财产等险种。长期保险主要指寿险，还包括援助、偿债基金、健康、伤残等险种。长期保险、养老金和准备基金主要关注如何使投资回报最大化，而其中最主要的是寿险，目前寿险市场被四大主要保险公司，即OMSA保险公司、桑勒姆保险公司、利保公司和MMI保险公司占据。目前南非寿险业监管良好，具有高度竞争力且市场处于饱和状态。截至2016年6月，南非总计有97家注册短期保险公司，76家注册长期保险公司。2015年保费总额达5,947亿兰特，其中短期保险占比21%，长期保险占比79%。

南非是非洲最大的保险市场，南非保险业的监管框架对创造竞争性、成长性市场十分有利，长短期保险保费收入未来预计将维持5%以上较快增长。此外，随着年轻人群体的壮大和手机的不断普及，南非小额保险业务也得到了更快的发展。2014年全球保险深度为6.2%，其中排名前五位的国家和地区分别为中国台湾、中国香港、南非、韩国和荷兰，保险深度分别为18.9%、14.2%、14.0%、11.3%和11.0%。

值得注意的是，南非人均GDP仍然不高，在一定程度上抑制了保险业的发展速度。同时，南非保险业也面临新监管框架带来的成本上升，中介功能缺失，信息披露不完善，潜在利益冲突，专业人才短缺等问题。

第三节　南非金融业未来发展趋势

南非金融业已经在南部非洲地区乃至整个非洲大陆经营布局二十余

年，其中银行业在非洲占据支配地位。由于其他南部非洲国家在经济上对南非的依赖，南非与邻国经济一体化是大势所趋，而经济一体化的先行者自然是金融业的发展。一方面，依托相对发达的经济和完善的公共基础设施，固本强干，不断巩固金融业在南非国民经济体系中的地位；另一方面，利用体系完善的监管法律框架、发达的金融基础设施，发展成为非洲金融中心，是南非金融业的一个可行的发展方向。近年来，在全球经济衰退和复苏乏力的背景下，南非经济发展疲软，缺乏有力的增长点。在面临内外严峻挑战的形势下，如何赶上信息技术革命的步伐，不断求变求强，为南非国民经济发展提供更有效的支撑，同时在非洲大陆发挥更加有效的引领作用，成为南非金融业亟须回答的问题。

一、银行业改革传统经营模式，大力发展电子银行业务

随着网络技术的发展和电信业务的普及，利用互联网技术和电信运营商服务提供支付结算、资金融通等电子银行业务，成为商业银行的必然选择。电子银行业务在给商业银行带来巨大业务便捷性的同时，也给其传统运营带来巨大挑战，如何运用现代电子手段吸引客户、服务客户，同时防范相应的技术风险和业务风险，成为商业银行不得不面对的一项长期任务。为此，银行不得不加快创新营销模式，细分客户，提供金融产品在移动互联网客户端的定制化部署；银行还将利用互联网金融模式，深度整合互联网技术与银行核心业务，拓展服务渠道，从以往前后台分离的管理模式，逐步转向一体化运营，将客户营销、产品定制、风险管控、财务处理等集中到信息技术层面统一设计；此外，商业银行应将现有业务与在线金融中心、移动金融、电子商务、电子支付平台等新兴技术模式加以整合，以最终满足客户日益多元化需求，实现"一站式综合金融服务"。

随着移动电话在非洲的普及，南非被认为是最重要的具有手机银行开发潜力的新兴市场。World Wide Worx 公司对南非 2,000 万 16 岁以上的居民随机调查显示，有 39% 的居民使用手机上网，41% 的 26～34 岁年龄段人群使用手机银行；45 岁以上人群中，有 11% 的人使用手机银行。除正规金融网络外，许多南非居民使用 P2P 网络平台借贷。新型电子银行在提供

便捷服务的同时，也令客户对其安全性倍感担忧。为此，南非银行业不断加强支付体系和信用体系等金融基础设施建设。南非移动 MTN 公司与南非联合银行采取措施，联手打击手机晶片盗用导致的存款盗领案件。

二、拓展融资方式，发展绿色债券市场

从中长期看，拓展融资方式将成为非洲大陆实现可持续和包容性增长的决定性因素之一，对非洲长远发展意义重大。作为一种创新融资方式，世界银行和国际金融公司（IFC）等方面所倡导的绿色债券可为清洁能源、大运量公交等低碳项目提供融资，以帮助各国缓解并适应气候变化，同时为投资者带来可靠回报。在南非，绿色债券资金支持实施了一些非常有效的可再生能源项目，如帮助南非从燃煤火电向太阳能发电转型，实现发电方式多样化。目前在南非，以能源为主导的可再生能源独立电力生产者采购计划（REIPPPP）批准的项目已增加至 64 个，总投资为 1,200 亿 ~ 1,500 亿兰特，总装机容量达 3,933 兆瓦。今后，随着投资者对绿色债券的需求日益增大，以及南非政府对新能源开发和利用的扶持力度的不断加大，绿色债券将存在很大的市场发展空间。

三、保险业调整发展战略，积极拓展国外市场

南非保险业今后将着力调整发展战略，以应对监管、市场、信息技术环境的变革和考验。第一，严格遵循偿付能力评估管理要求，保证保险公司的偿付能力；第二，顺应养老基金改革，医疗保险改革，公平对待消费者等市场环境的动态变化，研发新产品，提高保险销售和理赔服务质量；第三，充分利用移动互联技术发展红利，革新保险营销技术；第四，通过实践性、系统性、规范性及专业性的培养方式，加快培养和引进保险专业人才，提高保险行业服务质量；第五，积极开拓国外市场尤其是其他非洲国家市场业务。今后，南非保险业还将根据非洲大陆不同国家市场的特点，推出特色银行保险业务。

四、坚持中央银行独立性，完善货币政策框架

长期以来，南非坚持中央银行的独立性，尤其是 2000 年以来，采用了

通货膨胀目标制的货币政策框架，显示出其稳定物价的良好效果。但单一的通货膨胀目标制也使货币政策决策和行动失去了必要的灵活性，尤其是在应对金融危机等复杂局面时。因此，已经有人呼吁南非储备银行的货币政策目标应兼顾增长和就业。在确保稳定物价目标的同时，如何兼顾促增长和稳就业的目标，是中央银行面临的一个挑战。预计今后南非仍会坚持中央银行的独立性，也将对货币政策框架进行讨论和必要的完善。

五、采用严格的国际化的金融监管标准

南非政府和监管机构在尊重金融机构经营自主权，鼓励金融产品和技术创新的前提下，试图寻求行之有效的措施应对金融全球化新风险。一是扩大监管范围。监管将涵盖所有重要的金融机构、金融市场和金融工具，以及信用评级机构等第三方，并建立有效风险预警系统。二是加强监管力度。监管将对强化交易信息披露，限制过度杠杆化，反避税等方面提出更为严格的要求。三是强化监管国际协调与合作。外资银行进入给金融监管当局带来了新挑战，跨国银行善于运用各种类型的组织创新，绕过母国和东道国金融监管当局，造成监管真空，因此要求母国、东道国和第三国三方金融监管相互配合，共同监管，跨境合作。四是采取必要措施应对金融犯罪专业化趋势。金融机构将开展适度调查，维护客户和交易信息，确保相关资料随时提供给监管机构，从而充分保障金融业透明度。

在金融监管标准趋严的背景下，未来银行业面对的监管压力尤其突出。根据《巴塞尔协议Ⅲ》，南非将于2018年实施净稳定资金比率要求，对银行的长期流动性要求上升，可能会引致借贷人交易成本的较大幅度上升。而现实情况是，尽管资本化程度很高，但南非金融系统的结构性特征使大多数长期储蓄为非银行金融机构持有，银行储蓄则严重依赖短期资金，这就意味着南非银行业将要花更多代价以满足流动性资产要求。

六、实行外汇储备多元化战略

受美元贬值影响，自2010年下半年以来，兰特对美元持续贬值，对南非经济及金融安全不利。财政部先后采取了增加外汇储备、放宽外汇管

制、加息等应对措施，平抑兰特汇率波动。2015 年，南非外汇储备规模达 460 亿美元，相当于 GDP 的 13%。近年来，为增强国家偿债能力，规避外部金融风险外溢效应，尤其为规避美国国债收益上升风险，南非政府大力推行外汇储备多元化战略，这其中也包括投资中国银行间债券市场。2013 年 11 月，南非储备银行已与中国人民银行签署协议，将投资 15 亿美元的中国债券，约占南非外汇储备的 3%。此外，南非还计划购买其他非美元计价（如韩元、澳大利亚元、新西兰元等）的资产。

七、开展金融消费者教育，全面推进公平对待客户计划

在金融产品和服务日趋复杂的情况下，实施金融教育是一种预防性保护措施，是金融消费权益保护框架体系的重要组成部分，对整个金融体系的可持续发展至关重要。实施消费者金融教育不仅有利于减少信息不对称性，还能够提高市场透明度、竞争性及有效性，同时也可增加消费者对金融产品的使用机会与需求。人类科学研究理事会（HSRC）对南非居民金融意识和理财水平进行调查结果显示，南非居民的金融意识和理财水平并不高。针对这一情况，南非拟开展"全国金融扫盲计划"，并将其纳入国家发展战略。该计划将金融消费者教育作为金融机构履行社会责任的一个重要组成部分，鼓励和倡导金融机构向公众传播宣传金融知识，为客户更好地使用金融服务、提高理财能力以及丰富金融知识提供保障，同时起到培育客户和提升自身品牌效应的作用。

南非金融业存在服务费用高，不能公平对待客户等问题。对储户尤其是其中的贫穷及弱势群体而言，可提供的储蓄工具有限、使用成本高，适用性差；对借贷人而言，尤其是对于中、小型企业，获得信贷的渠道和机会也十分有限。为应对这些问题，南非政府今后将在金融服务委员会创设零售银行业市场行为监管机构，除将联手国家信贷监管局重点解决市场结构及银行成本问题外，还将实施全面的公平对待客户计划。公平对待客户计划的内容包括：第一，确保所有业务文件表述简单、清晰，所使用的语言应为英语；第二，要求金融咨询人员都应具备一定的职业资格，并有能力履行职责，胜任所承担的工作；第三，在消费者接受金融产品和服务之

前，金融部门须全面、准确地披露产品和服务信息，以便于消费者对金融产品的结构、类型、所存潜在风险以及免责条款等有较为全面的了解。

八、深化与新兴市场经济体的金融合作

在当前经济金融全球化的大背景下，新兴市场经济体的发展不能独立于外部世界，对外资开放也成为金融业借助外援、强身健体的不二法门，新兴经济体金融业之间加强合作则成为相互借势以拓展发展空间和增强应对风险能力的现实选择。吸引外资新兴经济体国家外资进入金融业自然也成为南非金融改革发展的一个方向。2011 年 10 月，金砖国家在约翰内斯堡宣布成立金砖国家交易所联盟。目前已有中国香港交易及结算所有限公司、巴西证券期货交易所、俄罗斯莫斯科银行间外汇交易所和南非约翰内斯堡证券交易所四家交易所参与该计划。这项联盟是金砖国家之间的新合作渠道。这项联盟将吸引更多投资者涉足经济实力与日俱增的金砖国家，这不仅有利于南南合作的深化，还能够真正释放金砖国家的集体潜力。未来南非与其他新兴市场经济体金融机构之间的合作和融合、金融市场之间的互通和融合、货币政策之间的协调和金融监管之间的协调与合作将不断得到加强。

第四节　不断深化中南金融合作

南非经济增速较其他非洲国家为低，但其经济运行质量是非洲大陆其他国家无法匹敌的。中国与南非均属发展中国家，产业结构有较强的互补性，发展面临着相似的挑战，中南合作是"一带一路"建设、中非合作、金砖国家合作的汇合点，具有十分重要的意义，金融合作则是中南合作的重要一环。中国和南非可在既有基础上，进一步扩大和深化金融合作。

随着改革开放进程的不断深化，中国企业"走出去"步伐不断加快，急需金融业提供相应服务。同时，近年来中国金融业实力不断壮大，具备了从事国际化经营的资本条件。当前，中国推动中非十大合作计划，重点推动中非在工业化、能源和基础设施建设、农业现代化等方面的合作，急

需金融合作提供保障和支持。当前，非洲经济处于经济起飞的起步阶段，急需进行大规模基础设施建设并快速推进工业化，因此需要大量金融资源投入。目前，中国具有丰富的金融资源，打造中非共同发展、共同繁荣、守望相助的命运共同体，就需要不断强化中非金融联系、全面加强中非金融合作。因此，扩大中非金融合作，中资金融机构深耕非洲市场，不但是中资金融机构"走出去"的需要，也符合非洲发展的需要，当然也是推进中非合作大局的需要。南非作为非洲金融业最为发达的国家，自然是中非金融合作的重点。2008 年国际金融危机的爆发，使实现金融稳定和经济复苏成为国际社会的首要任务。作为全球最大的发展中大国和非洲大陆最发达的经济体，中南金融合作不仅是两国经济合作的重要推动力，也是实现全球金融治理变革的重要力量。进入 21 世纪以来，中南金融合作一直不断推进，特别是 2008 年国际金融危机以来，已逐渐上升为两国经济合作的核心组成部分并得到快速发展。2008 年中国工商银行收购南非标准银行 20% 的股权，成为南非标准银行单一最大股东。2009 年，中国建设银行又与南非第一兰特银行签署战略合作备忘录，两国金融合作不断取得新的成果。

一、更好地发挥金融业在中南经济合作中的作用

近年来，中南经贸合作领域不断扩大，经贸合作水平不断加深。在中国"21 世纪海上丝绸之路"的倡议下，海洋经济合作成为中南未来经贸合作的新亮点。2013 年中国和南非签署了《中华人民共和国政府与南非共和国政府海洋与海岸带领域合作谅解备忘录》，2014 年完成《中华人民共和国和南非共和国 5 ~ 10 年合作战略规划（2015－2024）》，以及经贸、投资、农业等领域多项合作文件的签署。在此背景下，中国和南非应不断加大"一带一路"框架下的金融合作力度，为两国海洋经济合作乃至全方位经贸合作提供强有力的金融支持。

中南合作是"一带一路"建设、中非合作、金砖国家合作的汇合点，具有十分重要的意义，金融合作则是中南合作的重要一环。在国家层面强化中南战略合作伙伴关系的顶层设计，明确金融合作在双边经济合作中的地位和作用，将中南金融合作打造成中国和非洲国家金融合作以及金砖国

家金融合作的典范。中南金融合作既立足于中国和南非两国，又面向整个非洲，为中非经济合作提供金融支持，为"一带一路"倡议下中非在基础设施、能源、工业化等领域的合作提供金融支持。

利用金融手段支持企业扩大对非洲的直接投资，同时探索并不断扩大金融形式的对非权益投资。当前中非经济合作正在由商品贸易、工程承包层次为主的合作向直接投资、贸易（包括商品贸易和服务贸易）往来和工程建设等高水平全面合作转变，加大对非洲的直接投资力度、加强对非洲企业和项目的股权投资、建立中非长期经济合作关系、实现中非长期经济利益共享，是打造中非命运共同体的需要。鉴于此，中国应对南非扩大直接投资，积累对非直接投资经验并将经验扩大到对其他非洲国家投资领域。

二、顺应南非外汇储备多元化需要，不断扩大人民币在双边贸易投资及在南非债券市场上的使用

从 2009 年开始，中国超越美国成为南非最大贸易伙伴。在双边投资领域，中南合作成果斐然。鼓励企业双向投资是中南两国政府长期实施的投资政策。在这一政策的推动下，中国和南非的企业都成功地在对方国家进行了卓有成效的投资，投资额和企业数量呈现逐年增长势头。在中非经贸合作不断扩大，尤其是中南贸易投资关系日益密切的形势下，中南两国势必要继续扩大贸易投资规模，不断优化贸易投资结构，扩大人民币在双边贸易投资中的使用。

为增强国家偿债能力，规避外部金融风险外溢效应，近年来，南非政府大力推行外汇储备多元化战略。2013 年，南非储备银行首次使用 15 亿美元外汇储备投资中国银行间债券市场。这有助于南非实现境外投资多元化，也将推进两国的金融合作。除人民币外，南非中央银行也将增加韩元、澳大利亚元等其他非美元计价资产的储备。中国应顺应南非外汇储备多元化的需要，为南非储备管理当局投资于中国金融市场提供便利，同时吸引南非的其他市场主体积极参与中国金融市场，鼓励其在中国融入人民币资金和投资于人民币产品。同时，中国也应积极参与南非国内以及南部非洲区域性债券市场建设，支持当地市场上发行和交易人民币债券。

开展好中南货币合作，发挥好双边货币互换机制稳定货币市场的作用，扩大人民币在双边贸易投资，特别是在金融交易中的使用，建设完善并持续推广使用以人民币清算体系。

在南非扩大人民币使用，不但服务于中南经济金融合作，同时也可以为中国与非洲其他国家进行经济金融服务提供支撑，也为其他非洲国家参与中国金融市场提供便利。

三、全方位推进银行业深度合作，共同辐射非洲市场

中资银行通过设立分支机构、签署战略合作协议等手段，与南非伙伴全面开展在资源银行、公司银行、投资银行、全球金融市场和投资基金方面的业务合作，丰富金融产品和境外资源银行业务。目前，中国银行、中国建设银行在南非约翰内斯堡等地设有营业性分支机构，中国工商银行入股南非标准银行后成为后者单一最大股东并在南非设有代表机构，几家开发性金融机构以及中国银联股份有限公司也在南非设有代表机构。在南非中资金融机构首先应为当地中资企业提供优质外币和人民币服务，其次应瞄准当地主流市场，争取在当地主流市场产生独特的影响力，尤其是在人民币业务方面要形成自己的独特竞争优势，同时作为中国金融业和南非金融业联系的纽带，为中国金融机构与南非金融机构进行实质性合作提出切实可行的建议，还应利用南非约翰内斯堡金融业比较发达、在非洲具有独特影响的优势，积极以在南非机构为依托，辐射南部非洲地区、撒哈拉以南非洲乃至整个非洲。在更好地发挥现有在南非中资金融机构的作用的同时，鼓励和支持其他金融机构在南非设立分支机构，发挥现有在南非中资金融机构熟悉非洲市场的优势，鼓励和支持在南非中资金融机构发挥辐射其他非洲地区的作用，鼓励其为其他地区新设机构输送优秀的、具有实际操作和管理经验的国际化人才。

进一步密切银企关系、实现中资金融机构和中资企业在非洲共同发展。企业的发展离不开金融的支持，金融的发展也离不开企业的基础。中资金融机构应以战略高度，不断深化银企关系，与企业一起，深刻研究南非以及其他非洲国家产业发展趋势和企业竞争力，不断扩大自身在重要行

业和关键领域的影响力，共同打拼、共同成长和共同发展，一起为打造中非命运共同体作出贡献。重点推进以企业为主体、大项目为载体的产融结合模式，扩大能源金融合作，重点推进制造业、航空、海洋经济、核电等领域合作。

扩大开发性金融机构的作用。开发性金融机构既是"一带一路"建设的重要金融依托，也是中非经济合作的金融生力军，多年来为中非经济合作作出了巨大贡献。例如，2013年国家开发银行与南非国有铁路公司签署《关于基础设施及设备技术改造升级金融合作协议》，合作额度50亿美元；与南非标准银行签署《关于就提供能源融资开展合作的协议》，融资额度10亿美元。中南双方可通过开发性金融的合作，充分发挥各自优势，重点对在南非境内以及南非周边国家与南非能源供应有关的各类项目建设提供融资支持。

四、相互扩大对彼此资本市场的参与

推动双边证券机构合作，提升双方资本市场合作水平，增强资本市场合作的广度和深度。建立资本市场管理者和参与者定期交流机制，分享资本市场建设中的新产品、新做法、新经验，探索和交流金融市场建设的新思路。探索中国相应交易所与南非约翰内斯堡证券交易所合作，推动相应金融产品在不同交易所交易，吸引南非市场参与者参与中国金融市场交易，投资中国金融市场，到中国金融市场发行股票、债券，推动人民币在约翰内斯堡证券交易所挂牌交易并形成流动性充分的市场等。南非企业体质优异，资本市场健全。南非债券票息高，且是新兴国家的重镇，中长期仍是资金追捧的对象。鼓励和支持中国金融机构以及企业积极参与南非债券市场建设，参与推动南共体区域性债券市场发展，力争人民币计价债券发行交易在该区域取得突破性进展。支持和鼓励中国企业参与南非企业并购并以南非为立足点积极参与其他跨国企业并购，与南非企业加强合作，共同在全球产业分工格局的变动中占据有利地位。

五、抓住南非保险业拓展海外市场机遇，积极推进中南保险业合作

随着中国在南非企业数量的增长和业务规模的扩大，海外保险需求也

会相应增长，中资企业将通过中国一些政策性金融机构以及商业性金融机构，合理使用保险工具和服务，以实现管控外贸和投资风险的目标。当前，南非保险机构通过在中国设立代表处，收购股权等多种方式进入中国，开发中国保险市场，中国保险机构也应积极寻求与南非本地保险公司合作，为在南非中资企业提供保险服务，并进入当地主流保险市场。

六、加强合作风险管控，强化金融监管合作

在不断深化双边合作过程中，两国还应联手加强合作风险管控。两国经济金融合作不可避免地会遇到一些风险。一是南非经济增长波动风险。2008 年国际金融危机爆发后，受发达国家量化宽松所导致的资本大量流入，以及美国退出量化宽松所引致的国际资本流向逆转、大宗商品价格大幅度波动等因素影响，南非经济增长波动较大，失业率高企，社会矛盾日益突出。二是兰特汇率波动风险。受金融危机影响，兰特自 2010 年开始贬值。从短期看，兰特贬值对南非经济发展有一定促进作用。兰特贬值吸引众多外国游客前来南非旅游，带动了旅游业发展，餐饮和酒店业经营状况有较大改善。同时，兰特走低能够增强南非出口商品竞争力，能够控制非必要商品进口。但从长期看，兰特持续贬值将损害市场对兰特的信心，对南非经济环境造成伤害，通胀会因此变得越发严重，贫困人群生活变得更加穷困，进而引发许多社会问题。一旦南非汇率跌幅过大，更多的工会组织会通过罢工的方式来争取权益，给海外投资者带来了巨大风险。中国金融机构和企业应充分认识到中南经济金融合作中的风险所在，还要在有效防范风险的同时，积极推动双方务实合作。第一，要帮助和支持南非经济补齐发展短板和疏通发展瓶颈，支持南非经济平稳发展以减少波动风险和增强抗外部冲击能力。第二，要采取措施管理和对冲兰特汇率波动风险。

中国金融监管部门应与南非储备银行、南非金融服务委员会加强信息沟通和合作，加强监管领域的合作和协调。2010 年，中国和南非的银行监管部门签署了双边银行监管合作谅解备忘录，双方同意在信息交换等方面加强监管合作。签署谅解备忘录有助于完善双边监管合作机制、提高跨境银行监管水平，有利于双方银行监管部门进行信息沟通和交叉核实，及时

了解互设机构的经营情况，促进双边互设机构的合法稳健经营，从而保障中南金融合作健康发展。今后双方监管当局应不断提升信息共享水平，加强监管领域理论和经验交流，务实开展监管合作，确保两国设在对方的金融机构稳健经营，为两国金融体系的稳定提供良好的监管保障。

中南两国都拥有健全的金融机构体系，品种齐全的金融市场体系，双方中央银行都实施了有效的货币政策以提供良好的货币环境并实现物价稳定目标，双方都实施了高水平、严标准的金融监管，双方深化金融合作具有良好的条件。作为彼此的重要经贸合作伙伴，中南深化金融合作，关键在于进一步增强双方对合作重要性的认识，增强双方深化合作意愿，促进双方金融业深度融合，为双方经济合作提供有力支撑，共同对非洲大陆形成强有力的金融辐射，共同为促进两国发展及非洲发展服务。

参考文献

［1］白钦先，刘刚，杨秀萍．各国金融体制比较［M］．北京：中国金融出版社，2013.

［2］杨宝荣．金融危机对南非的影响及应对措施．杨光．中东非洲发展报告［M］．北京：社会科学文献出版社，2011.

［3］张小峰，沈虹．南非金融发展新动态与中南金融合作［J］．国际观察，2015（3）．

［4］南非储备银行网站．

［5］Republic of South Africa，Ministry of Provincial and Constitutional Development（2008）．

［6］Economics Division Standard Bank，September 2000.

第二章

金融机构

南非金融机构与英国、荷兰等欧洲国家的关系源远流长，深受其影响，并以股权为纽带，主要金融机构之间交叉持股，实体经济与金融部门高度交融，依托南非的经济发展和在非洲的领先地位稳定增长，在非洲大陆成为各类金融机构的领先者。同时，南非国民经济和收入分配不平衡，社会二元特征明显，失业率高，面临诸多挑战，南非本土金融机构也将"走出去"视为重要战略选项，特别是通过投资和并购等渠道进入其他非洲国家。本章将重点对南非银行业、政策性金融机构、保险业和集体投资计划产业分别进行介绍。

第一节　南非商业银行机构

一、南非银行业概述

南非拥有较为成熟且监管完善的银行体系。南非的商业银行业务经营范围齐全，国际化程度较高。在主要城市银行营业网点覆盖率较高，全国范围内设有自动取款机（ATM）网络，同时电子银行发展水平较高。得益于南非是非洲经济最为发达的国家[1]，其国内四大银行总资产规模在非洲银行业占据前四位[2]，目前南非银行业约占整个撒哈拉以南非洲银行业资产的三分之二，存款的五分之三。

由于历史原因，南非银行业是在英国、荷兰的控制下发展起来的，其

---

[1]　中国外交部网站 http：//www. fmprc. gov. cn/web/，南非国家概况（更新时间 2017 年 1月）。

[2]　《银行家》（*The Banker*）杂志 2016 年公布的数据。

银行监管和制度也深受欧洲影响，目前也是唯一实施《巴塞尔协议Ⅲ》的非洲国家[3]，南非计划于 2019 年 1 月 1 日全面实施《巴塞尔协议Ⅲ》，该推行时间进度也与欧洲国家保持一致。整体而言，银行业监管较为严格规范，从经营管理、资金清算、风险控制等各方面制度来看，南非银行业发达水平处于新兴市场国家前列，甚至不亚于部分发达国家。

南非银行业集中度较高，前四大银行集团——南非标准银行（Standard Bank）、第一兰特银行（First Rand Bank）、南非联合银行集团（ABSA）、莱利银行（NedBank Group）占据了超过 80% 的市场份额。

全球主要跨国银行几乎都在南非设有分支机构，以此为依托开拓非洲市场业务。南非银行业吸引国际投资者通过收购本地银行的股份加强在南非乃至整个非洲的存在，最重要的交易是巴克莱银行收购南非联合银行及中国工商银行收购南非标准银行的股份。

在南非国民经济中，银行业占据了非常重要的位置，且其影响力蔓延到了其他各个产业。从对 GDP 的贡献程度，以及南非银行业的资产规模，都可以反映出其在国民经济中的重要地位。2015 年，南非银行业收入为 2,469 亿兰特，为南非 GDP 贡献了 5.1%[4]。2015 年银行业总资产及贷款占南非 GDP 的比重分别为 99.5% 和 72.54%。

二、南非银行业的历史沿革

南非银行业带有深刻的英国和荷兰传统，这可以追溯到南非母城——开普敦时期，并伴随经济扩张而延续。1793 年 4 月 23 日，南非历史上第一家银行 Lombaard 银行在荷兰东印度公司的支持下在开普敦成立。在荷兰殖民时代之初，殖民统治者不允许金融服务存在市场竞争，但无法从荷兰本国获得足够的铸币来满足在南非的殖民和经营活动。Lombaard 银行是国有银行，被赋予发行钞票的职能，其诞生的背景是为了增加货币供应量和流动性，解决当时市场上货币短缺，该银行于 1883 年关闭。1808 年，英国殖民政府也在开普敦成立了贴现（Discount）银行。

3　KPMG，African Banking Survey October 2016.

4　根据世界银行发布的数据南非 2015 年 GDP 总量为 3,146 亿美元。

南非第一家私有银行是 1837 年成立的好望角银行（the Cape of Good Hope Bank），在当时被看做开启私有化的胜利，因为英国殖民统治者反对银行经营私有化，他们担心那会影响殖民政府的主要收入来源。随着殖民活动逐步深入南非内陆地区和贸易的逐渐扩大，越来越多的私有银行应运而生。1837－1866 年，仅开普半岛上就有 29 家银行成立，这些银行大都发行各自的纸钞，有的只发行一个面值的钞票，有的发行多个面值的钞票。但 19 世纪 60 年代中期，由于严重干旱，农业歉收，全球性的羊毛价格下跌，再加上过度授信，很多本土小银行进入了破产清算。

小银行的倒闭并没有对经济产生实质性影响，因为帝国银行（Imperial Banks）即英国银行开始进入南非，1861 年伦敦 & 南非银行（London & South African Bank）成为第一家进入南非的帝国银行。英国标准银行南非公司（the Standard Bank of British South Africa Ltd.）于 1863 年 1 月在南非的伊丽莎白港正式营业，并于 1879 年吞并了伦敦 & 南非银行。1879 年，非洲银行（Bank of Africa）成立。当时尚没有中央银行，这些帝国银行自行发行纸钞。由于背后有强大的资本支持，帝国银行在整个殖民地开设分支机构，并尽可能吞并剩余的本土小银行。1891 年，《开普银行法案》（*The Cape Bank Act of 1891*）实施，该法案的实施要求各家银行自行发行纸钞时需在开普敦政府存有相应的保证金，且发钞总额不得超过银行的实收资本。这使帝国银行对本土小银行的竞争优势更加明显。1892 年，原有的本土小银行已几乎全部被帝国银行吞并。

1910 年，英国控制的南非联盟成立。20 世纪 20 年代，帝国银行在南非的统治得到了进一步的加强。标准银行和巴克莱银行（Barclays Bank）各自吞并了一些竞争对手。1930 年，南非银行业被这两家帝国银行主导，其存款市场占有率达到90%[5]以上。这些英国背景的银行有着非常严格审慎的风险和资本管理制度，在南非中央银行成立之前，从 1912 年开始，这些银行的负责人每三个月召开一次会议，形成了一系列关于市场利率、外汇交易、结算的制度约定，1934 年在伦敦共同签署了《伦敦协议》（*The*

5　Hubert Bonin, Nuno Valério. Colonial and Imperial Banking History ［M］. Routledge Press, 2015：93.

London Agreement)。1920 年出台的《货币和银行法案》(*The Currency and Banking Act*)首次提出了准备金要求,1921 年南非储备银行成立,并作为南非的中央银行履行职能。

两家帝国银行的垄断阻止了新银行进入市场,但在第一次世界大战和"大萧条"之后,市场上货币量急剧紧缩,商业银行的存款量在 1920 – 1932 年持续下降[6],使竞争性协议被引入。到了 1933 年,两家帝国银行的存款份额降到了 77%[7]。由于金价在 1933 年至第二次世界大战结束之后持续上涨,南非经济随之复苏,带来了金融市场的扩张,更多的银行机构和金融工具出现在市场上,Volkskas 银行、南非荷兰银行(Netherlands Bank of South Africa)和 Trust 银行加入了竞争者的行列,市场份额也逐步增加。

第二次世界大战结束之后,南非经济增速迅猛,银行业不仅发挥了显著作用,而且自身也得到了长足发展。南非银行业资产在 20 世纪 60 年代早期约占南非 GDP 总量的 3.4%,80 年代末期该比例已达到 11.9%。

1961 年南非共和国成立之后,逐渐推行金融本地化政策。1965 年新银行法案的推出增加了南非储备银行的权力,也提高了对商业银行信贷和流动性资产的要求。同时,为了推动本国金融的发展,南非政府于 1972 年正式提出外资不得持有南非银行超过 50% 的股份的要求。在此之前,标准银行 1969 年已变更成部分本地持股的南非公司,巴克莱银行 1971 年也进行了同样的变更。南非荷兰银行则在 1969 年变更成南非本地银行,并于 1971 年更名莱利银行(Nedbank)。20 世纪 70 年代到 80 年代,莱利银行的发展速度超过两家帝国银行,打破了南非银行业两家帝国银行独大的局面。

第二次世界大战结束以后直到 20 世纪 80 年代末,由于南非实行种族主义,国际社会制裁并施加压力,大量资本外流,南非不得不采取收紧外汇管制以及相应的货币政策措施抑制资本外流,银行业自然也倾向于实行对内保护对外封闭的政策。

20 世纪 90 年代早期,金融机构完成了整合兼并,组建了大型的银行

6 　Hubert Bonin, Nuno Valério. Colonial and Imperial Banking History [M]. Routledge Press, 2015:93.

7 　同上。

集团，基本形成了南非四大银行主导市场的格局并延续至今。同时，1994年曼德拉当选总统后，南非经济逐渐开放，大规模资本于 1995－1999 年再次流入[8]。金融机构现代化、风控完善、业务涵盖广泛，外资银行也以缓进的方式重返南非。南非的政治转型，外汇管制的放松和经济的日益自由化，都促使南非成为南部非洲地区的金融中心。

2008 年国际金融危机爆发以后，尽管南非经济也受到冲击，呈现持续低迷状态，但南非银行体系依然稳定，主要原因是南非银行业本身监管较为严格，资产选择较为保守，对金融衍生品市场的介入有限，对全球市场的参与尤其是国际金融衍生品市场的参与有限。近十年来银行机构数量及市场格局变化不大，银行业总资产保持持续增长，来自黑人低收入人群对金融服务的需求日益增长，目前南非 77%[9] 的成年人拥有银行账户，该比例远高于非洲其他国家。

三、南非银行业机构概况

截至 2016 年末，南非共有 16 家当地注册银行（其中 5 家为外资银行子行）、15 家外资银行分行、3 家互助银行、2 家合作银行和 36 家外资银行代表处。

20 世纪 90 年代以来，南非对外国资本进入本国金融企业持欢迎态度，同时对外资和本地资本企业在监管上相对公平。外资进入南非的方式有设立子行和分行两种形式。子行是法律上独立的机构，在南非具有法人资格，母行对子行只承担有限责任，由于子行不能依靠母行的资本，在南非当地的资本有较高的最低资本额限制。分行是外国银行在南非开设的分支机构，不具有东道国法律上独立的民事主体资格，是外国银行经营实体在南非的延伸。跨国银行在南非设立分行相对有利，如外部评级可采用母行评级，有利于公司的经营和实现规模经济，并有效地在全球分配资源，尤其是资本[10]。

8　国际货币基金组织. 资本账户自由化和金融部门稳定［M］. 北京：中国金融出版社，2006：63.

9　参见 www.finmark.org.za，Results from FinScope South Africa 2016 Survey on Financial Inclusion.

10　王战峰. 南非银行业发展变迁对中国银行业发展的启示［D］. 杭州：浙江师范大学，2013.

表 2.1　2016 年末 16 家南非当地银行

银行名称	是否外资子行	外资所属国家
南非标准银行	—	
第一兰特银行	—	
南非联合银行	—	
莱利银行	—	
天达银行	—	
开普泰克银行	—	
非洲银行	—	
格林德罗银行	—	
里斯本商业银行	是	葡萄牙
彼得维斯特银行	—	
萨斯芬银行	—	
阿巴拉卡银行	是	巴林
优银银行	—	
哈比卜苏黎世银行	是	瑞士
雅典银行	是	希腊
哈比卜海外银行	是	巴基斯坦

资料来源：南非储备银行网站。

表 2.2　2016 年末 15 家外资银行分行

银行名称	所属国家或地区
花旗银行	美国
汇丰银行	英国
中国银行	中国
中国建设银行	中国
渣打银行	英国
摩根大通银行	美国
巴黎银行	法国
德意志银行	德国
法国兴业银行	法国
印度国家银行	印度
印度巴罗达银行	印度
台湾银行	中国台湾
印度银行	印度
印度卡纳拉银行	印度
印度工业信贷投资银行	印度

资料来源：南非储备银行网站。

南非的 3 家互助银行分别为芬邦互助银行（Finbond Mutual Bank）、维布斯互助银行（VBS Mutual Bank）和戈布斯互助银行（GBS Mutual Bank），截至 2016 年末总资产分别为 16.5 亿兰特、15.4 亿兰特和 12.3 亿兰特，贷款约占总资产的 73%。互助银行与房屋互助协会（Building Societies）比较类似，主要资产为房屋按揭贷款。当有人将资金存入互助银行时，即认定其购买了银行的股权，并有权在股东和会员大会上投票。

南非的 2 家合作银行为迪索布特拉初级信贷合作银行（Ditsobotla Primary Savings and Credit Co - operative Bank）和贝普克银行（Bank Beperk），截至 2016 年末成员数分别为 1,256 家和 886 家，存款余额为 740 万兰特和 7,700 万兰特。合作银行的存款由合作成员贡献，并允许成员从此公共资金中贷款。

四、南非主要银行机构概况

表 2.3　2016 年南非本土主要银行排名与业务布局

单位：亿兰特

银行名称	《银行家》杂志世界排名	非洲排名	2016 年末资产规模	机构覆盖非洲国家
南非标准银行	160	1	12,856	南非、博茨瓦纳、津巴布韦、莫桑比克、赞比亚、安哥拉、纳米比亚、刚果金、乌干达、肯尼亚、尼日利亚、加纳、坦桑尼亚等 20 个国家
第一兰特银行	172	2	10,316	南非、赞比亚、坦桑尼亚、莫桑比克、博茨瓦纳、莱索托、斯威士兰、纳米比亚共 8 个国家
南非联合银行	N/A*	3	9,183	南非、埃及、加纳、尼日利亚、肯尼亚、乌干达、坦桑尼亚、莫桑比克、赞比亚、津巴布韦、博茨瓦纳、纳米比亚、毛里求斯、塞舌尔共 14 个国家
莱利银行	256	4	9,000	南非、莱索托、马拉维、纳米比亚、斯威士兰、津巴布韦、安哥拉、肯尼亚、莫桑比克（持股形式）共 9 个国家

注：南非联合银行为巴克莱非洲集团的全资子公司，《银行家》杂志未对其进行单独排名。

南非银行业在非洲大陆举足轻重，其国内五大银行［第五大银行为天达银行（Investec Bank）］总资产规模均列非洲前十位，目前南非银行业资产约占整个撒哈拉以南非洲银行业资产的三分之二，南非银行业存款约占整个撒哈拉以南非洲银行业存款的五分之三。

（一）南非标准银行（Standard Bank）

南非标准银行的前身是帝国银行英国标准银行在南非的分支机构，1863年1月在南非伊丽莎白港成立，已有150多年的经营历史。1969年南非标准银行集团成立，成为南非本土银行，1970年在南非约翰内斯堡证券交易所上市（代码：SBK），资产和盈利位列非洲银行业第一位，也是南非四家全牌照经营的银行之一，集团还控股保险公司自由控股有限公司（Liberty Holdings Limited），故主要业务领域覆盖个人和商业银行、机构和投资银行，以及人寿保险三个板块。

"非洲是我们的家，我们推动她的成长"是南非标准银行的战略口号，南非标准银行愿景是成为非洲乃至全球领先的金融服务机构。南非标准银行20世纪90年代开始了在非洲的业务扩张，主要通过收购当地银行后再更名来完成。目前，南非以外的分支机构为该银行贡献了近30%[11]的利润。作为一家前身为帝国银行的非洲领导者银行，南非标准银行在许多业务上具有先进性，如1981年成为南非第一家推出自助取款机的银行，1997年推出了电子银行服务等。

2007年中国工商银行与南非标准银行集团达成协议，收购其20.08%的股权，并于次年完成交割，支付对价366.7亿兰特（约合54.6亿美元），成为标准银行集团最大的单一股东。本次并购是中国工商银行迄今为止最大的单笔对外直接投资，也是南非最大单笔外商投资。

截至2016年末，南非标准银行五大股东分别为中国工商银行（约占20.1%）、南非公共投资公司（Public Investment Corporation，约占11.8%）、艾伦·格雷基金公司（约占2.3%）、Investment Solutions（约占1.8%）和GIC资产管理公司（约占1.6%）。在其股权结构中，南非本土

11　数据来源：南非标准银行官方网站。

资本占 47%，外国资本占 53%，其中包括中国 20.1%、美国 14.4% 和英国 4.5%。

2016 年，南非标准银行实现净利润 146 亿兰特，总资产约 12,856 亿兰特，一级核心资本充足率为 13.7%，股权回报率（ROE）为 13.7%，资产回报率（ROA）为 1.14%，不良贷款率为 3.0%。员工 35,148 人，在非洲 20 个国家设有分支机构。

（二）第一兰特银行（First Rand Bank）

第一兰特银行是第一兰特集团全资子公司，是非洲第二大银行，其历史可以追溯到 1838 年成立的东部省银行（Eastern Province Bank）。第一兰特集团在约翰内斯堡证券交易所（JSE）和纳米比亚证券交易所（NSX）上市，前两大主要股东为 Remgro 有限公司和 Royal Bafokeng 控股有限公司。

第一兰特银行提供全面的零售、商业、机构和投资银行业务，并根据国际市场提供利基市场产品。银行现设三个主要业务板块：零售商业银行——第一国民银行（First National Bank）、机构和投资银行——兰特商业银行（Rand Merchant Bank）、汽车金融和分期业务——Wesbank。目前，第一兰特银行在赞比亚、坦桑尼亚、莫桑比克、博茨瓦纳、莱索托、斯威士兰、纳米比亚和加纳 8 个非洲国家设有子行，在伦敦、根西岛和印度设有分行，并在肯尼亚、安哥拉、迪拜和上海设有代表处。

2016 年，第一兰特银行实现净利润 173.51 亿兰特，总资产为 10,316 亿兰特，贷款资产为 7,640.88 亿兰特，一级核心资本充足率为 13.9%，股权回报率（ROE）为 23%，资产回报率（ROA）为 1.75%，不良贷款率为 2.4%。至 2016 年末，共有客户约 748 万[12]。

从机构维度来看，第一国民银行是第一兰特银行最主要的收益来源，2016 年贡献了该银行约 63% 的净利润，并实现了 13% 的净利润增长；兰特商业银行贡献了 22% 的净利润，盈利与 2015 年基本持平；从事消费金融的 Wesbank 虽仅贡献了 15% 的净利润，但增幅 30%，势头迅猛。从地域维度来看，南非本土市场贡献了 86% 的利润。

12　数据来源：第一兰特银行官方网站。

（三）南非联合银行（Amalgamated Banks of South Africa，ABSA）

南非联合银行是巴克莱非洲集团的全资子公司，主要提供零售、商业、企业和投资银行和理财产品服务，是非洲第三大银行。约翰内斯堡证券交易所股票代号为 BGA。

1964 年，巴克莱银行通过并购成立于 1864 的殖民银行 Anglo Egyption Bank 和成立于 1890 年的南非国家银行（National Bank of South Africa），在南非成立了巴克莱银行领土、殖民与海外部（Barclays Bank Dominion, Colonial and Overseas），首次在非洲大陆开展业务经营。1991 年，United、Allied、Volkskas 和 Bankorp 等几家银行合并成立南非联合银行，并在 1997 年更名为 ABSA 集团有限公司。2005 年，巴克莱银行收购了 ABSA 集团 55.5% 的股权，成为了第一大股东。2013 年，巴克莱银行在非洲的业务与 ABSA 集团有限公司合并，创建了巴克莱非洲集团有限公司，在此次合并中巴克莱股权增至 62.3%。由于整体表现不佳，巴克莱银行计划将银行业务的重心重新回归英国和美国市场，于 2016 年宣布决定退出非洲业务，2017 年 2 月宣布已与 ABSA 集团达成分离协议。

2016 年，南非联合银行实现拨备前利润为 212.76 亿兰特，净利润为 97.78 亿兰特，总资产为 9,183.11 亿兰特，贷款为 6,306.46 亿兰特，一级核心资本充足率为 11.6%，股权回报率（ROE）为 16.3%，资本回报率（ROA）为 1.06%，不良贷款率为 3.0%[13]。

（四）莱利银行（NedBank Limited）

莱利银行是非洲第四大银行，1969 年在约翰内斯堡证券交易所上市，2007 年在纳米比亚证券交易所上市。耆卫集团（Old Mutual plc）是该银行最大股东，控制 54.6% 的股权。目前莱利银行的主要市场是南非，但也在持续拓展其他非洲市场业务。集团下设银行板块、信托板块和保险板块。

该银行历史可以追溯到 1837 年成立的好望角银行（the Cape of Good Hope Bank），随着品牌和股权持续变化，银行名称陆续从 Nederlandsche Bank voor Zuid – Africa 变更为南非荷兰银行（Netherlands Bank of South Africa），20 世纪 80 年代变更为 Nedcor 集团，2003 年正式成立莱利银行集团（Nedbank Group）。

13　数据来源：南非联合银行官方网站。

2016 年，莱利银行实现净利润 101.43 亿兰特，总资产为 9,000 亿兰特，一级核心资本充足率为 12.9%，股权回报率（ROE）为 17.3%，资本回报率（ROA）为 1.20%，不良贷款率为 2.71% [14]。截至 2016 年末，莱利银行共有 670 家分支行，员工数 32,401 人，客户数约 770 万。

五、南非银行业经营概况

（一）南非银行业资产负债概况

2016 年末，南非银行业主要资产项目分布如图 2.1 所示。

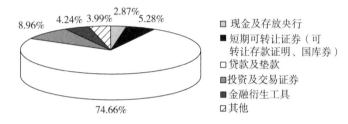

图 2.1　2016 年南非银行业资产结构分布

2009 年以来，南非银行业总资产从 29,674 亿兰特，增长到 2016 年末的 48,767 亿兰特，保持了 7 年的持续增长，并在 2015 年达到了 16% 的增长率（见图 2.2）。

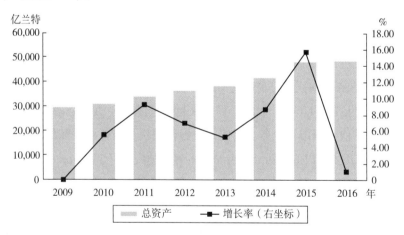

图 2.2　2009－2016 年南非银行业资产情况

14　数据来源：莱利银行官方网站。

2009 年以来，南非银行业贷款总额从 22, 532 亿兰特，增长到 2016 年末的 36, 409 亿兰特，7 年间平均年增长率约 8.3%。整体来看，自 2008 年国际金融危机结束后，随着经济复苏，南非的信贷需求相应增加（见图 2.3）。

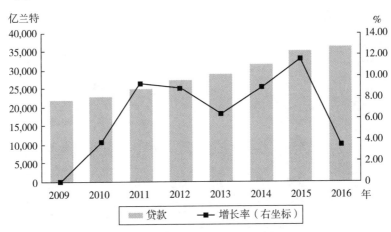

图 2.3 2009 – 2016 年南非银行业贷款情况

南非银行业不良贷款余额从 2009 年的 1,340 亿兰特下降至 2016 年末的 1,060 亿兰特，资产质量逐年向好，不良率从 2009 年的 5.94% 下降至 2016 年的 2.86%（见图 2.4）。

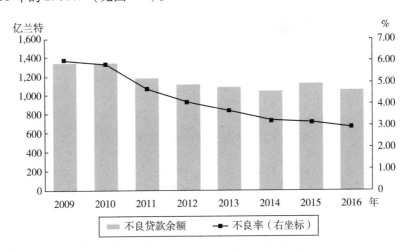

图 2.4 2009 – 2016 年南非银行业不良贷款情况

南非银行投资选择很丰富，包括股票、企业债券、政府债券、金融债券投资等，大部分的金融交易通过约翰内斯堡证券交易所进行。2009年以来，南非银行业投资及交易证券总额从1,860亿兰特，增长到2016年末的4,371亿兰特。尤其是2014年、2015年和2016年均保持了14%以上的高增长势头（见图2.5）。

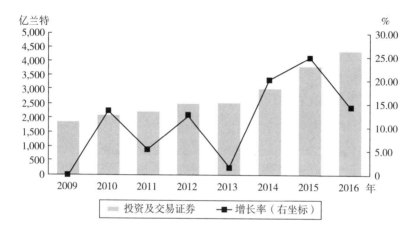

图 2.5　2009－2016 年南非银行业投资及交易证券情况

2016年末，南非银行业主要负债项目分布如图2.6所示。

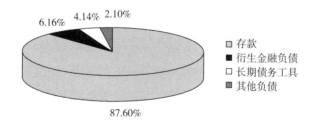

图 2.6　2016 年南非银行业负债结构分布

2016年末，南非银行业总负债为44,752亿兰特，其中存款总额为39,190亿兰特，占总负债的87.6%；南非银行业的吸收存款类型主要是定期存款（占28%），活期存款（占20%）和通知存款（占18%）；从客户类型看，主要是金融机构存款（占37%）、公司存款（占28%）和零售存款（占23%）。

2016 年末，南非银行业所有者权益总额为 4,015 亿兰特，主要包括 56% 的留存收益和 44% 的股本，平均资本充足率为 15.73%，一级核心资本充足率为 12.65%。

2016 年末，南非银行业表外资产为 13,022 亿兰特。

（二）南非银行业损益概况

2009 年以来，南非银行业净利润增速较快，从 2009 年的 186 亿兰特增长到 2016 年的 761 亿兰特，7 年来几乎全部保持了两位数的增长速度，平均增幅为 26.47%，主要原因为南非银行业资产保持连续增长且资产质量向好，同时净息差水平较高，2016 年达 3.92%，盈利能力较强（见图 2.7）。

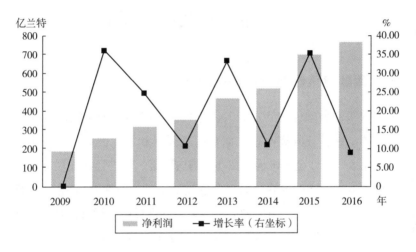

图 2.7　2009－2016 年南非银行业净利润

2016 年，南非银行业净利息收入 1,352 亿兰特，非利息收入为 1,108 亿兰特，净利润为 761 亿兰特。南非银行业的非利息业务收入占比可达 45%，与西欧国家 45% 的水平相似。2016 年，南非银行业的股权回报率和资产回报率分别达到 18.95% 和 1.56%，处于全球领先水平。南非银行业也存在经营风险，主要体现在成本收入比较高，2016 年为 55.14%。

六、南非银行机构小结

南非银行业经过 200 年来的发展，尤其是深受欧洲英国、荷兰等国家的影响，整体发展水平较高，经营管理水平较高，监管较为完善和透明，信息公开程度高，与国际银行业的发展接轨程度较高。

凭借南非在非洲政治和经济上的重要地位，南非银行业在非洲地区具有举足轻重的地位，是非洲最重要的金融中心。南非本土银行以及国际主流外资银行市场竞争充分，生存与发展的生态环境总体较好。

南非银行业同时面临着区域经济和国内政治经济的不利影响，如南非国内经济持续的低增长率和高通胀率、攀升的失业率、财政赤字、国家主权频遭降级、疲软的大宗商品价格等，这些不利因素使南非银行业在发展过程中面临诸多挑战。

第二节　南非政策性金融机构

一、南非政策性金融机构的历史沿革

南非政策性金融机构的发展大体分为两个时期：种族隔离时期和后种族隔离时期。在种族隔离时期，面对国际孤立和制裁的重压，南非当局陆续设立了几家开发性金融机构，在动员国内储蓄、促进经济发展方面发挥了重要作用，也成为维系种族分离社会的政治工具。种族隔离制度结束以后，开发性金融机构在建设"发展型民主国家"的进程中继续支持基础设施、中小企业发展，加强对黑人人口的支持，纠正种族隔离造成的社会不公。

1912 年，南非土地银行成立，专门支持乡村和农业发展，是南非历史最悠久的政策性银行。1913 年，南非出台《本土土地法》，剥夺了南非大多数居民拥有土地并成为农场主的权利。因此，南非土地银行的设立被视为剥夺南非黑人人口土地所有权的系统性步骤之一。[15] 作为唯一的受益人，白人农场主获得高额国家资助，其控制的商业性农业得到了发展。随着土地银行资产的扩大，1959 年南非财政部对其停止了资助，土地银行开始通过债券发行等方式筹集长期资金。

15　History of the Land Bank "Financing Agriculture for 100 Years（1912 – 2012）".

1940 年，南非工业开发公司（IDC）成立，主要职能是提高国家制造业水平和经济自给能力，应对第二次世界大战时期的经济困难局面。20 世纪 50 ～ 60 年代，能源、自然资源深加工成为工业开发公司的重点投资领域。1964 年，联合国呼吁成员对南非实施贸易制裁，一些国家开始禁止从南非进口武器、原油、钢铁和金币等货物。70 ～ 80 年代，随着国际孤立和经济制裁加剧，工业开发公司加大了对进口替代、资源密集型和高技术产业的投资力度。

1982 年，南部非洲开发银行（DBSA）设立，政府同步出台了《南部非洲开发银行法》[16]，负责促进和协调本土地区的经济发展，解决定居计划无法提振乡村社会发展的问题。

1994 年，种族隔离制度废除后，非国大领导的南非政府推出"黑人经济振兴计划"（BEE），目的是支持黑人创业者，提高黑人经济地位，修正种族隔离造成的社会不公。为此，南非政府对开发性金融体系进行了重组，关闭了南非住房信托基金和地方政府贷款基金，重组了土地银行、工业开发公司和南部非洲开发银行，并于 1996 年新设了国民住房金融公司（NHFC）和 KHULA 企业金融公司。除原有职能外，重组后的开发性金融机构均加强了对黑人群体的金融支持。[17] 此外，工业开发公司加大了对非洲其他国家的投资，南部非洲开发银行转为专门的基础设施融资机构。

南非政策性金融机构对经济社会发展发挥了积极促进作用。一是发挥专业特长，在微观层面帮助识别和确定推动经济社会可持续发展的战略性或支柱产业，引导了南非工业化的长远发展方向。二是推动南非基础设施的发展，帮助南非成为非洲大陆基础设施最为发达的国家。三是提供反周期性贷款，在经济周期低谷时为南非经济发展提供了必需的流动性支持。四是顺应南非外交政策和区域一体化需要，积极参与区域互联互通项目，并支持南非国有企业的海外投资布局，为南非最大限度上发挥区域影响力提供了重要资金支撑。

16　最新版本为《南部非洲银行法》（1997 年）。

17　例如，IDC 在执行 BEE 方面的措施包括：为黑人投资者参与和扩大企业所有权提供融资便利；促进技能转移，提高创业与管理能力；促进公平就业；支持政府采购项目等。

二、南非主要政策性金融机构概况

从总资产看，南非工业开发公司总资产约合 100 亿美元，南部非洲开发银行总资产约合 58 亿美元，分列非洲国家开发性金融机构的第一位、第三位[18]，总资产占非洲国家级开发性金融机构的三分之一强。

（一）工业开发公司（IDC）

工业开发公司是一家全资国有企业，现由南非经济发展部行使国有股东职能。公司首席执行官形式上由董事会任命，实际上须经济发展部部长批准。该公司提供债务和股权融资，在政府的产业政策框架下促进实现工业化和经济转型，重点支持创造就业、促进产业间联系、培育黑人实业家、妇女和青年创业者以及推动社区发展等项目。

2015/2016 财年，工业开发公司总资产 1,213 亿兰特，其中股权和其他投资 974 亿兰特，贷款 239 亿兰特；负债总额 365 亿兰特；净资产 848 亿兰特；公司实现利润 2.23 亿兰特，而上财年为 17 亿兰特。

未来三年，公司计划筹集 566 亿兰特，其中 150 亿兰特来自国际贷款人，计划发放贷款 600 亿兰特，集中在农产品加工、化工、采掘和金属等行业。

（二）南部非洲开发银行（DBSA）

南部非洲开发银行是南部非洲地区的主要开发性金融机构，战略目标为"寻求在南非和非洲其他地区基础设施发展方面扮演关键角色，为非洲社会和经济一体化作出贡献"。[19]

2015/2016 财年，南部非洲开发银行总资产为 823 亿兰特，增长 16%，贷款 695 亿兰特，增长 23%，当年基础设施贷款发放 171 亿兰特，过去六年累计 600 亿兰特，拨备后的不良贷款比重从上一财年的 1.9% 降至 1.1%，低于 3.3% 的目标值；负债/股东权益比为 178%，低于 250% 的法定底线；实现净利润 26 亿兰特，较上年增长 126%。[20]

18　阿尔及利亚国家投资基金居第二位，总资产 94.5 亿美元，贷款总额 68.7 亿美元，股权投资 770 万美元。

19　DBSA Integrated Annual Report 2015–16.

20　同上。

（三）南非土地银行

2015/2016 财年，南非土地银行资产总额达到 414 亿兰特，增长 6%，共发放 8.4 亿兰特贷款，用于支持 25.5 万公顷可耕地的开垦，期间另从工业开发公司获得 4 亿兰特专项旱灾救济资金，用于帮助受灾地区的农民。尽管遭遇长时间严重旱灾，土地银行 2015/2016 财年仍实现利润 1.82 亿兰特。

三、南非政策性金融机构的监管体制

南非对包括开发性金融机构在内的国有和公共企业的立法框架比较完备，主要情况介绍如下[21]。

在开发性金融机构的设立方面，南非基本采取"一个机构、一部法律"的立法方式，通过专门立法对每个开发性金融机构予以规范，对机构的设立、资金来源渠道、资金运用方式及与社会各方面的关系作出规定。工业开发公司、南部非洲发展银行和土地银行分别由南非经济发展部、财政部和农业部代行国有股东职能。

在财务报告和问责方面，国家制定了《公共财务管理法》（1999 年 1 号法案）和《市政财务管理法》对有关事项作出规定，后又出台了《公共财务管理法修订案》（PFMA）（1999 年 29 号法案），用于取代《公共财务管理法》，除了实现原有的财务监督目的外，修订案还纳入了公司治理方面的内容，以规范非公司制国有企业的治理。实行公司制的机构，则还需遵守《公司法》。此外，南非公共企业部同时期还推动出台了《政府股东法案》（GSM），作为对 PFMA 的补充。除 PFMA 外，在与其他法律的条款出现冲突的情况下，GSM 优先适用。

根据南非公司治理原则和《公共部门企业治理守则》，工业开发公司每年须发布符合南非公司报告标准的年报，年报包括经审计的财务报表、一般经营信息以及社会、环境和治理等方面的信息。

2016 年 4 月，南部非洲开发银行获得非洲开发性金融机构联合会颁发

21　Department of Treasury：Governance Oversight Role over State Owned Enterprises（SOEs）.

的 A + 证书，以表彰其在治理、财务和运营标准方面的良好表现。总体来看，南非政策性金融机构体现了较高的公司治理水准。

四、南非政策性金融机构的发展趋势

近年来，尤其是 2008 年国际金融危机以后，南非经济持续低迷，失业率居高不下，南非社会各界对经济增长的愿望更加迫切。随着南非政府推出一系列经济发展规划计划和黑人经济振兴政策等举措，南非政策性金融机构也面临重组和战略调整。

未来几年，南非政策性金融机构将在以下几个方面作出调整。一是加快公司治理改革，重新评估总结授权、职能和治理架构，以及更好地协调国家、省级和地方各层级金融机构的业务领域，优化业务布局和加强资产监管，更好地适应国家发展的迫切需求。二是加强各政策性金融机构主管政府部门的协调，进一步发挥这些机构在基础设施发展、国家发展规划等政策制定过程中的建言献策作用。三是促进政策性金融机构与国有企业的协调与合作，实现优势互补。四是进一步拓宽资金来源，增加资产规模，更好地发挥政策性金融的逆周期调节功能等。五是进一步促进南部非洲区域一体化，在区域贸易自由化、整合区域资金、国外援助，以及在本区域其他国家的能力建设等方面发挥更大作用。

第三节　南非保险机构

一、南非保险业概况

南非保险分为短期保险和长期保险两大类，分别对应其他国家的财产保险和人寿保险。1998 年 12 月 31 日之前，南非保险业执行《1943 年保险法》，对长期和短期保险同时拥有监管效力。1999 年 1 月 1 日，南非颁布实施了《1998 年短期保险法》和《1998 年长期保险法》，用于替代《1943 年保险法》。

短期保险属于损失补偿保险，在保单规定的条款下保护保险人因灾害

而产生的财产损失，短期保险包括工程保险、担保保险、负债保险、机动车保险、事故与健康保险、房产保险、运输保险和其他保险。长期保险属于非损失补偿保险，其精算条款比短期保险复杂，长期保险往往对未来10年、20年甚至30年产生风险进行承保。

根据南非金融服务委员会（Financial Service Board，FSB）公布的数据，截至2016年6月，南非总计有97家注册短期保险公司，76家注册长期保险公司。2015年保费总额达5,947亿兰特，其中短期保险占比21%，长期保险占比79%。

2015年南非长期保险总保费收入4,720.10亿兰特，其中长期直接保险公司保费收入4,611.60亿兰特，长期再保险公司保费收入108.50亿兰特（见表2.4和表2.5）。

表2.4　南非2013－2015年长期直接保险公司核心指标

单位：百万兰特

年份	2013	2014	2015
一、总保费收入	429,703	438,848	461,160
1. 再保险部分	22,325	25,079	13,470
2. 直接保费部分	407,378	413,769	447,690
二、理赔	353,862	386,231	418,242
三、总资产	2,278,148	2,504,650	2,660,938
四、总负债	2,150,072	2,362,901	2,513,368
五、资本	38,021	41,086	39,520

资料来源：The Quarterly Report on the Results of the Long – term Insurance Industry for the Period Ended 31 December 2015.

表2.5　南非2013－2015年长期再保险公司核心指标

单位：百万兰特

年份	2013	2014	2015
一、总保费收入	8,823	9,722	10,850
1. 再保险部分	1,422	1,680	1,864
2. 直接保费部分	7,401	8,042	8,986
二、理赔	5,652	5,755	6,562

续表

年份	2013	2014	2015
三、总资产	13,966	15,808	16,882
四、总负债	11,869	13,322	14,675
五、资本	713	693	745

资料来源：The Quarterly Report on the Results of the Long – term Insurance Industry for the Period Ended 31 December 2015.

2015 年南非短期保险总保费收入 1,227.08 亿兰特，其中短期直接保险公司保费收入 1,139.09 亿兰特（直接保费为 817.15 亿兰特，再保险保费为 321.94 兰特）；短期再保险公司保费收入 87.99 亿兰特（直接保费为 20.94 亿兰特，再保险保费为 67.05 兰特）（见表 2.6 和表 2.7）。

表 2.6　南非 2013 – 2015 年短期直接保险行业核心指标

单位：百万兰特

年份	2013	2014	2015
一、总保费收入	96,178	102,833	113,909
1. 再保险部分	27,556	26,494	32,194
2. 直接保费部分	68,622	76,339	81,715
二、理赔	40,048	43,172	43,872
三、承保利润	6,505	6,622	10,906
四、承包和投资收入	11,421	12,004	18,129
五、总资产	111,686	119,202	135,363
六、总负债	59,257	61,402	76,700
七、资本	22,091	23,084	25,675

资料来源：The Quarterly Report on the Results of the Short – term Insurance Industry for the Period Ended 31 December 2015.

表 2.7　南非 2013 – 2015 年短期再保险公司核心指标

单位：百万兰特

年份	2013	2014	2015
一、总保费收入	7,712	8,750	8,799
1. 再保险部分	5,189	5,699	6,705
2. 直接保费部分	2,523	3,051	2,094

年份	2013	2014	2015
二、理赔	1,500	1,756	1,553
三、承保利润	100	– 18	7
四、承包和投资收入	369	264	331
五、总资产	9,392	9,590	11,138
六、总负债	7,417	6,353	7,706
七、资本	870	967	819

资料来源：The Quarterly Report on the Results of the Short – term Insurance Industry for the Pperiod Ended 31 December 2015.

直接保费中车辆险和财产险占比最高，分别为 44% 和 32%；剩余的意外和健康险、债务险、担保险、工程险、交通险和杂项险合计占比 24%（见图 2.8）。

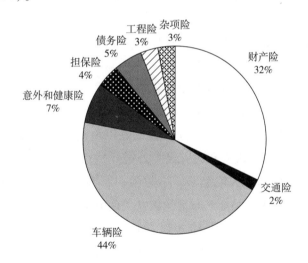

资料来源：The Quarterly Report on the Results of the Short – term Insurance Industry for the Period Ended 31 December 2015.

图 2.8 南非 2015 年短期直接保险保费的险种比例

保险业总保费收入占南非 GDP 的比率（保险渗透率）超过 20%，居世界前列。南非人寿保险支出占 GDP 的比重高于其他国家。南非保险市场和保险机构在非洲大陆举足轻重。20 世纪末，南非人寿保险市场保费总额占全非洲保费总额的 95%；2016 年南非人寿保险市场保费总额占撒哈拉以南非洲保费总额的 90%[22]。财产险和灾害险市场保费总额占非洲财产险和灾害险市场保费总额的 57%。通过跨国购并或对外直接投资，南非保险公司积极开拓非洲大陆市场，业务遍布多个非洲国家。几家本土大型跨国保险企业在南非、英国和一些非洲国家的证券交易所上市，具备较强的国际竞争力。南非种族隔离制度结束以来，保险企业积极配合政府《黑人经济地位提振计划》，股权分配向黑人投资机构和个人投资者倾斜，取得了较好的社会反响。

二、南非保险机构的历史沿革

南非保险业发端于开普地区，英国与荷兰移民之间的殖民地战争、荷兰移民与土著居民之间的民族战争、钻石与黄金的发现和随之而来的"淘金热"、白人推行的种族隔离制度以及新南非的黑人经济振兴计划等，都为南非的保险业和监管体系的演化打上了深深烙印。

（一）初创期（1806－1866 年）

1806 年，英国凤凰公司授权两个南非人为代理人，1808 年，该公司在南非打出招揽业务的广告，标志着南非保险市场的诞生。[23] 1826 年，总部设在伦敦的联合帝国和大陆人寿保险协会在好望角设立了一家分支机构。同年，不列颠联盟与国外人寿和火灾保险公司开始在南非提供服务。南非本土保险机构以人寿和火灾险起步，事故险、海事险等其他险种发展缓慢。1831 年，英国移民托马斯·布雷顿创立了南非第一家保险公司——南非火灾和人寿保险公司，但只为 50 岁以下的人提供保险。[24] 1838 年，好望角火灾保险公司新设了一家分支机构好望角海事保险公司，专注提供海事险，成为南非第一家专营海事业务的公司；其他保险公司陆续开办。1845 年，好望角开普互助保险协会（耆卫公司前身）成立。[25] 1853 年以后，随

22　Swiss Re. Global Insurance Review 2016 and Outlook 2017/18，Page 37，November 2016.

23　南非凤凰公司后更名为 Protea 公司，后被互助联合保险公司（Mutual & Federal）收购。

24　19 世纪 30 年代，南非另外的主要保险公司包括联合不列颠火灾、人寿与国外人寿和火灾保险公司，以及好望角火灾保险公司。

25　该组织效仿苏格兰公平互助人寿保险协会的业务架构。

着船只在南非、英格兰、澳大利亚和印度之间定期往来，南非与世界其他地区进一步开展了保险服务业务，并逐渐派驻业务代表，增设分支机构。[26]

（二）成长期（1867–1993 年）

1867 年，南非金伯利地区率先发现钻石，1886 年约翰内斯堡金山地区发现黄金，吸引了大量来自英国等国家的投资。19 世纪 80 年代，金伯利的钻石开采量占世界的 95%。"淘金热"吸引大批国外移民进入南非，从事矿业活动，带动了对事故险的需求。19 世纪 90 年代，开普敦的商业保险公司率先推出意外事故险。1898 年，疾病保险在市场上出现。一个生机勃勃、高度国际化的保险市场发展起来，到 19 世纪末，仅开普地区就有 50 多家外国机构提供保险服务。保险业对于改善南非荷兰后裔的生活发挥了重要作用。在与英国人的竞争中，它们深知自己处境不利，因此在 20 世纪初创立了两家南非最大的保险公司——SANTAM 和 SANLAM，专门动员荷兰后裔的储蓄资金，以促进经济增长和摆脱贫穷状况。南非目前一些主要的保险提供商多在这一时期诞生，通过自身增长和一系列购并活动，逐渐发展壮大，形成了南非保险市场的基本竞争格局。

（三）成熟期（1994 年至今）

1994 年，南非结束种族隔离，消除了国家动荡的最大社会根源，保险机构发展的政治环境实现了正常化。根据新宪法，新南非对种族隔离时期的法律包括保险监管体系等作了修改，黑人经济赋权计划（BEE）促进了包括保险机构在内的股权结构的多元化。截至 2016 年末，南非市场有从事短期保险业务的机构近 100 家，从事长期保险业务的机构 70 多家。

三、南非主要保险提供商

目前，南非保险业集中度很高，90% 的长期保险市场由耆卫集团（Old Mutual）、南非国家信托与保险公司（SANTAM）、利宝保险公司（LIBERTY）、奥特伦斯保险公司（OUTSURANCE）和 SANLAM（南非国家人寿保险公司）等公司控制。据南非金融服务管理局（FSB）统计，耆

26　1850 年，英国劳合社任命了第一个代理（驻开普地区），但直到 1998 年才在南非开设第一个办事机构。

卫集团是南非长期保险的最大提供商，保费占比16.3%，其次是MMI集团（14.4%）、天达保险公司（Investec，11.7%）、利宝公司（11.1%）和南非国家人寿保险公司（SANLAM，10.3%）。在短期保险市场，上述公司控制了44%的份额，其他依次是南非国家人寿保险公司（保费占比18.9%）、卫险公司（GUARDRISK，6.4%）、南非联合银行集团保险部（ABSA，3.1%）、巴杰特保险公司（Budget Insurance，2.5%）和友邦集团（AIG，2.1%）。

（一）耆卫集团（Old Mutual）

1845年，合伙制的好望角互助保险联合会成立。1970年起，该公司积极开展并购活动，先后收购了莱利银行、股票经纪行、资产管理等业务。1998年，耆卫集团改制为有限责任公司，总部迁至伦敦，并在伦敦、约翰内斯堡、津巴布韦、马拉维和纳米比亚证券交易所上市。2000年，耆卫集团斥资14.6亿美元，收购了总部位于波士顿的联合资产管理公司，并承担了7.7亿美元的负债。2006年，该集团以65亿美元收购了瑞士保险公司SKANDIA，进入英国等欧洲国家，哥伦比亚、墨西哥等拉丁美洲国家，肯尼亚以及澳大利亚和远东地区。2013年，耆卫集团收购了加纳的PROVIDENT人寿保险公司、尼日利亚的海洋人寿保险公司。目前，耆卫集团业务分为四大板块：新兴市场、财富管理、银行（莱利银行）、财产与伤亡险等，其业务遍布非洲的尼日利亚、肯尼亚、津巴布韦、纳米比亚、加纳等十几个国家。

（二）南非国民信托公司（SANTAM）与人寿保险（SANLAM）公司

1918年3月，南非国民信托公司成立，同年6月将人寿保险业务分离，成立了独立的人寿保险公司SANLAM。随着时间推移，SANLAM从传统人寿保险公司成长为提供广泛金融服务的提供商。1998年，SANLAM有限责任公司在约翰内斯堡证券交易所、纳米比亚证券交易所上市。SANLAM对业务进行了重组，实际持有SANTAM的60%股权，目前集团主要业务板块包括：个人金融、新兴市场、投资、公司业务（公司客户的员工福利解决方案）。SANTAM公司的保险业务分为三大块：传统和专业保险、直销的短期保险、面向新兴市场的再保险业务。公司保险业务遍及非洲，如肯尼亚、赞比亚、坦桑尼亚、卢旺达、乌干达、加纳、尼日利亚、莫桑比克、纳米比亚、博茨瓦纳、斯威士兰、马拉维等。2016 年 3 月，收购摩洛哥 SAHAM 公司后，SANLAM 公司业务进一步向科特迪瓦、加蓬、塞内加尔、喀麦隆以及摩洛哥、黎巴嫩、安哥拉和中东地区扩张，并在美国、澳大利亚、菲律宾、英国、爱尔兰、印度、马来西亚都有业务。集团还持有印度 SHIRAM 保险公司 23% 的股权，为印度市场 1,000 多万个人和机构客户提供服务，持股英国全球领先的小额保险专门提供商，业务遍及非洲大陆多个国家。除印度外，该公司对旗下子公司的实际控股权达到 35% ~ 100%。

（三）DISCOVERY 有限责任公司

该公司保险业务主要是人寿险，在南非、英国、中国（持有中国平安健康险公司 25% 的股份）、新加坡和澳大利亚等地拥有子公司。截至 2015 年 2 月，主要股东为 RMI 控股集团（持股 25%）、南非政府雇员养老基金（持股 8.5%），CEO 等个人投资者持有剩余其他股权。2016 年在约翰内斯堡证券交易所的市值为 727 亿兰特（约合 70 亿美元）。

（四）MMI 有限责任公司

其主要股东为 RMI 控股集团（持股 24.5%）、政府雇员养老基金（10%），其他南非和国际投资者持有剩余股权。除南非外，该公司业务范围遍及博茨瓦纳、加纳、肯尼亚、赞比亚、莱索托、毛里求斯、纳米比亚、尼日利亚、斯威士兰和英国等地。2016 年在约翰内斯堡证券交易所的市值为 346 亿兰特（约合 27 亿美元）。

（五）CLIENTELE 人寿保险有限公司

该公司是专门以直销模式提供服务的保险公司。2016 年公司市值 54 亿兰特（约合 4 亿美元）。2014 年，该公司成为约翰内斯堡上市公司中连续 16 年保持利润增长的公司。[27]

四、南非主要保险提供商经营概况

（一）南非主要保险提供商业务指标

在约翰内斯堡证券交易所的保险板块中，截至 2016 年末，市值前五大

27　参见 CLIENTELE 公司网站。

人寿保险公司依次是 OLD MUTUAL、SANLAM、DISCOVERY 有限责任公司、MMI 和 LIBERTY 保险公司，市值最大的财产险和伤亡险公司是 SANTAM。

截至 2015 年末，主要短期保险公司的总保费为 1,028 亿兰特（约合 89 亿美元），上年为 962 亿兰特（约 83 亿美元）。长期保险行业总保费 4,389 亿兰特（约合 379 亿美元），上年为 4,297 亿兰特。国际业务对总保费的贡献更为突出。以 OUTSURANCE 公司为例，2015 年来自澳大利亚子公司贡献了该集团总保费的 47%。[28]

表 2.8　三大短期保险公司的承保成本和利润比率　　　　单位：%

年份	2016	2015	2014
索赔率	58.7	61.5	66.6
收购成本占比	9.1	9.3	10.3
费用占比	21.4	20.0	16.5
三项合计	89.2	90.8	93.4
承保利润率	10.8	9.2	6.6

资料来源：南非毕马威：Insurance through challenging times, insurance industry analysis, April 2016.

2015 年，根据国际财务报告标准（IFRS）核算，五大长期保险提供商盈利总额 334 亿兰特，同比增长 18%，2014 年同比增长 17%，平均股本收益率保持在 21%。三大短期保险提供商[29]总保费约 522 亿兰特，同比增长 12%；盈利总额[30]为 41 亿兰特，增长 32%，这部分归因于承保收益率较上年有所改善，从 9% 提高到 11%。其中，OUTSURANCE、SANTAM 和 M&F 的承保收益率分别为 15.9%、9.4% 和 7.4%。

一些行业的索赔率呈上升态势，在财产险方面，2012－2014 年索赔率从 61% 升至 63%。运输业从 42% 升至 52%，其他业务的索赔率有所下降，工程行业从 55% 降至 50%，汽车业从 66% 降至 65%，承保利润率（利润占保费之比）连续几年平稳保持在 8%～10%。

28　KPMG. Insurance through Challenging Times – Insurance Industry Analysis, April 2016, p5.

29　Mutual & Federal Limited, OUTSURANCE, SANTAM.

30　不含 Mutual & Federal Limited.

近几年，受世界经济复苏缓慢和南非经济持续低迷影响，南非股票和债券市场都不景气，拖累了保险公司的投资收益，投资收益的绝对值和收益率呈下降趋势。

表 2.9　长期保险公司投资表现　　　单位：亿兰特，%

年份	2016	2015	2014
投资资产总额	21,446.1	19,555.2	17,716.4
投资收益	1,545.6	1,867.6	2,442.9
平均投资收益率	7.5	10.0	14.9

注：投资资产包括金融资产、现金和现金等价物。

一些南非保险机构积极进行产品和销售创新。例如，利用手机普及率高的优势推出了小额保险产品，客户可以通过手机支付保费，通过这些简便易行的方式，便利更多客户购买保险。SANTAM 在已有的专营直销保险的 MIWAY 基础上，进一步加大保险直销力度。又如，受零售业客户忠诚计划的启发，许多保险提供商推出了类似项目，旨在留住零售客户。南非现有近百个类似项目，覆盖至少 1,000 万人口。

（二）银保合作

近年来，一些南非银行纷纷介入保险业务。1999 年，南非标准银行收购了自由人寿公司。2012 年，南非联合银行发展了线上金融综合门户网站，可以交易人寿和非人寿产品。2007 年以前，第一兰特银行是几个主要保险企业的股东，但近几年已将这些资产剥离，仅仅维持有限、简单的银保合作关系。

由于南非保险市场发展程度高，分销渠道健全，通过银行销售保险产品不像有些国家或地区那样流行，保险企业不愿开设适合银行交易特点的保单。2008 年国际金融危机以来，南非许多人士对银保合作持负面看法，近年来尽管政策上更为简便，银保合作仍然不温不火。

（三）小额保险计划

从保费占 GDP 的比重来看，南非是世界上保险渗透率最高的国家之一。人寿保险的保费占 GDP 的比重高达 21.6%，在很大程度上反映了相当比例的储蓄由保险公司持有。

然而，相对于客户群体而言，南非人口的投保率严重不足，1/3 左右的人口没有银行账户，40% 的人口没有长期保险。据国际货币基金组织（IMF）的统计，南非退保率接近 50%，反映了大量保单被出售给社会边缘人群，一旦失业后根本无力支付甚至最低廉的保费。贫穷人口的投保率呈下降趋势，低收入群体的投保率从 2008 年的 44.5% 降至 2013 年的 40.7%，其中短期保险的投保率下降尤为显著，2008 年 5.3% 的低收入群体参保，但 2013 年降至 3.8%。对那些拥有正式工作的人，这一问题微不足道，但对拥有非正式工作的人，保险的包容性确实是个问题。

为缓解这一难题，南非政府将开发小额保险列为优先任务，但进展缓慢。2008 年，南非财政部发布了关于小额保险监管的讨论文件，2013 年发布了法案框架，计划制订单独的《小额保险法》。最终，财政部决定将这一立法纳入酝酿中的"双峰"监管改革，并推出旨在促进相关保险产品开发的措施，但是监管的不确定性阻碍了这一子市场的发展，许多保险机构推迟了这方面的计划。同时，保险机构还发现，小额保险的各个子市场的成熟度出乎所料，那些有需求且有支付能力的人群，一般已经购买了小额保险产品，进一步的需求不多，增加销售需要的开销十分可观，但保费的边际增量很小。

（四）强制性汽车财产险

据南非保险协会统计，只有 35% 的在册汽车上了保险。由于市场失衡，已保险人间接承担了未保险人的费用，提高了需支付的保费，降低了汽车险的吸引力。由于修理费用高，以及近年来暴风雨对车辆造成相当大的损失，开展汽车险业务更加困难。目前，南非保险协会正在推动强制性第三方责任险，推动汽车险的发展。

五、南非保险监管体系

随着保险业和保险机构的发展，南非相关监管体系逐渐完善。由于历史和法律传统，南非监管体系深受英国影响。2008 年国际金融危机以后，南非积极参加 G20 框架下的讨论，陆续出台了监管改革的有关法案。在保险监管方面，更加关注保险业作为金融子系统对宏观经济和金融体系稳定的影响，总体目标是促进保险业的健康良性发展，更好地保护保险消费者的合法权益。

（一）现行监管体系

基本法律来源和监管机构。南非《短期保险法（1998 年）》和《长期保险法（1998 年）》是两部主要的保险法律。前者负责规制非人寿保险机构，包括财产险、事故险和健康险等。后者规制人寿保险机构。这两部法律规范保险和再保险机构的活动，并界定从业机构和人员的市场行为、报告义务、流动性和资本金等要求。另一部相关法律是《金融咨询和中介服务法（2002 年）》以及配套的《行为守则》等法规，规制保险提供商和中介服务提供商开展的咨询、中介服务等活动。此外，其他类型的业务分别由专门的成文法予以监管。[31] 根据《短期保险法》和《长期保险法》，南非金融服务委员会（FSB）负责保险业监管，其负责人由财政部任命。[32] FSB 内设两名注册官和两个注册官办公室，执行日常监管任务。

市场准入。根据对保险提供商组织架构的规定，只有在南非注册的上市公司才能申领保险提供商牌照，必须以短期或长期保险业务为主业。除非是全资子公司，国外的保险提供商在南非的其他分支机构不会被颁发牌照。除非法律另行规定[33]，否则未经注册，任何个人不能在南非境内开展保险或再保险业务。对短期和长期保险，须由不同实体分别申领牌照。

股比限制。对股东身份或住所没有限制，但如持股超过 15% 或取得控制权，须金融服务委员会批准。外国股东汇回利润，须得到南非储备银行的批准。对于本地保险中介服务提供商的所有权或控制权，没有特别限制。如发生股比变动，须向金融服务委员会通报，注册官基于其裁量权，可予以否决或加以规制。在特定个人收购股权超过 15% 的情况下，如果注册官认为与公众利益不符，或对收购对象造成损害，也可否决。对于经批

31　例如，《医疗计划法（1967 年）》《养老基金法（1976 年）》《失业保险法（2001 年）》《职业损伤与疾病补偿法（1993 年）》《道路事故基金法（1996 年）》（在一定限额内对受害人予以救助）等。

32　以及其他非银行类金融机构、证券机构和相关市场活动。

33　例如，南非《短期保险法》有专门章节规定：英国劳合社须任命一名驻南非的总代表，设立专门信托基金来支持在南非境内的保险业务活动等。

准的保险中介服务提供商，如主要人员发生变动，也须向金融服务委员会通报。

经营限制。只有在向金融服务委员会注册并获得批准或牌照，保险提供商才能从事保险业务。申请方须提交股东、董事、管理团队、业务性质、资金来源等基本信息。个人如从事金融咨询与仲裁服务委员会（FAIS）规定的中介业务，需注册成为金融服务提供商，或具有其代表身份。这些服务包括金融顾问、保险交易撮合、理赔等。未经注册，视为违法。对于保险提供商的外包服务，金融服务委员会也有专门规定。对经授权或获颁执照的保险提供商持续经营的规定为：须保持财务状况稳健，随时确保符合资本充足率及资产类型与分布（包括衍生品投资等）等要求。

违规处罚。不合规的情形包括：未向金融服务委员会提供要求的信息或文件、未能保持财务状况稳健等。罚金额度为 500 万～1,000 万兰特。如果无照经营，将被处 1,000 万兰特罚款。违规的保险中间服务提供商，可被处 1,000 万兰特罚款或拘留，严重情形下还会被吊销执照。金融服务委员会也能视情诉诸司法程序。对再保险提供商偿付能力的要求适用南非《清偿法（1936 年）》，同时《短期保险法》和《长期保险法》专门规定了商业救助、监护、清算等程序。基于对被保险人的利益考虑，注册官办公室通常会介入这些程序。保险提供商如申请结束运营，需经南非财政部长书面批准。在清算过程中，被保险人属同位债权人或非经担保的债权人。如果保险提供商陷入财务困境，金融服务委员会通常会向法院申请启动商业救助程序。

（二）监管改革

2008 年国际金融危机之后，随着欧盟和 G20 框架下对金融监管改革的讨论，南非进行了有史以来最为广泛的监管改革。南非监管当局认为，尽管南非金融体系稳健，但消费者并非总能受到公平对待，金融产品有时过于复杂，有些服务价值不大，一些金融产品也不合时宜，同时，由谁来制定和执行政策有时不够明确，职能重叠仍然在很大程度上存在。2013 年，《金融业监管法案》首次公布。

上述法案拟推出"双峰"监管模式，即对所有金融企业由两个监管机构监管，一个主管审慎监管，另一个负责市场产品。这种监管架构分工更为清晰，改变过去碎片化的监管方式，使监管套利最小化。一旦付诸实施，南非金融服务委员会将成为市场行为监督机构，同时在中央银行设立一个法定的审慎监管机构，维护和提高保险从业机构的稳健性。这两个监管机构的独立性更高，职责界定更明确，相关管理当局之间的沟通将得到改进。

"双峰"监管的新立法将有助于保护消费者，监管欺诈行为打击犯罪，为保险体系带来的稳定性，保持行业竞争力，得到业界广泛支持。同时，也有合规成本高、监管体系复杂化等担心和质疑，如对于南非这样复杂但又处于发展期的市场，新的监管体系是否管得过宽；一旦付诸实施，所有保险企业需对信息技术系统进行大量投资；对消费者而言，保险条款的质量和清晰度将改进，但保费也会提高。

南非监管当局则认为，前期已经做了大量准备工作，多数保险企业管理良好，并已进行了相关调整，因此新的监管体系利大于弊。

（三）其他配套改革

为进一步加强保险提供商偿付能力，有效管控宏观审慎性风险，《保险法案（2015 年）》拟推行一套新体制，称为新偿付能力管理体制（SAM）。SAM 的主要组成部分是"自有风险与偿付能力评估"（ORSA）[34]。目前，法案有关内容已根据国际保险监督官协会（IAIS）的保险核心原则作了更新，2017 年正式推行。

关于对小型自保险[35]的监管，金融服务委员会于 2013 年 6 月发布了一份讨论文件，专门研究这一问题。2012 年，金融服务委员会的调查显示，南非经注册批准的 7 家长期保险提供商、11 家短期保险提供商开展单体自保险业务，并有 130 多项第三方短期自保险安排和 50 多项第三方长期自保

---

[34]　这是一种基于风险的监管体制，侧重全流程的风险识别、评估、监测、管理、报告，使保险提供商能够随时确保以必要的自有资金来保证总体清偿能力，进而实现审慎监管。

[35]　英文为 Cell Captive Insurance。小型自保险企业的所有人持有一个保险提供商的一定类型（优先股或普通股）的股份，并代表后者执行保险业务的部分环节。因此，这种商业安排体现为前者对后者的股权关系，以及两者的业务往来关系。根据关系的紧密程度，可表现为后者的服务外包业务，或前者自营的中介服务等。

险安排。在现行监管框架下，对这类安排的监管规定主要涉及注册和报告等要求。上述讨论文件建议：开展第三方自保业务需要单独申请专门执照，只能在保险提供商和与其具有约束性业务关系的中介服务提供商等之间进行，并须符合有关风险管理要求。[36]

其他监管改革问题涉及进一步促进对被保险人合法权益的保护、中间服务提供商的收费等。在再保险机构的监管方面，南非金融服务委员会考虑，强制要求对南非开展再保险业务的外国再保险机构须在南非注册成立分支机构。

六、南非保险业现状小结和发展趋势

（一）南非保险业现状小结

独特的历史、文化因素为南非保险业、保险机构和监管体系的演进打上了浓重烙印。经过约 200 年的发展，南非保险市场、保险机构和监管体系兼具高度发达但不平衡的二元特征。从某些方面看，南非是世界上最发达的保险市场之一，保险和再保险市场高度发展，本土成长起来的跨国保险公司在欧美和非洲市场都有很强竞争力，保险渗透率（保费占 GDP 的比重）排名世界前列，市场竞争激烈，从业机构管理良好，创新积极。

相对高端的市场趋于饱和，南非低端市场有效需求不足，仍不是成熟的市场，大部分人口生活贫困，没有参保或投保不充分，甚至基本的汽车财产险也是非强制性的，这在非洲乃至其他发展中国家都极为罕见。此外，高失业率和经济增长缓慢制约了保险业务的发展。

南非保险业监管体系稳健到位，在法律法规方面紧跟欧洲最新趋势，公司治理比较规范，保险公司生存与发展的生态环境总体较好。但数据处理系统能力不足、风险管理有待提升；以及在公司治理、成本管理等方面，还存在一些问题。从业界角度看，合规管理是保险公司的最大关切，尤其是如果采用新的监管制度，将增加费用和管理负担。

---

36 详见南非金融服务委员会网站，Review of Third Party Cell Captive Insurance and Similar Arrangements, Discussion Paper, 11 June 2013.

（二）南非本土保险市场的增长前景

2008 年国际金融危机以后，南非经济增长率始终低迷，失业率长年高居 25% 左右，居民可支配收入家庭支出增长缓慢。大部分人口的经济能力脆弱，对保险的需求难以保证。南非保险业的投资收益同样受到股市动荡、全球债券收益率降低等因素的负面冲击。兰特汇率波动进一步增加了南非保险机构的困难。

随着监管体系趋于烦琐、复杂，合规成本提高，如新偿付能力管理体制（SAM）付诸实施，预计年均合规费用将达到 5 亿兰特，约占保险业年营业收入的 0.1%。[37] 保险提供商可以不断探索新的商业模式，或专注提供专业保险服务如航空和海事险等。小的保险机构可能进入更小的细分市场。尽管保费规模不大，小额保险市场有望继续增长。[38] 在合规费用高昂、宏观经济低迷和市场竞争更加激烈的环境下，南非保险市场将出现新一轮洗牌。

（三）南非保险业国际并购将更加活跃

由于新的合规要求在很大程度上推高了管理费用，超过了利润和保费增长速度，从而推动了企业合并。面对本土市场逐渐饱和，南非主要保险提供商纷纷将目光投向海外，特别是非洲和其他新兴市场。跨国并购成为海外扩张的战略选择。

2009 年以来，行业整合有所推进，部分小企业退出了市场，但基本上都将索赔偿付完结，面向非洲其他国家的跨国并购活动更加活跃。耆卫集团的首席运营官姆皮塔在接受"思维空间"（Mindspace）网站采访时表示，保险渗透率提供的机会，中产阶层不断崛起，对保险产品的需求日益增加，都驱使南非大型保险机构向非洲其他地区扩张。南非仍有很多增长机会，但鉴于中等收入群体、城市化和相应金融服务的发展，非洲大陆其他地区的增长率更富吸引力。

37　KPMG. Business Unusual, Financial Services, the South African Insurance Industry Survey 2016, July 2016.

38　Swiss Re. Global Insurance Review 2016 and Outlook 2017/18, Page 40, November 2016.

（四）南非保险业创新趋势

南非保险提供商重视科技和商业模式创新的推动作用，不断优化运营管理，在激烈的市场竞争中更加以消费者为中心。数字技术和大数据分析有助于与客户保持实时接触，准确把握客户需求，也有助于实施主动的风险管理。如 DISCOVERY 有限责任公司与苹果公司合作，推出"生命力计划"，运用苹果手表来跟踪客户健康动态，并予以积极反馈，仅三个月时间，就有超过 17,000 名客户加入该项目。

南非保险业也在密切跟踪区块链技术的应用，探索推出更低价、更个性化和更大覆盖面的保险产品。以区块链技术[39]和思维为基础的保险商业模式，将给南非乃至全球保险业态带来新的冲击与变化。

第四节　南非集体投资计划和证券机构

一、南非集体投资计划产业概况

南非第一家投资信托公司创建于 1965 年 6 月，管理资产 60 万兰特。从 1965 年开始的 30 年间，南非投资信托行业发展极其缓慢，截至 1995 年，行业管理资产金额为 270 亿兰特，投资信托组合仅发展至 84 种。1969 年股市暴跌，1973 年的石油危机使经济金融形势雪上加霜，导致了南非历史最长、延续达 7 年的熊市，投资者因而变得审慎，更倾向于追求保守的利息收入。

1994 年南非民选政府成立后，实行开放经济与自由市场政策。1995 年 7 月 1 日至 2005 年 6 月，投资信托组合数量快速增长 7 倍至 570 种，资产规模增至 3,840 亿兰特。此后 10 年，至 2015 年 6 月，南非信托公司为投资者提供的投资信托组合数量翻番至 1,225 种，集体投资计划产业管理资产规模增至约 1.8 万亿兰特。截至 2016 年 6 月，该金额增至 20,036 亿兰特。

根据南非储蓄投资协会（The Association for Savings and Investment

39　区块链技术具有公开性、去中心化、同步性、加密性四大主要特征，使更多的自动化操作成为可能，从而可以减少保险服务价值链中各环节的重复劳动，优化业务流程，降低成本，提供更具个性化的服务等。

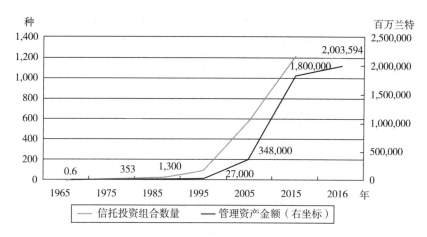

图 2.9 南非集体投资计划产业发展趋势

South Africa）统计，截至 2016 年末，南非集体投资计划产业持有资产为 2 万亿兰特，2016 年全年销售额为 2.46 万亿兰特，回购额为 2.26 万亿兰特，资金净流入额为 0.16 万亿兰特。从金融服务委员会数据看，南非集体投资计划产业流入资本的 33% 来自个体投资者的直接投资，22% 来自金融服务中介，关联投资服务供应商贡献了 22%，而剩余 23% 则来自养老金和福利基金等机构投资者。

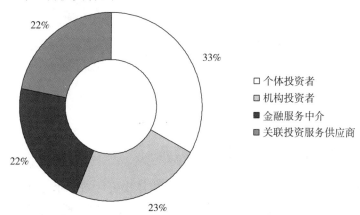

资料来源：南非金融服务委员会。

图 2.10 南非集体投资计划产业资金来源分布

南非第一家信托投资组合——南非发展股票基金（South African

Growth Equities Fund）成立于 1965 年 6 月 4 日，在经历数度兼并收购后仍活跃在市场中，现更名为动力股票基金（Momentum Equity Fund）。第二家信托投资组合——国家发展基金（National Growth Fund）成立于 1965 年 10 月 15 日，随即被保险集团 Sanlam 收购，发展成为目前的 Sanlam 投资管理普通股票基金（Sanlam Investment Management General Equity Fund）。1966 年 10 月成立的耆卫投资基金是南非主要的信托基金之一。上述三家公司共同经历了发生在 1969 年的股市暴跌、1987 年的"黑色星期一"、1997 年的亚洲金融危机、2001 年的"互联网泡沫"与 2008 年的次贷危机，见证了南非股票市场的兴衰。如果投资者在上述三家集体投资计划机构成立当月投资 100 兰特，到 2015 年 8 月已增至 13.3 万～27.6 万兰特，年收益率为 16.1%～17.6%。

南非集体投资计划运行架构如图 2.11 所示。

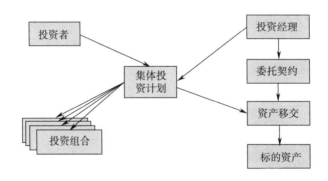

图 2.11　南非集体投资计划运行架构

二、南非集体投资计划机构概况

南非金融服务委员会（FSB）负责对集体投资计划产业的审批与监管。南非集体投资计划分为三大类：证券类集体投资计划、地产类集体投资计划、债券类集体投资计划。根据南非金融服务委员会的统计，目前南非本地注册的证券类集体投资机构共 51 家，旗下管理的投资组合 1,553 只，按投资组合个数前十大机构为：Boutique、Stanlib、Sanlam、MET、Prescient、

Old Mutual、Momentum、IP、CI 和 Prime；注册的地产类集体投资机构共 6 家，分别为：Fountainhead、SA Corporate、Oasis Crescent、Property、Strategic 和 Sycom；注册的债券类集体投资计划有 3 家，分别为：Fairheads、Stabilitas 和 FedGroup。南非境内注册的集体投资计划资产管理机构中，有很多也在其他非洲国家注册从事基金管理。

在南非经营的外资离岸证券类集体投资计划共 93 家，其中 53.9% 注册于卢森堡，泽西岛与爱尔兰也是主要注册地。境外集体投资计划经监管批准后，可以在南非境内进行产品推广。南非当地投资者投资此类基金时须遵守南非储备银行外币配额的监管规定。

南非境内集体投资计划管理资产呈增长趋势，2008 年受国际金融危机影响涨势趋缓，但 2009 年即恢复高效增长态势，平均增长率达 15.2%，离岸集体投资计划管理资产年均增长率也高达 14.2%。南非机构资产管理者的市场集中度较高，排名前十位的机构资产管理服务供应商管理资产额超过机构类市场总额的一半，而零售资产管理者的市场集中度则较低，排名前十位的零售资产管理服务供应商管理资产额仅占零售市场总额的五分之一（见图 2.12 和图 2.13）。

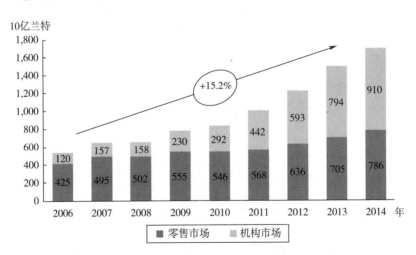

资料来源：南非储蓄投资协会（The Association for Savings and Investment South Africa）。

图 2.12 南非境内集体投资计划管理资产金额发展趋势（2006 – 2014 年）

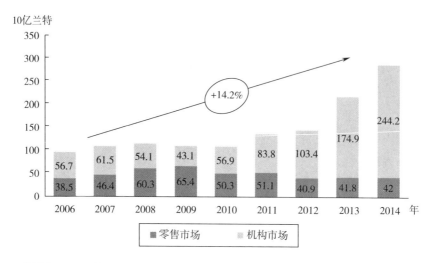

资料来源：南非储蓄投资协会（The Association for Savings and Investment South Africa）。

图 2.13 南非离岸集体投资计划管理资产金额发展趋势（2006－2014 年）

2015 年，南非财政部将对冲基金纳入集体投资计划范畴，鉴于该领域的特殊性，南非金融服务管理局成立专门部门对对冲基金实施监管。南非境内有 12 家注册对冲基金公司，分别为 Novare、IDS、Prescient、Sanlam、Nautilus、H4、Investment Solutions、Realfin、Sygnia、Investec 和 Ashburton Prime，共提供 269 种基金组合，管理资产额年均增长率达 16.9%（见图 2.14）。

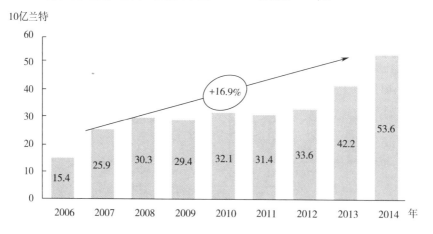

资料来源：Novare 投资公司。

图 2.14 南非对冲基金管理资产发展趋势（2006－2014 年）

三、南非主要集体投资计划机构

根据南非储蓄投资协会的统计结果，截至 2017 年 3 月 31 日，南非主要集体投资计划机构（不含货币市场基金）规模排名见表 2.10。

表 2.10　南非主要集体投资计划机构规模排名

排名	集体投资计划机构	管理资产金额（百万兰特）	市场份额（%）
1	Allan Gray	249,850	13
2	Coronation	230,171	12
3	Old Mutual	146,126	8
4	Investec	138,379	7
5	Stanlib	136,166	7
6	Nedgroup	130,472	7
7	Sanlam	120,702	6
8	Prudential	97,765	5
9	Foord	76,744	4
10	Boutique Collective Investments	74,158	4
	小计	1,400,533	73
	南非市场总额	1,872,397	100

以下主要介绍两家市场份额超过 10% 的机构。

（一）艾伦·格雷投资管理公司（Allan Gray Investment Management）

艾伦·格雷投资管理公司成立于 1973 年，总部设在南非，在博茨瓦纳、纳米比亚、尼日利亚、肯尼亚、斯威士兰设有分支机构。公司创始人艾伦 W. B 格雷于 1989 年另创建了 Orbis 投资管理公司，目前在英国、美国、加拿大、卢森堡、中国香港、日本、澳大利亚、百慕大设有机构，为艾伦·格雷投资管理公司的客户提供了投资海外市场的渠道。按照投资对象、目的地、币种不同，艾伦·格雷投资管理公司旗下基金情况如表 2.11 所示。

表 2.11 艾伦·格雷投资管理公司旗下基金

基金名称	投资特点
艾伦·格雷股票基金	适合追求上市股票长期增值、能够承受股票市场大幅波动和本金损失的客户,投资期限至少5年。截至2016年末投资主要行业占比为金融33.9%、基础材料17.9%、工业12.2%、服务业12.1%和消费品9.2%。
艾伦·格雷奥比斯全球股票支线基金	在有限的风险条件下,取得优于全球股票市场表现的长期收益,2016年该基金回报率为4.6%。
艾伦·格雷平衡基金	该公司旗舰信托基金,适合追求长期稳定投资回报、能承受一定市场波动与资本损失风险的客户,投资期限至少3年。投资组合中股权占比为60.9%,债券和储蓄占比分别为12%和12.9%。
艾伦·格雷奥比斯全球基金中的基金	由合作方Orbis公司管理的基金,满足投资者的非洲以外投资需求。
艾伦·格雷平稳基金	适合追求中短期回报、对风险的承受能力有限的客户,投资期限至少2年。投资组合中股权30.3%,债券和储蓄占比分别为16.6%和32.7%。
艾伦·格雷最佳基金	取得股票市场以外的长期收益,产品表现优于货币市场,投资期限至少3年。
艾伦·格雷奥比斯全球最佳基金中的基金	外币资产投资,风险较小,投资回报率高于外币银行存款。
艾伦·格雷债券基金	投资债券市场,投资期限至少3年。
艾伦货币市场基金	适合投资需求相对保守、对市场风险承受能力较小、追求高于银行存款利息回报的客户,投资期限约为1年。投资组合资产来源中,银行客户占比为76.7%,政府机构和企业客户占比分别为17.7%和5.6%。

2016年艾伦·格雷投资管理公司旗下上述基金的投资收益回报情况如图2.15所示。

(二)加冕基金管理公司(Coronation Fund Managers Ltd)

加冕基金管理公司于1993年由一批专业投资人士成立,目前已发展成为南非业界领先的资产管理机构、集体投资计划产业长期资产管理的龙头企业,在英国和爱尔兰设有分支机构。截至2017年3月末加冕基金管理公司管理资产5,760亿兰特,其中机构客户资产3,500亿兰特,集体投资计划个人客户资产2,260亿兰特,市场份额12.8%。加冕基金管理公司

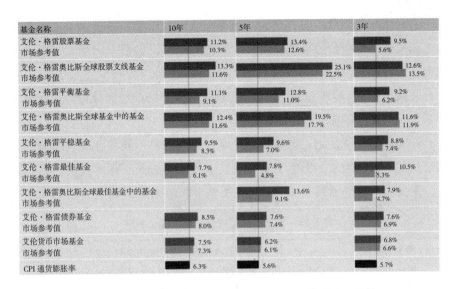

基金名称	10年		5年		3年	
艾伦·格雷股票基金		11.2%		13.4%		9.5%
市场参考值		10.3%		12.6%		5.6%
艾伦·格雷奥比斯全球股票支线基金		13.3%		25.1%		12.6%
市场参考值		11.6%		22.5%		13.5%
艾伦·格雷平衡基金		11.1%		12.8%		9.2%
市场参考值		9.1%		11.0%		6.2%
艾伦·格雷奥比斯全球基金中的基金		12.4%		19.5%		11.6%
市场参考值		11.6%		17.7%		11.9%
艾伦·格雷平稳基金		9.5%		9.6%		8.8%
市场参考值		8.3%		7.0%		7.4%
艾伦·格雷最佳基金		7.7%		7.8%		10.5%
市场参考值		6.1%		4.8%		5.3%
艾伦·格雷奥比斯全球最佳基金中的基金				13.6%		7.9%
市场参考值				9.1%		4.7%
艾伦·格雷债券基金		8.5%		7.6%		7.6%
市场参考值		8.0%		7.4%		6.9%
艾伦货币市场基金		7.5%		6.2%		6.8%
市场参考值		7.3%		6.1%		6.6%
CPI 通货膨胀率		6.3%		5.6%		5.7%

图 2.15　艾伦·格雷投资管理公司旗下基金投资收益回报情况

1993 – 2017 年管理资产变化情况如图 2.16 所示。

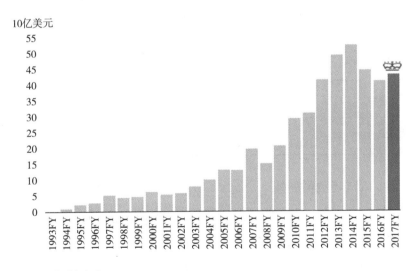

注：FY 指财务年度。

图 2.16　加冕基金管理公司管理资产情况（1993 – 2017 年）

加冕基金管理公司的客户主要为机构与个人，机构客户包括退休基金、共同基金、公积金、医疗保险基金、大型银行与保险公司，南非 200

家主要退休基金的资产的 80% 由加冕基金管理公司参与管理；个人客户方面，加冕基金管理公司提供种类齐全的理财产品，包括专门基金、个人养老金、人寿产品，以及免税投资等。加冕基金管理公司的主要客户占比为：共同基金 42.23%，退休基金 37.23%；客户资产地区分布为：非洲和中东 89.61%，英国 5.96%。

针对集体投资计划，加冕基金管理公司对客户不同程度的风险偏好与收益预期进行匹配后，推出了长期增长、收入与成长、保本投资、储蓄替代方案及收入型等系列基金产品，各类基金表现见表 2.12。

表 2.12　加冕基金管理公司旗下基金表现

基金名称	业绩表现（截至 2017 年 3 月 31 日）
加冕 20 强	成立于 2000 年，普通股票基金，年均收益水平高于基准利率 4.6%
加冕平衡 +	成立于 1996 年，南非排名第一位的平衡基金，过去 20 年间平均年收益水平高出同业竞争对手 2.5%
加冕平衡保障	成立于 2007 年，稳健型基金，年均收益水平高于通胀率 3.8%
加冕资本 +	成立于 2001 年，多元资产中级投资基金，年均收益水平高于通胀率 6.8%
加冕战略收入	成立于 2001 年，多元资产收入型基金，与同期现金表现相比年均收益水平高 2.7%
加冕全球机遇股票支线	成立于 1997 年，全球股票普通基金，年均收益水平比全球股市表现高 0.99%
加冕全球管理支线	成立于 2009 年，全球多元资产高级投资基金，年均收益水平比同业竞争对手同期表现高 1.73%

四、南非证券机构

南非约翰内斯堡证券交易所的客户不能直接从事产品买卖，而要通过约翰内斯堡证券交易所指定的专门经纪公司（broker）进行操作。即使是大型投资管理公司（公司可能拥有内部股票经纪人等）也无法直接与约翰内斯堡证券交易所进行买卖操作。

经纪公司除经约翰内斯堡证券交易所指定外，还要在监管方南非金融服务委员会注册。经纪公司可以帮助客户了解在约翰内斯堡证券交易所上市交易的各类产品，及其投资风险与收益等情况，在取得客户对交易数量、价格、期限的要求后，代表客户向约翰内斯堡证券交易所下单。经纪公司可以仅扮演执行角色，即按照客户指令从事交易，而并不对客户作出任何买卖建议；经纪公司也可能提供专业参考意见，甚至对客户的投资组合进行全权管理。

约翰内斯堡证券交易所是综合性产品交易平台，因此其指定的经纪中介公司可以代客进行多元化产品交易，内容包括股票、债券、期货等各个范畴。

在南非，股票经纪与财富管理机构间的界限正在变得越来越模糊。过去二十年，南非的股票经纪公司不断致力于对在线交易平台的建立和创新，以及将交易品种从股票扩大至债券、期货等各类市场的产品，使客户可以自行对交易产品进行管理。随着金融产品的不断复杂化与金融服务水平的提高，越来越多的客户倾向于根据其自身财务状况，寻求个性化的产品组合，这也使经纪公司更加趋向于提供多元化、个性化财富管理与财务规划服务。目前，南非仅提供在线服务平台的经纪公司数量极少。《南非2016 年财富报告》列出了最受该国财富人士欢迎的经纪公司与资产管理基金，其中排名前五位的分别是：亚历山大·福布斯（Alexander Forbes）、天达（Investec）、耆卫（Old Mutual）、利宝（Liberty Life）与 PSG。根据约翰内斯堡证券交易所 2017 年 2 月 1～28 日的交易额排名统计，南非前十大证券经纪公司如表 2.13 所示。

表 2.13　南非前十大证券经纪公司　　　　　　单位：兰特

排名	交易服务供应商	交易额
1	兰德商业银行摩根士丹利有限公司 RMB Morgan Stanley（Pty）Ltd	94,316,379,255
2	佩雷格林股票有限公司 Peregrine Equities（Pty）Ltd	89,622,640,915
3	花旗集团全球市场有限公司 Citigroup Global Markets（Pty）Ltd	82,641,133,462
4	南非联合银行资本证券有限公司 ABSA Capital Securities（Pty）Ltd	66,659,295,078
5	天达银行证券有限公司 Investec Securities（Pty）Ltd	65,465,152,505

续表

排名	交易服务供应商	交易额
6	标准银行集团证券有限公司 SBG Securities（Pty）Ltd	55, 752, 108, 493
7	瑞银南非有限公司 UBS South Africa（Pty）Ltd	52, 942, 416, 608
8	美林南非有限公司 Merrill Lynch South Africa（Pty）Ltd	43, 961, 933, 159
9	摩根大通证券南非有限公司 JP Morgan Equities South Africa（Pty）Ltd	39, 720, 436, 243
10	德意志银行证券有限公司 Deutsche Securities（Pty）Ltd	39, 667, 205, 856
	总市值	399, 846, 021, 457

第三章

金融市场

早在 1881/1882 财政年度，南非开普殖民地就发行了第一单财政票据。1887 年，约翰内斯堡证券交易所成立，正式拉开了南非金融市场发展的大幕。20 世纪 90 年代以来，随着金融行业的对外开放，南非金融市场发展步伐加快，交易品种不断丰富，电子化、规范化程度也逐渐提高。南非现已发展起包括货币市场、外汇市场、股票市场、债券市场、金融衍生品市场和商品期货市场在内的完整的金融市场体系，而且每个子市场拥有丰富的交易品种，金融市场功能较为齐备，能够满足市场参与者的多种交易需求，只有黄金市场发育不太充分。按是否集中交易分，金融市场交易可分为场内交易和场外交易两部分。货币市场、外汇市场交易以场外交易为主；股票市场、债券市场、金融衍生品市场和商品衍生品市场则主要以场内交易为主，场内交易则逐渐集中于约翰内斯堡证券交易所。南非金融市场是非洲最为成熟、最为发达、规模最大、影响最大的金融市场，在全球也拥有不可忽视的地位。

第一节　南非货币市场

一、南非货币市场概况

（一）南非货币市场定义

货币市场，相对于中长期资本市场而言，主要是指期限在一年之内的资金市场。在货币市场里，市场参与者更为广泛，交易更加活跃，对中央银行货币政策的敏感度也更高。

南非货币市场是一个包括短期零售和批发品种的证券发行、交易以及资金流通市场。在这个货币市场中，需要短期资金的政府、企业和个人与资金盈余实体相对接，进行各种形式的贷款、借款和交易。

（二）南非货币市场功能

1. 市场融资

南非各级政府发行货币市场证券为短期项目融资；银行通过货币市场拆借短期资金；企业在制造、进出口、工程项目等方面的短期资金需求也可在货币市场满足。

2. 资产增值

政府、银行、资产管理人、证券公司及个人借助货币市场工具进行投资，以达到资产增值的目的。

3. 货币政策

南非储备银行定期利用货币市场工具来管理银行业的流动性。

4. 价格发现

通过交易双方在自由流动市场中的互动来确定市场价格。利率由若干因素决定，包括发行人的信用风险、特定工具的流动性、特定证券的需求和供应等因素。此外南非货币市场的一个重要特征是，储备银行货币政策委员会在其定期会议上宣布的回购利率左右着短期利率趋势。

（三）南非货币市场发展沿革

1. 交易品种不断更新完善

（1）财政票据（Treasury Bill）。南非第一次发行财政票据是在开普殖民地的 1881/1882 财政年度。在南非储备银行成立之前，财政票据的流通市场实际上并不存在，1921 年储备银行对财政票据的再贴现增加了市场流动性，财政票据市场被激活。此后很长的一段时间，财政票据市场的发展仍较有限，直到 1949 年南非货币市场诞生后，财政票据开始受到投资者追捧。1958 年由南非储备银行代表财政部推出每周招标机制，规模不断扩大。2000 年财政票据成为第一个无须转汇凭证的货币市场工具，2011 年 2 月南非货币市场完成了财政票据电子化。目前财政票据规模已超过 2,000 亿兰特，已成为南非货币市场中仅次于大额可转让同业定期存单（NCD）的第二大交易证券。

（2）南非储备银行票据（RBD）。南非储备银行货币市场证券在 1980 年首次发行，旨在进行流动性管理。当时黄金价格大幅上涨，涌入的美元流动性最终向储备银行兑换成了兰特，导致兰特流动性泛滥，巨额兰特进入货币市场。当时的储备银行票据以折价方式发行。20 世纪 90 年代初期，只有少量的储备银行票据，并于 1993 年 3 月暂停。1998 年 9 月 16 日，南非储备银行以招标方式发行了 20 亿美元的 30 天债券，重启储备银行票据发行。2001 年 10 月，储备银行票据首次进行电子化发行，是南非首个完全电子化的货币市场证券。南非储备银行在 2001 年至 2010 年 2 月在其财务报表登记册中对债券进行记录保存，此后储备银行票据被纳入新的 Strate（Share Trading Transactions Totally Electronic，即南非的中央证券托管机构）电子货币市场系统。

（3）大额可转让存单（NCD）。南非于 1964 年 7 月发行大额可转让存单，是继美国之后第二个发行大额可转让存单的国家。南非第一批大额可转让存单的发行人是原巴克莱银行和荷兰银行。

（4）银行承兑汇票（BA）。在 20 世纪初期，南非商业银行仍然以合理的价格进行银行承兑汇票交易，之后此类票据价格迅速下跌，至 20 世纪 20 年代中期以来，许多发行银行已经终止了银行承兑汇票的交易，南非五大银行中，只有两家还在继续报价银行承兑汇票，南非最后一批存续的银行承兑汇票在 2013 年 9 月到期，此后不再进行市场交易。

（5）其他主要交易产品。回购协议（REPO）——南非回购协议市场于 20 世纪 90 年代中期开始快速发展。

土地储备银行票据（LBB）是南非土地银行发行的短期贴现票据，根据 1981 年《合作社法》第 91 号为了服务农业合作社等组织的短期融资而发行。

商业票据（CP）受 1964 年第 34 号《银行交易法》等法规管理。

2. 电子化进程

1998 年，由南非储备银行、南非国有电力公司（Eskom）和四大银行主导的货币市场电子化举措导致了货币市场论坛（MMF）机制的形成，MMF 机制规划货币市场的电子化战略，提出了一系列高水准要求。南非的货币市场电子化于 2002 年 12 月完成，主要实现了：货币市场证券的发行、交易和结算以电子方式进行；票息和到期付款以电子方式结算；货币市场证券标准化；约翰内斯堡证券交易所作为南非认可的国家编号代理机构（NNA）对货币市场证券分配唯一的 ISIN 号；发行货币市场证券的详细要素在"货币市场证券注册系统"（MMSR）记录；所有导致所有权变更的交易（包括出售证券，认购和质押发行）通过电子交易进行匹配、分配和结算；货币市场工具的电子化在约定的时间点分阶段纳入所有新证券发行。

2010 年 2 月，南非所有货币市场证券建成了电子化的发行、交易和结算系统。新系统引入所有权登记（SOR）的中央证券登记（CSD）系统。

二、南非货币市场的参与者

（一）参与者的特征

商业银行是南非货币市场最突出的角色，它既是发行和交易货币市场证券的主体，也作为中介机构接受储蓄存款并向借款人出借资金；既担当最终贷款人和最终借款人的媒介，也是中央银行调控南非货币市场的主要渠道。

南非货币市场的资金供应方可以是任何持有盈余资金的实体。如企业未来需要交纳税款的资金可选择存入银行获得定期存款，也可按照货币市场利率进行短期拆借；地方政府的临时性盈余资金也会投资于货币市场；对于商业银行来说，如果预期在一个月左右的时间内存款会被大量提取，那么留存用于兑付的资金也可短暂投资于货币市场。

南非货币市场的借款人也可以是任何临时需要资金的实体。商业银行是大额资金借款人；土地银行的大部分资金通过发行货币市场票据获得；非金融企业通常通过发行浮动利率票据、资本性质票据、可赎回债券或其他类型的商业票据来融资。

（二）南非储备银行

南非储备银行在货币市场上处于主导地位，在货币市场上主要通过公共存款公司（Corporation of Public Deposits）进行操作，该公司将各种政府短期盈余资金主要投资于公用事业，剩余资金则通过货币市场获取利益。

除通过货币市场工具直接交易外，南非储备银行的一个主要功能是为银行系统提供流动性，以应对可能出现的资金短缺，在此过程中南非储备银行事实上影响了南非货币市场资金状况。

（三）其他市场参与者

南非货币市场的其他参与者包括：公共投资公司（负责管理政府雇员养老基金的全资政府公司）、长期保险公司、私人养老金和公积金以及如南非国有电力公司（Eskom）和南非国有铁路公司（Transnet）等国有企业，这些实体通过货币市场进行投资或借款。与国有企业性质接近的实体或企业可以随时在货币市场上借款，外国投资者在南非货币市场并没有发挥实质性作用，这与它们在南非资本市场活跃程度形成了明显对比。

（四）借款人和贷款人

1. 借款人

南非货币市场的借款人可以分为两类，即最终借款人（非银行）和金融中介机构。南非中央政府是货币市场中最大的最终借款人，地方政府和企业也是主要的最终借款人，最终借款人发行的证券被称为一级证券。中央政府通过发行财政票据满足短期流动性需求，地方政府、国有企业也利用货币市场获取短期资金，如南非国有电力公司和南非国有铁路公司发行的商业票据。

金融中介机构发行的固定存款、退休年金、可转让大额存单等证券称为间接证券。南非的金融中介机构可分为接受存款的机构，如土地银行、商业银行、邮政银行等；非接受存款的机构，如保险公司、养老基金、开发银行、公众投资公司、单位信托等。

2. 贷款人

贷款人也分为两类，包括最终贷款人和金融中介机构。企业是货币市场中最大的最终贷款人。有临时盈余现金的公司可以在货币市场上进行投资，矿业公司是主要的企业类投资者。

实际上，南非货币市场的贷款活动仍以金融中介为主。金融中介机构主要包括商业银行（投资大额可转让定期存单）、持续专业发展计划机构

（投资财政票据）和南非储备银行。南非储备银行是货币市场中主要的证券买家，但其作用仅限于从银行回购二级市场证券。南非储备银行货币市场操作目的是为了向银行提供流动性，而非赚取收益。

非存款中介人也是货币市场的重要贷款参与者，其中最突出的是养老基金，如公众投资公司和南非联合信托公司。

3. 经纪人和交易商

货币市场大部分是由商业银行资金部门进行交易，商业银行既是整个市场的中心，也是货币市场证券的主要持有者。

三、南非货币市场的主要工具

（一）概况

南非货币市场票据由两种工具主导：大额可转让存单（银行负有偿债义务）和财政票据（政府负有偿债义务）。自20世纪90年代以来，银行承兑汇票市场大幅下滑，最终于2013年9月终结。

南非短期商业票据的发行期限从几个月到几年，规模难以统计，因此区分货币市场票据和债券市场票据是一个挑战。但通过适当分析，可以得出的结论是短期商业票据已经取代了银行承兑汇票，成为企业的主要融资工具。

（二）主要品种

在南非发行和交易的代表性货币市场工具包括财政票据、大额可转让存单、商业票据、浮动利率票据等。

1. 财政票据

（1）定义。财政票据是中央政府发行的短期固定利率货币市场工具。财政票据是对政府的债权，由政府在未来约定的日期还本付息，是一种安全性与流通性较好的证券。它们完全由政府信用保证，目前已发行品种主要包括四种期限：3个月期、6个月期、9个月期和1年期。出于过桥融资目的，政府有时也会发行一些不同期限的财政票据。

（2）特点。发行财政票据是政府为缓解财政赤字进行的融资，大部分的发行是为了借新还旧。财政票据利率是货币市场利率的基准指标，也是其他货币市场工具确定利率的主要参考。

财政票据的另一个特点是折价发行，以面值的一定折扣发行并按面值兑付，在二级市场上也以低于面值的价格交易。与其他国家情况一样，商业银行经常使用南非财政票据作为从储备银行融资的抵押品。严格来说，财政票据不能被视为不记名货币市场工具，因为它们以电子方式发行和交易，持有者记录在电子系统中。

（3）一级市场。南非政府根据 1975 年《财政审计法案》相关规定发行财政票据，由财政部决定每年发行的金额。每周招标的票据有 91 天、182 天、273 天和 364 天 4 种期限，每周五早上进行招标与订单分配，3 个工作日后结算。发行目的是满足政府滚动融资和各项财务承诺的需求，有时也会在一个星期中的任何一天发行一些特别期限的财政票据（通常为 1~7天期），或者在一周的任何一天发布特别招标书，特殊发行通常是为了短期过桥融资而进行的。

相对于以价格为基础的正常财政票据拍卖，特别短期财政票据投标以贴现利率提交，每次出价保留到 0.01% 的贴现率。在这种拍卖中，提交最低贴现利率的投标者首先被全额分配，依此类推，直到所有财政票据被全部分配完成。特别财政票据的拍卖非常少见，只有当政府有特殊的短期现金流需求时才会进行，如大量政府债券需要在同一天还本付息，通常每年只会发生一次。

（4）二级市场。财政票据在一级市场完成发行后，可在二级市场上交易。南非财政票据二级市场规模比较有限，因财政票据是受到高度认可的流动资产，银行通常持有到期。自 2009 年起，政府发行的财政票据大幅增加，在一定程度上增加了二级市场的流动性。

在二级市场上的交易，所有权将发生转移，并以电子方式记录在 Strate 的所有权登记（SOR）账户中。

（5）兑付。财政票据的兑付在到期日的 09:00~10:00 进行，南非储备银行通过南非兰特多功能清算系统（SAMOS）支付给为投资者在 Strate 开立 SOR 账户的金融机构，以及中央银行抵押品管理系统（CBCM）中的金融机构。

由 Strate 管理的 SOR 账户记录财政票据的持有人，反映机构（银行和非银行机构）持有的财政票据，而南非储备银行的 CBCM 只记录银行提供抵押的财政票据。

2. 南非储备银行票据

（1）定义。南非储备银行票据是由南非储备银行发行的短期可转让固定利率证券，可以作为银行机构剩余短期资金的补充投资工具。南非储备银行承诺在指定的日期支付本金和利息。

（2）特点。发行储备银行票据是为了管理货币市场流动性，可以降低商业银行的现金储备，收缩流动性，储备银行票据到期则可以恢复为商业银行原有现金储备。储备银行票据是可转让的付息证券，向特定对象以面值发行，包括银行或任何公众成员，利息在到期日支付。原则上储备银行发行的债券期限最长为一年，但目前南非储备银行只发行四个不同期限的品种，分别为 7 天、14 天、28 天以及 56 天。南非储备银行有权酌情提前偿还存续的储备银行票据。发行或转让储备银行票据须为 100 万兰特的整数倍。储备银行票据属于银行法规定的高流动资产，可作为向中央银行融资的抵押品，这增加了该证券的吸引力。储备银行票据的收益率反映了市场对南非储备银行票据的供求情况，通常略低于财政票据的收益率。

（3）一级市场。储备银行票据的一级发行是以收益率为拍卖标的，除了一些细节外，储备银行票据的发行和兑付过程与财政票据相同。南非储备银行是储备银行票据实际的发行人，而对于财政票据，南非储备银行是财政部的发行代理人。在储备银行票据发行时，南非储备银行通过电子资讯服务系统（如路透社、彭博和互联网等）发出招标邀请。每周定期招标的邀请函通常在招标日上午 8:00 左右发出。

与财政票据招标一样，每周定期的储备银行票据投标只能通过南非储备银行货币市场互联网系统（MMIS）以电子方式提交。但购买储备银行票据必须在中标日完成支付。由于拍卖标的是收益率，储备银行票据按照收益率出价的顺序分配，首先分配报价最低利率的投标者，最低投标金额为 1,100 万兰特，以 100 万兰特的整数倍递增。储备银行票据不接受非居民的海外投标，除非通过当地的中央证券存管（CSD）参加机构代为投标，分配时按照美国式招标进行。

（4）二级市场。储备银行票据的二级市场规模有限，主要原因是期限短，而且该票据属于高流动资产，可作为向储备银行申请融资的抵押品。储备银行票据的所有权在二级市场发生转移时的程序与财政票据相同，如果储备银行票据没有在储备银行 CBCM 系统中作为抵押品，并在到期日前出售给其他投资者，则所有权的转让将在 Strate 运营的 SOR 账户进行电子登记。

（5）兑付。储备银行票据在到期日上午完成兑付处理。南非储备银行通过南非兰特多功能清算系统（SAMOS）支付给为投资者在 Strate 开立 SOR 账户的金融机构以及 CBCM 中的金融机构。

3. 大额可转让存单

（1）定义。大额可转让存单是商业银行发行的一种金融工具，承诺在一定期限内以一定的利率存入特定金额。不同于银行的普通定期存款，大额可转让存单可以在到期日之前出售。大额可转让存单以面值发行，并以面值加利息赎回，是典型的附息证券。

发行大额可转让存单的主要目的是吸收存款、补充银行的资金需求，是南非银行间资金的重要来源。初步测算，未到期的大额可转让存单余额约占南非银行存款总额的 15%。同时，银行也是大额可转让存单最重要的投资者，约持份额超过 10%，多数来自于二级市场。

（2）特点。大额可转让存单期限通常为 3 个月、6 个月、9 个月、12 个月。超过 1 年期的大额可转让存单利息一般在期末支付或像债券一样每 6 个月支付一次，长期的大额可转让存单被视为资本市场证券。

大额可转让存单在二级市场上交投活跃，交易最活跃的期限是 3~6 个月。大额可转让存单的收益率由货币市场的供求关系决定，主要的具体影响因素包括期限和短期利率水平。一般而言，大额可转让存单利率高于同期限财政票据的收益率，因此隐含一定的违约风险。另外，大额可转让存单不能作为流动资产，不能用作储备银行融资的抵押品，也是其收益率较高的因素之一。

4. 回购协议

回购协议或通常所称的回购是金融界最广泛使用的货币市场工具之一。在全球范围内，回购市场被称为现代金融的命脉。20世纪90年代中期以来，南非回购协议市场快速发展。

（1）定义。回购协议或回购的定义是"出售资产的同时约定在未来的日期回购相同或相似的资产，到期日返还原值加上使用资金的回报"。在大多数情况下，出售并购回的资产是高质量的债券，如政府发行的债券，而其他资产如公司债券、货币市场票据和股票则较少被使用。

卖方在回购期初收到的现金金额称为购买对价，而买方在到期日支付的现金金额（包括利息）称为回购对价。

（2）回购类型。南非储备银行采用国际资本市场协会（ICMA）和美国证券业与金融市场协会（SIFMA）定义为标准版本的回购类型与银行进行交易。

（3）南非储备银行与商业银行之间的回购交易。①每周再融资回购。南非储备银行要求银行与其进行7天回购。以兰特计价的政府债券、财政票据、土地银行票据和南非储备银行债券可作为抵押品。这些回购交易是以拍卖方式进行的，回购利率由南非储备银行货币政策委员会确定。②长期逆回购。南非储备银行定期从银行系统中回收多余的现金，银行逆向回购南非储备银行的债券，称为长期逆向回购。在这种情况下，银行是资产买家，而南非储备银行是资产卖方。

（4）回购的优势。回购比大额可转让存单或商业票据灵活，期限可以从1天到6个月或更长的时间。交易对手包括南非储备银行和商业银行、养老基金、单位信托，甚至非金融公司。回购的优点是资金融出方获得双重保障，如果借款人违约，贷款人仍拥有抵押品的所有权，只有回购对方和债券发行人都违约，资金融出方才会发生亏损。

5. 土地银行票据

土地银行票据是南非土地银行发行的短期贴现票据，合作社使用资金从农民那里购买农产品，从生产厂家和供应商那里购买农具、设备和生产资料等。根据1990年《银行法》第九十四号条款，在某些情况下土地银行票据有资格成为符合银行审慎流动性管理要求的高流动资产。此外土地银行票据也可用作南非储备银行融资目的的抵押资产。

土地银行票据面值分别为 100 万兰特、500 万兰特、1,000 万兰特，期限通常为 91 天。虽然过去一些土地银行票据已经通过招标方式发行，但目前主要是使用 91 天财政票据收益率来为土地银行票据报价（贴现率）。土地银行票据市场相对较小，出售对象均为商业银行。

6. 商业票据

（1）定义。商业票据是南非一般企业、国有企业或类国有企业以及其他非银行业机构发行的证券。这些证券存续期通常为 12 个月以内，并且是以贴现方式发行。商业票据发行的最初目的是获得流动资金，但也被用于其他目的，如过桥融资。商业票据可以根据发行人的要求选择上市挂牌或不挂牌。

（2）主要发行机构。南非国有电力公司（Eskom）是一家南非国有企业，依靠商业票据来满足短期资金需求。截至 2017 年 4 月底，南非国有电力公司已经在南非发行 430 亿兰特的商业票据。这是其国内长期票据计划的一部分，该计划允许公司发行高达 3,000 亿兰特来支持南非电力项目。南非国有电力公司商业票据无担保，最长可达 12 个月，以约翰内斯堡银行间同业拆借平均利率（JIBAR）作为基准利率发行。大部分商业票据由货币市场基金持有到期，在二级市场上的交易并不常见。由于发行量大，为了增加短期票据的吸引力，南非国有电力公司也为自己发行的商业票据进行做市。南非国有电力公司的商业票据是自 2010 年 2 月开始以电子化形式发行和交易的 Strate 系统一类货币市场工具。

南非国有铁路公司（Transnet）是南非半国营性质的运输类企业，是商业票据的另一个大型发行人。它的商业票据在约翰内斯堡证券交易所挂牌上市，属于国内中期票据计划下的提取发行，期限在 3～12 个月，每次发行金额不低于 1,000 万兰特，流通规模为 10 亿～50 亿兰特。

7. 可赎回债券

赎回债券是由半国有企业、土地储备银行和一些证券化特殊目的机构发行的短期可转让商业票据。投资这种工具的便利在于投资者可根据其自身的现金流需求，在发行后部分或全部赎回，也可以再次重新全额投资。债务人和债权人之间可能存在协议，债权人如果希望提取本金，可提前一两天通知借款人。从法律上，发行人和投资者都有权在一天后终止交易，因此该类债券被归类为具有可变到期日债券。技术上赎回债券被认为是到期日为一天的债务工具，每天都在滚动，利率是固定的，发行人只会在月底支付债券利息。

8. 短期浮动利率票据

中期票据。在全球范围内，中期票据被认为是资本市场上最成功的创新之一，节省了大量的文本工作。中期票据的特点是在一份固定的发行文本框架下，允许借款人发行浮动或固定利率的票据，或以零息发行或以外币计价等，利息支付可以是月度、季度或半年。

在南非这些证券是根据国内中期票据计划发行的，并在约翰内斯堡证券交易所债券市场上市。一些中期票据以固定利率发行，期限为 12 个月或更短的时间，到期可能以新的固定利率滚动续发。

浮动利率票据。浮动利率票据具有等于常用货币市场参考利率的可变票息，如 JIBAR（或政府发行财政票据利率）加上点差。浮动利率证券种类很多，共同的特征是票面的利息支付将在一段时间内发生变化。在每个付息期限开始时，通过确定当天的相关参考利率并加上约定差价来确定票面利率，即票面利率 = 参考利率 + 报价差价。

由于证券根据基准利率支付票面利息，浮动利率票据是银行和非银行实体的投融资工具，提供为期一年的不断变化的市场状况。当投资者预期未来 6 ~ 12 个月南非储备银行的基准利率将上涨时，浮动利率票据在货币市场就会受到欢迎。

在浮动利率票据存续期间的任何一个时间，参与者只能知道下一个现金流的价值是多少。因票面利率取决于利率参考值的取值日期，因此无法确定未来的第 2 个、第 3 个和第 4 个计息周期的利率。

四、市场管理架构

由于 2008 年的国际金融危机，南非银行业审慎管理局于 2015 - 2019

年实施了若干关键改革措施，以确保金融机构短期流动性。这些新措施根据《巴塞尔协议Ⅲ》要求，实施流动性覆盖率（LCR）以及净稳定融资比率（NSFR）指标监管。两者分别侧重于短期流动性与中长期流动性管理。

部分主要货币市场工具发行的有关规定如下。

（一）银行发行大额可转让存单的规定

对于银行发行大额可转让存单的，根据《银行法》，银行需遵守关于发行 12 个月或以下大额可转让存单（或类似证券）的一些条件。《与银行有关的规则：流动性风险》第 26 条第 13 项规定："银行发行不超过 12 个月期限的大额可转让存单，总金额不得超过面向公众吸收负债的 20%。"因银行如果通过发行大额可转让存单获得太高比重的资金，就可能面临流动性风险。虽然银行没有义务在到期之前赎回自己的大额可转让存单，但如果流动性充足，银行可能会选择这样做。

（二）商业票据发行的规定

1994 年 12 月发布的《银行法》特殊豁免通知书（商业票据文件）规定了银行以外的其他实体发行商业票据的一些基本特征。

商业票据被定义为债务的书面确认，不论其到期日是固定的还是基于通知期限，无论是否支付固定或浮动利率。它包括所有债权证券或其他书面确认的固定期限债务，但不包括银行承兑汇票。

非银行机构发行商业票据只能采取公募的形式吸收资金，但须符合银行注册机构规定的条件。（1）商业票据只能以 100 万兰特或以上的面额发行和转让。（2）只能由上市公司发行，或者是在拟议发行前至少 18 个月持有超过 100 万兰特的可交易净资产，或由注册机构授权的其他法人，除非此证券：在被认可的金融交易所上市；由银行背书；发行期超过 5 年；由中央政府发行的或明确由中央政府担保的证券。（3）不超过 5 年的非上市商业票据不得在任何市场上出售。（4）商业票据不得用来以任何形式做市，或用来抵押以获得隔夜资金。（5）最终借款人通过发行商业票据募集资金只能用于营运资金，不得用于向公众发放贷款，政府发行除外。

商业票据发行人还必须披露以下信息：发行人的名称（或最终借款

人，如果不是同一实体）及其审计师，确认借款人的流动资金和偿付能力以及贷款人对涉及金融风险信息的声明，是否挂牌，资金用途，商业票据是否有担保（即借款人为贷款提供一定的资产）或无担保（即不提供抵押品质押），发行人审计师确认该事项在各方面符合"通知"的规定。

商业票据的所有发行人有义务每季度提供包含基本信息的报告，例如已发行未偿还金额和其他财务信息。

五、市场运行机制

（一）定价机制

南非银行间市场的各种利率情况如下。

1. 南非基准隔夜存款利率（SABOR）

这是由储备银行每天发布的银行间隔夜融资加权平均利率，通过使用三种不同的利率编制：南非银行间市场支付隔夜资金利率的平均值、前20名非银行客户活期存款最高利率加权平均数、兰特资金短期掉期的隐含利率。

建立 SABOR 的目标是为市场和南非储备银行提供银行同业隔夜拆借资金的利率基准，以提高货币市场隔夜拆借部分的透明度和价格发现功能，并对隔夜市场的流动性状况进行可靠的衡量。

2. 前20名隔夜利率

这是银行向非银行客户支付活期存款前20个最高利率的加权平均数，不包括固定贷款基准利率（PRIME RATE）、南非储备银行的回购利率或任何其他期限利率，该利率由南非储备银行编制，未向公众公布。

3. 1 天后起息掉期利率

这是通过外汇掉期 1 天期限的兰特资金的利率。它包括隔夜（O/N）和隔日（T/N）互换交易所获得的兰特平均隐含利率。该利率由南非储备银行发布。

4. 兰特隔夜存款利率（RODR）

该利率由约翰内斯堡证券交易所发布，这是南非当地 A1 评级金融机构和 F1 评级的外国金融机构支付的隔夜存款利率加权平均值。该利率作为 1 天到期金融工具定价的基准，很少被银行使用。

5. 约翰内斯堡银行间同业拆借平均利率（JIBAR）

该利率由约翰内斯堡证券交易所计算和发布，用作兰特计价金融交易的参考浮动利率，如利率衍生品。2012 年 11 月 15 日，南非储备银行公布了对 JIBAR 作为行业基准设置流程的检查报告，确定了 JIBAR 的计算方式为，使用合格报价银行（ABSA、Citibank、Investec、JP Morgan、Mercantile Bank、莱利银行、第一兰特银行和标准银行 8 家银行）提供的卖价和买价的中间价，去掉两个最高价和两个最低价之后的平均数。

图 3.1 为 12 个月期 JIBAR 2007－2017 年变动情况，最高点在 2008 年，曾一度超过 14%，截至 2017 年 6 月初稳定在 8.175%。

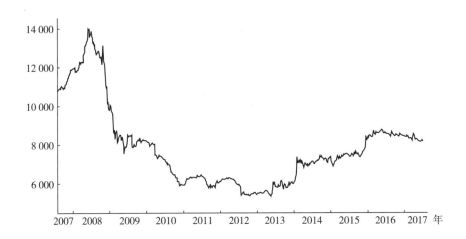

资料来源：彭博社。

图 3.1　2007－2017 年 12 个月期 JIBAR 变动情况

（二）招标机制

以财政票据为例，南非储备银行在投标前一天通过电子资讯系统发出招标邀请函，邀请有兴趣的各方在每周五提交不低于 10 万兰特，并以 1 万兰特为单位递增的投标书。参与者（主要是银行）需要在星期五上午10:00 之前进行操作，投标书通过南非储备银行的货币市场互联网系统

（MMIS）以电子方式提交。潜在买家必须提交投标金额（名义价值）以及希望投标的不同期限财政票据的价格。

南非财政票据招标程序是采用美国式而非荷兰式竞价拍卖，按照价格降序分配，最高价的投标人将首先获得全额分配，依此类推，直到所有财政票据被全部分配完成，也可以向截止价格的参与者部分分配。南非储备银行保留以任何理由拒绝任何投标的权利。

六、市场规则

南非的货币市场不受任何具体的立法规定。它在很大程度上取决于市场参与者之间的相互信任。这种非正式或无管制的市场被称为场外市场，与南非债券市场、股票市场和衍生品市场的场内交易形成对照。由于场外货币市场交易不能像交易所那样有保证，货币市场证券投资者可能面临违约风险。不过，整体上看，南非许多货币市场工具是由大型金融机构发行的，这些金融机构本身受到立法监管。

第二节　南非外汇市场

一、市场概况

南非属于新兴市场国家之一，实行自由浮动汇率制度，汇率易受外来因素影响波动。南非外汇市场自建立以来，长期处在严格的外汇管制下。尽管外汇管制逐步放宽，企业及民众运用外汇的空间扩大，外汇操作灵活，国内外金融市场的联动程度增加，但资金汇出汇入仍受相当严格限制。

南非兰特是新兴市场货币中交易较为活跃的货币之一，也是18国货币实时清算集团（Continuous Linked Settlement，CLS）的会员之一，在此集团内货币清算为实时清算。

（一）南非汇率制度改革

1910年6月至1961年5月，南非处于联邦政府状态（Union of South

Africa)，为英国殖民地之一，当时使用货币为南非镑（South African Pound），紧盯英镑。第二次世界大战后，南非实行布雷顿森林体系下的固定汇率制度，汇率水平为 1 南非镑兑 4.03 美元。南非于 1961 年 5 月宣布独立，成立南非共和国，并改其货币为南非兰特（Zuid – Afrikaanse Rand，ZAR），固定汇率制度保持不变，汇率水平调整为 1 兰特兑 1.4 美元。

布雷顿森林体系瓦解后，南非的汇率制度经历了多次变迁：实行相对固定的汇率制度，但对经济产生了多方面的消极影响；从 1980 年开始南非尝试放弃固定汇率，实行更为自由的汇率制度；由于政治、国际因素，南非被迫退回双轨汇率制；随着南非新政府的成立，外汇管制逐步放松，双重汇率制度被废除，实现汇率的自由浮动；2000 年确立了通货膨胀目标制的货币政策。上述历程具体可分为以下五个阶段。

1. 维持相对固定汇率水平的尝试阶段（1971 – 1979 年）

1974 年 6 月，南非宣布实行独立的有管理的浮动汇率制度，但由于 1975 年美元走强，兰特产生贬值预期，当年 6 月南非决定将兰特兑美元汇率保持在 1 兰特兑 1.40 美元的水平，后于 9 月调整至 1 兰特兑 1.15 美元，这个汇率水平一直持续到了 1979 年初。这个阶段的主要特征是通过直接的货币控制政策来保持兰特币值稳定，最主要的措施是严格的外汇管制，包括对居民交易和外国投资款的流入管制。此外，为保持兰特汇率的稳定和维持抵押债券的低利率，还采取了限定私人部门银行贷款上限、控制存款利率等措施。这些直接的货币控制措施对物价稳定、国际收支平衡和就业增长等方面的负面效应很快显现。南非总统任命的货币体系和货币政策调查委员会认为，一些制度缺陷造成了这种负面影响，包括货币总量增长率不能被很好地控制；直接控制政策导致大量存款转化为证券投资，加剧了货币流通速度的波动性；兰特兑美元汇率长期维持在一个水平，造成了投机资本流入的增加；就平衡多样化的国内需求和防止资本流入的目标来讲，过分依赖外汇管制的方法显得效率极低。

2. 第一次汇率制度改革阶段（1980 – 1985 年）

考虑到上述制度缺陷对经济的不利影响，1980 年，南非政府开始实施货币政策和汇率制度改革，政策工具呈现更市场化的特征。首先，存款利率管制和银行贷款上限等政策被取消；货币当局积极回应市场需求，利率的调整更加灵活、区间也更大。其次，进行了外汇市场改革。1983 年 2 月取消了对非居民的外汇管制；8 月，提升了发展即期和远期外汇市场的技术条件，之后，围绕发展外汇市场进行了建立中央银行与商业银行的沟通体制等一系列制度安排。最后，取消汇率双轨制。由于政府对非居民的外汇管制，南非自 1961 年出现了双轨汇率制度，即同时存在商业兰特和金融兰特汇率的制度。商业兰特用于普通经常项目交易，而非居民与居民之间的资产交易需要特定的金融兰特。在金融兰特体系下，非居民可以在约翰内斯堡证券交易所自由购买上市股票，而其他投资则需要获得外汇管理部门的事先批准。金融兰特的汇率由市场的供需决定，并且低于商业兰特的汇率。1983 年 2 月，南非取消对非居民的外汇管制，这意味着金融兰特和双重汇率制度的消失。

3. 恢复直接管制兰特汇率的阶段（1985 – 1994 年）

1984 年末，由于南非政府的种族隔离政策，国际社会对南非实施金融制裁，迫使货币当局重新采用更加直接的手段来管理汇率。1985 年 7 ~ 8 月，南非政治形势恶化，一些外资银行撤销或中止了对南非银行的信贷额度，对兰特的汇率造成了严重的下行压力。因此，南非政府宣布，1985 年 8 月 1 日至 9 月 1 日关闭外汇市场和约翰内斯堡证券交易所。这一举措导致连续 4 个月时间的外债偿还基本停滞。1985 年 9 月，政府宣布恢复金融兰特体系，对非居民资本项下资金流出入重新以金融兰特的方式实施管制，这意味着双轨汇率制度开始重新实施。南非储备银行也重新对外汇市场进行干预，外汇管制也重新加强。与其他大多数国家一样，南非的外汇管制的效果是有限的，更重要的是，外汇管制给南非带来了很多扭曲，使经济付出了高昂的代价。一是降低货币政策有效性。只有货币供应量、利率和汇率相互协调，货币政策才能有效地运作。但是经验表明，在外汇管制下，南非很难得到最理想的政策组合。二是经常会扭曲国内的利率水平。例如，在 20 世纪 80 年代初期，黄金价格的大幅上涨导致国内流动性大幅增加，这反过来促使名义利率和实际利率都维持在较低水平。三是阻碍了外商到南非进行直接投资。四是降低市场配置资源效率。通过外汇管制在国内各个需求方之间分配有限的外汇，外汇的规模和结构分配都由行政手段来决定，这是一种经济效率低下的方式。五是导致中央银行和私人部门都产生了巨大的直接成本。中央银行和特许外汇经纪商必须花费大量成本来管理外汇。此外，对私营企业也产生了成本，它们必须花费大量的时间、精力和人力来应对各项外汇管制措施。

4. 干预减少、外汇管制逐步放松阶段（1994－2000 年）

1994 年 4 月，南非民选新政府成立，国际金融制裁取消，南非经济重返世界舞台。自那时开始，南非逐步取消外汇管制，实现了经常项目可兑换，取消了对非居民的外汇管制，允许境内企业、金融机构和个人开展境外投资，但对金额和方式还存有一定限制。总体上，取消了 70% 的外汇管制措施。1995 年 4 月，双轨汇率制度终止，金融兰特消失。南非储备银行对汇率的干预逐步减少，并确立了以盯住通货膨胀率为核心的货币政策目标。

值得注意的是，当时南非国内对取消外汇管制的方式出现了不同意见。私人金融部门支持迅速彻底地取消所有管制，而其他部门多数意见则认为应该采取渐进的、有步骤的方式，在一定的时间段内取消管制政策。南非储备银行也认为应该逐步进行改革，因为多年的经济制裁、抵制、负投资和外国贷款的撤回耗尽了南非的外汇储备，1994 年 4 月新政府选举时，南非央行的净外汇储备基本为零。而且由于长时期实施外汇管制，积压了巨额的资本流出需求，突然取消管制会对官方极少的外汇储备带来压力，或出现资金集中大规模流出的现象，对经济产生冲击。此外，当时外汇管制产生的扭曲已经深入南非金融体系，突然取消管制还会引发急速的结构调整，短期内将对经济带来极大的不利影响。最终，南非政府决定采取渐进的方式取消外汇管制。事实证明这是正确的选择。外汇管制逐步取消后，南非的资本项目呈现顺差状态，外汇储备增加，银行业形成了一个充分竞争的市场，金融市场开始改革以应对飞速增长的交易需求，债券市场也得以迅速发展。

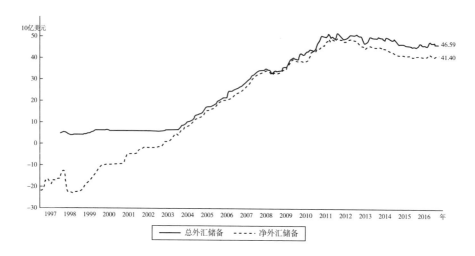

资料来源：彭博社。

图3.2　取消外汇管制后南非总/净外汇储备的变化情况

5. 实施自由浮动汇率制度阶段（2000年至今）

从2000年开始，南非正式实施通货膨胀目标制货币政策框架和浮动汇率制度。对于新兴市场经济体而言，实施通货膨胀目标制或许并不适合。一是新兴市场经济体通常相对开放并更容易受到外部冲击的影响，实施通货膨胀目标制比发达经济体更复杂。二是大多数新兴市场经济体都是以贸易为主导的商品经济，国际大宗商品价格的变化对国内价格水平和经济活动有很大的影响。三是新兴市场经济体金融基础设施欠发达，对国际资本更具有依赖性，资本流动的波动对新兴市场经济体会有显著的影响。四是新兴市场经济体央行缺少实施通货膨胀目标框架的信誉。上述大多数特征在一定程度上符合南非的情况。南非是一个相对开放的经济体系，进出口总额占GDP的比重接近50%。南非出口的很大一部分由农产品和矿产品组成，如黄金、铂金、钻石、羊毛等，这些商品价格对国际大宗商品价格具有较强依赖性。南非国内储蓄率较低，约为GDP的16%，低储蓄率使南非严重依赖国际资本流动。因此，兰特汇率和南非国内通胀率很容易受外部冲击的影响，比如国际大宗商品价格的变化或资本流动波动都会传递到国内，这是南非实施通货膨胀目标制时必须面对的情况。

虽然如此，南非政府还是实施了通货膨胀目标制。南非于 2000 年 2 月正式引入通货膨胀目标框架，设定了 2002 年的通货膨胀目标。此外，货币政策委员会还在每次会议结束后立刻公布政策声明，每半年公布一次货币政策回顾。南非央行还在英国、美国等国央行官员的帮助下，对研究通胀的计量经济学方法和模型结构进行了修订。南非实行该项制度还是取得了一定的成效，并坚持实行该制度至今。一是在通货膨胀目标制下，央行采取相关措施比其他货币政策制度更迅速。二是货币政策和其他政策措施之间更加协调。三是增加了货币政策的透明度和效力。四是明确了货币政策的目标和规则，有助于加强中央银行的问责制。五是南非央行的预测模型效果大大提高。

为提高货币政策信誉，南非选择了通货膨胀目标制与浮动汇率制相结合的政策组合。在此框架下，央行没有具体的汇率目标，兰特汇率基本上由外币在国内市场的供给和需求决定。南非储备银行不会为让兰特的汇率保持在某个特定水平或一个特定的范围而在市场上购买和出售外币。

南非之所以选择浮动汇率制度，还有以下几个方面的原因：（1）南非已经尝试过较为固定的汇率制度，曾经将兰特与美元、英镑和一篮子货币挂钩，但均没有成功。这使其决定采取一个灵活的汇率制度。（2）通常认为小型开放经济体适合采用固定汇率制度，因为它的劳动力流动性较高，财政政策可以有效应对商业周期波动，外汇水平适当，金融体系监管良好，商业领域与其他大国的紧密联系使它们更愿意与大的贸易伙伴国或货币区保持紧密关联。南非除高度依赖外贸以及复杂的金融体系得到有效监管之外，并不满足实施固定汇率制度的其他条件。（3）由于国际上普遍实施浮动汇率制度，固定汇率制度很难实现真正固定。

（二）兰特汇率走势变动

兰特兑美元汇率走势高度影响南非经济的发展。兰特于 1961 年开始流通，当时兰特兑美元汇率为 1 兰特兑 1.40 美元。1982 年之后，南非政府宣布实行种族隔离政策而遭经济制裁后兰特开始走弱，一直到 1984 年 6 月，南非兰特兑美元维持在 1～1.30 美元。南非政府为阻止兰特走贬，于

1985 年时曾一度干预外汇市场，兰特仍持续走贬。

1990 年以后，南非政府放宽选举制度，投资者对未来的不确定使兰特兑美元汇率进一步贬值，1992 年 11 月首次跌至 3 兰特兑 1 美元。当 1994 年南非政权首次由白人政府转移至黑人政府时，兰特兑美元已跌至 3.6 兰特兑 1 美元。而 1999 年时，兰特兑美元更是跌至 6 兰特兑 1 美元。

2001 年，由于受津巴布韦局势的影响，兰特兑美元汇率急速下跌，曾跌至 13.85 兰特兑 1 美元的低点，南非央行担心通货膨胀肆虐，不得已而升息。此后南非经济逐渐恢复活力，使兰特兑美元汇率在 2002 年至 2005 年为全球表现最好的货币，从 13.85 兰特兑 1 美元一路升值至 5.5950 兰特兑 1 美元，升幅超过 60%。

直至 2008 年国际金融危机影响南非之前，兰特兑美元汇率长期维持在 6~8 兰特兑 1 美元的区间内。在 2008 年下半年，由于受经济危机影响，南非经济衰退已经非常明显，外资持续流出，南非兰特兑美元汇率由当年 8 月初的 7.20 附近开始大幅度贬值，不到两个月的时间跌至 11.86 兰特兑 1 美元，跌幅达 60%，下跌的幅度和速度堪比 2001 年津巴布韦动荡给兰特带来的冲击。

2009 年至 2011 年末，随着南非经济缓慢复苏，兰特兑美元汇率也渐渐升值，升值速度在 2009 年第二季度开始加快，在 2010 年末，兰特兑美元汇率曾短暂触及 6.58 这一近 3 年高位，升值幅度达 45%。进入 2011 年，兰特兑美元汇率维持在 6.60~7.05 区间内波动。

2012 年以来，因南非经济衰退、国际金价大幅下跌以及美国逐步退出量化宽松政策，资金大量流出南非，导致兰特大幅贬值，跌破 2002 年 13.85 的低位。2015 年因市场充斥南非主权评级将遭遇下调的负面新闻，投资者普遍持悲观态度，将持有的兰特资产转换成美元，兰特与美元汇率于 11 月跌破 14，12 月跌破 15，当年贬值幅达 35%，为近年来兰特贬值最快的一年。2016 年兰特在 1 月创出 16.87 的纪录新低后，呈现技术性回升，至 2017 年初反弹至 1 美元兑 13 兰特的水平。

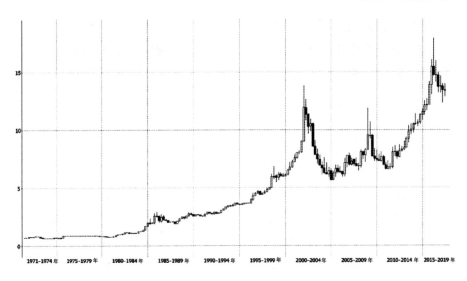

资料来源：彭博社。

图3.3 兰特兑美元汇率走势

二、市场参与者

南非外汇市场的参与者主要包括企业与个人、外汇指定银行、外汇经纪商与储备银行等。

（一）企业与个人

企业与个人进行外汇交易的主要原因是进行商品与服务项下贸易以及金融性交易（资本转移）。商品与服务项下贸易通常是国内外汇交易的基础，外汇管制放宽后，金融性交易占外汇交易金额的比例逐渐增加。

（二）外汇指定银行

外汇指定银行一方面参与客户市场交易，另一方面参与银行间市场交易，是外汇市场的主角。指定银行可以办理的客户市场交易业务包括：进出口结汇、一般汇出、汇入汇款、外币存款、外币贷款、外币担保等，银行间交易是主要的银行业务之一。

（三）外汇经纪商

外汇经纪商的主要功能包括建立买家与卖家之间的沟通机制，促进外汇交易将市场利润最大化，增加市场流动性等。

（四）储备银行

储备银行经营目标为促进金融稳定、规范管理银行业务、维护对内及对外币值稳定，并在上列目标范围内协助经济发展。

三、产品类型

南非的外汇市场分为即期市场、远期市场和掉期市场三个部分。

（一）即期市场

即期市场是外汇市场中最重要的一环。即期市场交易交割日在交易日的两个工作日以内，包括银行与客户间的交易以及银行间的交易，前者通常称为客户市场交易，后者通常称为银行间交易或外汇市场交易（狭义的外汇市场即指银行间交易）。银行间外汇市场的活动十分重要，因为银行间外汇交易价格决定汇率，而储备银行的汇率政策也在储备银行对银行间市场干预态度上得以体现。

（二）远期市场

远期外汇市场指事先定约定两种货币的买卖价格，并于未来的（两个工作口以上）约定日期或期间内完成交割的交易。通常进出口贸易由洽谈、定约、交货完成至完成结算，需要一段时间，在这段时间内如果汇率发生变化，进出口商有可能产生损失即汇率风险。汇率风险越大，对进出口贸易的影响越明显，商家规避风险的最主要方法，是在计算成本或收益以决定贸易是否有利时，就能固定汇率，远期外汇交易可提供这一避险功能。目前兰特远期外汇交易的市场功能及重要性不太显著，主要原因为：汇率风险避险需求不大；由于利息差较大，通过利率平价计算的远期汇率存在一定不合理性。

（三）掉期市场

掉期市场可增加本国银行的外币资金运用，同时提供外资银行取得当地资金的渠道，对于银行而言是具有调节币种结构、降低资金成本的作用。此外，掉期市场的参与者大部分为外汇指定银行，并无央行干预或管制，价格完全由市场决定。总体来看，掉期市场主要是银行间的市场，其功能在于资金交换，而非外汇买卖。

四、市场管理架构

南非储备银行下设的外汇管制部具体负责日常外汇管理工作，同时南非储备银行根据财政部授权批准部分商业银行担任外汇业务的特许经纪商，批准部分外汇兑换机构或旅行社担任有限经营范围（仅限于开展与旅游相关的外汇业务）的特许经纪商（Authorized Dealer with Limited Authority，ADLA），按外汇管制部制定的规则和程序完成与外汇管理有关的日常工作，辅助开展外汇管理工作。

储备银行与财政部的外汇法令规定通过指定银行来执行，外汇投资者与避险者的外汇操作也须经由指定银行来进行。指定银行为储备银行指定办理外汇业务的银行。换言之，必须经过储备银行指定的某些银行才能办理外汇业务。指定银行可以办理的外汇业务包括：进出口、汇出汇入汇款、外币存款、外币贷款、外币担保及其他经储备银行另行许可的业务（如外汇定期存单或指定用途信托资金投资国外有价证券业务）等。指定银行是外汇市场的主角，是政府执行外汇管理、与外汇交易者进行外汇操作的中介机构。

五、市场运行机制

为积累外汇储备、增强汇率、稳定信心而进行的外汇市场操作，由财政部和南非储备银行官员组成的工作委员会在合作交流的框架内研究决定。

由于购买外汇而投放的国内流动性，南非储备银行会通过短期的国债回购交易或者卖出央行票据的方式进行对冲。

为更好地传达政策意图，南非储备银行会在每月后的几天内公布其外汇储备头寸情况、上月的变化情况及变动原因，并且在必要时发布外汇市场操作声明。

南非储备银行持有外汇储备，统筹调度外汇，根据对外收支情况，调节外汇供需，以维护有秩序的外汇市场。为达成上述目的，储备银行主要进行以下外汇业务管理：调度外汇及拟定收支计划；指定银行办理外汇业务并进行督导；外汇结售、民间对外汇出汇入款项审核；对非国有企业国外借款经指定银行的保证管理及其偿还进行监督；外国货币票据及有价证券买卖；外汇收支核算统计分析与报告；其他外汇事项。

六、市场规则

南非目前实行自由浮动的汇率制度，必要时南非储备银行可以进行适当干预，但仅限于短期的、异常的、过度的汇率波动。南非仍为外汇管制国家，《外汇管理条例》为外汇管制的基本依据，此外还有一系列外汇管理操作规则和标准，实际与外汇交易者关系较为密切的为外汇规定的实施细则，尤其是居民汇出款项与汇入款项的有关规定。

南非储备银行在阐述其货币政策时指出，由于南非实行通货膨胀目标制的货币政策，要求名义汇率具有高度的灵活性，因而对于汇率水平不设定明确的目标，但在汇率波动影响通货膨胀时必须给予高度关注。

2004年2月，南非储备银行取消自1985年9月以来为私营部门提供远期外汇套补、进行外汇市场干预形成的超卖远期外汇账目，使自2003年5月由负转正的净外汇头寸敞口（即净储备）保持持续增长，至今没有进行外汇市场干预。

目前，南非储备银行仍然开展外汇市场操作，但其目的不是干预兰特汇率，而是通过在外汇市场上购买外汇来不断积累外汇储备，增强国际社会对兰特汇率稳定、南非金融乃至南非经济的信心。

第三节　南非债券市场

债券是发行人（借款人）承诺支付持有人权益，并将在一段时间内偿还本金的一种金融工具。债券代表发行人的债务，一级市场债券的买方向发行人提供贷款。当债券到期时，贷款将被偿还，债券存续期间发行人将向债券持有人支付利息（称为票息）。债券通常可被交易，这意味着一级市场的买方不必持有债券，而是可以将其卖给二级市场的其他投资者。

一、南非债券市场概况

南非债券交易所（Bond Exchange of South Africa，BESA）成立于1996年，是获金融服务委员会（FSB）颁发经营执照的独立金融交易所。交易所负责管理南非的债券市场，年成交额约为市值的40倍，是非洲大陆最大的债券交易市场，约占非洲债券市场总值的96%。也是世界上流动性最高的新兴债券市场之一。

2007年12月，南非债券交易所转型为上市公司，并于2008年10月增资的同时引入了新的战略合作伙伴。随着股份化和资本化的推进，南非债券交易所建立了南非的第一个二元期权在线交易所 Justrade. com，并与纳斯达克公司合作成立负责开发清算解决方案的 BondClear 有限公司，通过项目引入促进南非债券市场基础设施发展。2008年，南非债券市场已发展成为新兴市场经济体债券市场的引领者，债券市场以南非政府发行的债券为主，地方政府、公共企业和大公司等其他债券发行人也较为活跃。2008年南非债券交易所公布的交易量达到19.2万亿兰特，约有100家主权机构和公司发行1,102种债券，总市值为9,350亿兰特。

约翰内斯堡证券交易所于2009年以2.4亿兰特的价格收购南非债券交易所，并重新命名为约翰内斯堡证券交易所债券市场，交易所场内交易债券品种包括政府债券、市政债券、国有企业债券及各类公司债券等，同时也定制和提供债券衍生产品。截至2017年第一季度上市债券有大约1,600种，债券存量金额超过2.2万亿兰特，其中南非政府发行的上市债券占比过半。

根据2013年世界交易所联合会（WFE）的统计，约翰内斯堡证券交易所债券市场成为当时全球第四大债券市场，债券名义市值突破1.57万亿兰特，是当时全球流动性最强的债券市场之一。其中政府发行的债券占当年所发行债券总面值的60.76%，国有企业和地方政府占12.78%。政府债券也是南非债券市场交易最多的工具——根据世界交易所联合会官方网站数据，2012年的名义交易额中，政府债权交易额占比达到96%。

在发展国内业务的同时，约翰内斯堡证券交易所也积极开拓南非周边国家的市场，推进两地交易模式，拓展更多的外国债券在南非挂牌交易，如纳米比亚政府债券也在约翰内斯堡证券交易所内挂牌交易。

二、南非债券市场分类

(一) 政府债券市场

大多数在约翰内斯堡证券交易所债券市场上市交易的债券都是由南非政府发行的。截至 2016 年 9 月底，南非政府债券占上市债券的 56% 以上。

表 3.1　政府债券举例

债券代码	票面利率（%）	发行日期	兑付日	发行价格（兰特）
R186	10.5	1998 – 05 – 21	2025 – 12 – 21、2026 – 12 – 21、2027 – 12 – 21	78.23
R197	5.5	2001 – 05 – 30	2013 – 12 – 07	97.051
R209	6.25	2006 – 07 – 21	2036 – 03 – 31	77.846

资料来源：http：//www.treasury.gov.za.

目前，南非政府发行的债券主要有以下八种。

1. 固定利率债券

大多数固定利率债券都有固定的票面利率和固定的到期日。以 R209 为例，该券于 2006 年 7 月 21 日发行，于 2036 年 3 月 31 日到期，利率为 6.25%。但固定利率债券也可以有不止 1 个到期日，这意味着本金不会在同一天全部兑付，而是按照预先设定的时间表兑付。以 R186 为例，该券兑付日有 3 个，分别为 2025 年 12 月 21 日、2026 年 12 月 21 日以及 2027 年 12 月 21 日，所以这种债券也被称为三足债券。

2. 通货膨胀挂钩债券

通货膨胀挂钩债券是一种政府债券，通过补偿持有人的通胀损失来为投资者提供免受通货膨胀影响的投资机会。南非政府发行的通货膨胀挂钩债券与通胀指数挂钩，利率每 3 个月依据通胀率变动情况调整一次。R197 债券是挂钩通货膨胀债券的一个例子。该债券的利率为 5.5%，利息计算方式是债券的资本值乘以利率。资本值按照通货膨胀率进行调整，采用以下公式

资本值 = P × 指数比率日期；

P = 发行人的融资金额（不含利息且未就 CPI 指数进行调整）；

指数比率日期 = 利息支付日的参考消费物价指数/发行日的参考消费物价指数。

R197 债券于 2001 年 5 月 31 日发行，利息每年支付两次，支付日分别为 6 月 7 日和 12 月 7 日，每张债券的名义金额为 100 万兰特。在兑付日，南非政府向该债券持有人按照当日债券的资本值兑付（计算方式同上），但如果当天债券的资本值小于发行时的名义本金，发行人会向债券持有人额外支付一笔金额补足价差。

3. 零息债券

零息债券是只会进行一次兑付（即兑付本金）的债券，以贴现形式发行和交易。Z08 是一个零息债券的例子，其发行价远低于附息债券的价格。贴现工具的价格仅为到期价值的折现，因为该债券在存续期内不会获得利息。

4. 可变或浮动利率债券

可变利率债券是指票面利率按照预先确定的基准利率变化的债券。截至 2014 年 4 月，政府发行的可变利率债券都已全部结清。这种债券的票面利率是基于特定的基准利率制定的，例如 91 天期的财政票据利率。

5. 零售储蓄债券

零售储蓄债券是面向普通公众、网络以及通过特殊渠道（如南非邮政局、连锁超市等网点）发行的债券，投资起点仅 1,000 兰特，最高投资额为 500 万兰特。它们不属于债券市场的一部分，当然也不会在约翰内斯堡证券交易所债券市场交易，这种债券实际上更像一种储蓄。发行这些债券的目的在于，政府希望吸收公众的储蓄，同时可以为公众提供一种替代的无风险投资工具。投资者可以购买固定利率债券，也可以购买通货膨胀挂钩债券。

6. 外币债券

南非政府经常在全球债券市场发债，是一个成熟的发行人。外币债券通过私募发行或在外国债券交易所上市发行。通过上市方式发行时，发行

97

流程与南非国内发行债券相似。发行人要指定主承销商，发行的债券通过拍卖程序分配给出价最高的投标人。主承销商既是一级市场交易商，也是二级市场做市商，但这些债券一般来说会被持有到期。私募发行是指债券直接出售给一个或几个投资者，而不是公开招标。南非政府的外债占公共债务总额（即国内外债务合计）的比例从 1995/1996 财政年度的 3.9% 增加到 2001/2002 年度的 19%。2002/2003 财政年度至 2005/2006 财政年度，外债比例略有下降，但仍高于 13%。2006/2007 财政年度，外债占政府债务总额的 14.9%，而 2007/2008 年度则上升至 16.7%。2008/2009 财政年度，尽管全球经济情况恶化，但外债占比仅下降到 15.5%，显示了外国投资者对南非金融环境和国家保持稳定发展的信心。

7. 伊斯兰债券

在 2014 年预算演讲中，前财政部长 Pravin Gordon 宣布，南非政府拟将在 2014 年发行伊斯兰债券，同时考虑发行伊斯兰零售债券。伊斯兰债券（也称为 Sukuk）的结构被设置为符合伊斯兰法律及其投资原则，即禁止收取或支付利息。在全球范围内，对符合伊斯兰法律的投资工具需求不断增长。南非政府发行的第一批伊斯兰债券是美元计价的（即外币债券）。2014 年 9 月，南非政府发行了首只伊斯兰债券，募集资金 5 亿美元，期限为 5.75 年。该笔发行受到投资者追捧，认购倍数达到 4 倍，最终定价为 3.9%，创下南非政府自 1994 年发行美元债券以来的最低融资成本纪录，显示出了伊斯兰金融的巨大潜力。

8. 资产剥离债券

资产剥离债券是将证券的利息和本金分别交易。剥离过程是将一个标准附息债券分为利息和本金两个组成部分，以便分开交易，这样做是为了提高政府证券的流动性。

剥离过程可以解释如下：假设现在是 2012 年初，某笔债券将于 2021 年 8 月 31 日到期，其票息每年都会在 2 月 28 日和 8 月 31 日进行支付，本金将于 2021 年 8 月 31 日偿还。与此债券相关的现金流包括：（1）2012 年至 2021 年每年 2 月 28 日和 8 月 31 日合计支付 20 笔利息；（2）2021 年 8 月 31 日支付本金。

当这种债券被剥离时，上述每一笔现金流都将成为一种单独的零息债券，可以单独交易。当我们的示例中的债券被剥离时，将创建 21 只债券，剥离后所有新创建债券的合计现金流将与未剥离的债券相同。剥离债券的票面利息部分有时被称为利息债券，本金部分被称为本金债券。像上述零息票据一样，每个被剥离的部分都将以贴现价买入，然后在到期时按面值兑付。

如果一只偿债基金债券被剥离，例如上面提到的三足债券，三个到期日的三笔本金都分别成为一只单独债券的本金。

也可以重新合并已经剥离的债券。这个过程被称为合成，将所有剥离出去的票息部分和本金再次结合成一只附息债券。

（二）市政债券市场

市政债券是地方政府发行的债券，一般来说，市政债券的利息免征税款，这让其更容易吸引投资者。南非市政债券的市场非常有限，实际上目前只有四个地方政府发行了约翰内斯堡证券交易所上市的债券。约翰内斯堡市政府自 2004 年以来已多次发行债券；开普敦市政府从 2008 年到 2010 年，每年发行债券；艾古莱尼市政府从 2010 年至 2013 年，每年发行债券；茨瓦内市政府在 2013 年发行了债券。约翰内斯堡市政府还发行一种名为 Jozibonds 的零售债券。市政零售债券是一种储蓄产品，为个人、信托、公司等各类法律实体提供投资有竞争力、市场化的市政证券的机会。

南非市政债券市场规模有限的原因是地方政府提供的服务是对公众免费的，项目本身没有持续的现金流，同时在南非持有市政债券也不能获得税收优惠政策。此外，一些较小的城市发行量太小，无法上市。如果这些债券的收益可以免税，同时付费购买政府服务能逐渐被接受，那么市政债券发行将成为地方政府的重要融资途径。

财政部在 2011 年的"地方政府和支出审查"中也提出了小型地方政府可通过发行私募债券融资。具有相似信用评级的小城市可以集合起来发行债券，并分担发行费用。由于风险得到了分散，小城市组合起来也可以获得比其单独发行获得更高的评级。此外，南非政府还委托南非开发银行协助小城市组团进入债券市场，增加其作为贷款人在南非市场的份额，推动南非市政债券的发展。

（三）半国有和水利部门债券市场

与中央政府债券市场相比，半国有企业和市政债券市场相对较小，但规模仍比私营公司债券市场较大。这些债券资金通常用于补充资本项目，例如，南非国有电力公司会发行债券支持新建电厂和输电线路项目。南非的半国有企业在很大程度上依赖债券融资，并将其作为主要资金来源。

（四）公司债券

南非公司债券市场规模小于政府债券市场和股票市场，但如前所述，近年来公司债券市场也出现了大幅增长。公司资产负债率越高，杠杆越高。南非的公司杠杆率比较低，南非私人公司发行的上市债券只占上市证券总额的不到8%。与澳大利亚（42.34%）、智利（40.99%）等国相比，南非公司债券市场还有很大的发展空间。

1. 公司债券市场发展的好处

一是债券市场为公司提供长期债务融资的可靠来源。当银行处于困境时，发达的债券市场会降低传染效应。如果一家银行资金短缺，就不能向借款人提供信贷，不仅银行会受到负面影响，银行的客户也会受到影响。如果企业能够将资本市场作为银行信贷的替代品，银行业风险对整个经济的影响就会有所缓释了。

二是债券市场融资使发行人的信用风险多元化，由众多投资者共担，而不是仅由一家银行承担，降低了整个经济的财务风险。

三是债券融资的融资成本可能低于银行信贷，具有良好信誉的成熟企业能够以较低的利率从公司债券市场借款。

四是有助于建立有效的衍生品市场，使市场参与者有效地对冲风险，从而促进更深层次市场的发展。

2. 影响公司债券市场发展的因素

供给侧：能够发行有价证券的企业数量和质量是重要因素。企业必须有一个补充资金来源。这种需求将取决于这些公司需要的融资额和它们可用的替代融资来源。如果银行体系和股票市场得到充分发展，企业都能以足够的利率获得融资，就可能没有动机去寻找替代融资方案了。

需求侧：必须有足够多投资者支持公司债券市场的发展。首先，市场会受到经济体的储蓄水平的影响。储蓄倾向越高，对投资财富工具的需求就越高。其次，市场会受到投资者的特殊偏好的影响。如果他们愿意保持资产的流动性，他们将把银行存款视为更有利的投资方式；如果不愿意承担风险，他们可能更倾向于投资低收益，更安全的政府债券；如果政府债券市场与投资工具的需求相比特别大，那么公共债务也可能会挤出私营债务。再次，监管因素也可能会影响公司债券的需求。监管机构对金融机构投资者的投资引导将影响大量资金的投资偏好。最后，外国投资者对特定经济体的兴趣也会影响公司债券的需求。

3. 公司债券的分类

（1）根据收益率，南非公司债券可分为以下几种。

普通债券。具有固定到期日的固定利率债券属于普通债券。这种债券的优点是发行人和持有人的现金流都是确定的。

递延息票债券。债券利息前几年不支付，递延至后续支付的被称为递延息票债券，这种债券的收益率要比全额付息债券高，通常以贴现方式发行。如果发行人融资初期没有现金流兑付，就会发行这种债券，因此信用风险较高。

递增利率债券。递增利率债券是前几年承诺一定利率，之后利率逐渐增加的债券。这种债券有时会承诺在到期前内利率将会提高数倍。

可变利率债券。可变利率债券或浮动利率票据的票面利率与预定的短期基准利率相关联，例如与 3 个月期 JIBAR 挂钩。这种债券的优点如下：

零息债券。零息债券是没有定期利息支付的债券。这种债券的优势在于，如果买方持有到期时，买方的回报是确定的。零息债券以贴现方式出售，到期时持有人将获得该债券的面值。

累计利息债券。累计利息债券由一级市场的买方支付债券的名义价值，利息按照债券合约规定的利率计算，但只在期满时支付，到期时，按照权责发生制，持有人将收到债券的面值加上累计利息。

（2）按信用等级分类，可分为以下几种。

抵押债券。最安全的债券类型是抵押债券。抵押债券拥有对发行方特定资产的债权。这笔抵押资产是承诺这笔债务的。抵押债券可能是开放式或封闭式的。如果抵押债券被封闭，则不得对支持该债务的资产增加额外的债务。如果是公开的，可以对抵押资产增加额外债务。

票据。最常见的债券类型是一般债券（或票据）。一般债券是私人部门的长期债务工具，没有任何抵押物，完全依赖发行体的信用。债券持有人与一般债权人的索赔顺位相同。

收入债券。收入债券只在发行人有足够的收入时才进行付息。收益债券持有人有权在股东和次级债券持有人之前获得公司分配的收益。一些收入债券也具有累积特征，发行人在宣布股东股利前必须支付未付利息。

担保债券。担保债券由另一实体提供保证担保。例如，南非国有铁路公司发行的债券由南非政府担保，梅赛德斯·奔驰南非有限公司发行的债券由德国戴姆勒公司担保。担保人可以保证支付债券的利息和/或偿还本金。这种债券的安全性将取决于发行人和担保人的财务情况。

（3）按发行条款，可分为以下几种。

可赎回债券。可赎回债券是发行人可酌情赎回本金的债券。当公司有足够的经营业务资金，销售固定资产或发行股票获得资金时，发行人可以赎回其债务并节省利息。发行可赎回债券的另一个原因是，在发行日之后的某个阶段，市场利率大幅下降，发行人可赎回原有债券以更低的利率水平重新发行，降低财务成本。在通常情况下，可赎回债券的收益高于普通债券。

一次性偿还债券。一次性偿还债券是不可赎回的债券，支付定期利率，本金在到期日兑付。

可提前兑付债券。可提前兑付债券可以让发行人在到期日之前按照约定利率提前兑付，一般会约定发行人在一定期限内不能再融资，这里的再融资指的是以更低利率发行债券。

偿债基金债券。偿债基金债券是有多个到期日的债券，债券不会在特定的一天兑付，而是会按照时间表规定的时间进行兑付。

可转换债券。可转换债券是授予债券持有人以某种条件将债券转换为特定预定数量发行人股份的权利或选择权的债券。发行可转换债券的南非公司包括家具制造商和零售商 Steinhoff，钻石开采公司 Diamondcorp 以及铂金矿公司 Aquarius Platinum。然而，大多数南非公司在境外交易所发行可转债，并没有选择在约翰内斯堡证券交易所上市。

可交换债券。可交换债券授予债券持有人将债券转换为另一家公司的特定预定数量股份的权利或选择权，转换股份的公司通常与发行人有某种联系。例如，中国宝钢集团股份有限公司发行债券，可以在一年内转换为中国新华人寿保险股份有限公司的股份，宝钢集团股份有限公司拥有该保险公司 15.11% 的权益。由于钢铁行业的利润低，通过增加人寿保险公司股票交换的可能性，可以促进投资者购买债券。

可售回债券。可售回债券持有人有权在特定的预定日期将债券出售给发行人。投资者可以在利率上行到一定程度时行使售回权利，获得更高收益的投资机会。在通常情况下，可售回债券的收益率低于普通债券。

（4）根据货币和发行国家，可分为以下几种。

外国债券。外国债券是由国外借款人以发行所在国的货币发行的债券，外国债券发行人必须遵守债券发行国家的所有规定。外国债券通常以该国特征的名字命名；例如，斗牛犬债券是由英国市场的外国借款人发行的英镑债券，而武士债券是由外国借款人在日本市场发行的日元债券。外国借款人在美国市场发行的美元债被称为扬基债券。近年来，越来越多境外发行体来到中国债券市场发行人民币债券，这就是"熊猫债"。这种债券通常受发行国家的投资者的欢迎，因为它们为境内投资者的投资组合增加了外国元素，但不增加汇率风险。

欧洲债券。欧洲债券是在发行人所在国以外的国家（或国家）发行，以发行人或发行国以外的货币计价的债券。如果一家南非公司发行以美元计价并在日本出售的债券，那么它们将被称为欧洲债券。同样，如果一家澳大利亚公司在德国发行以日元计价的债券，那么这些债券也是欧洲债券。欧洲债券发行人包括政府、银行、非金融公司和世界银行等国际机构。

（5）证券化。证券化是金融市场的重要创新。在 2008 年国际金融危机前，证券化市场持续增长。2005 年 1 月底在南非债券交易所（BESA）

上市的所有公司债券中,有27%的债券涉及证券化。然而,由于过度证券化引发的次贷危机波及全球,这种债券的普及率大大降低。截至2010年末,在约翰内斯堡证券交易所债券市场上市的债券只有8.1%涉及证券化,到2013年,这一数字已进一步下降至4.36%。

(6)中期票据项目。中期票据项目是发行人持续供应投资者的债务工具,不需要组织每只债券的单独发行。发行人设立中期票据项目计划,类似于储架发行的结构,即发行人在中期票据项目中一次性完成发行程序,定期更新报表和其他文件中的信息,就可以定期向投资者提取发行债券。中期票据计划的优势在于可以灵活地进入债券市场,并减少发行程序。

(7)巨灾债券。巨灾债券(CAT债券)可以增加保险行业的偿付能力,允许保险业外的投资者"承保"保险公司和再保险公司面临的一些风险。任何公司都可能会暴露于特定类型的自然灾害风险。例如,东京的迪士尼乐园发行了CAT债券,与日本的地震灾害进行挂钩。

所有债券都有风险,一般是发行人在到期时可能无法支付利息或本金的风险,即信用风险。但巨灾债券没有信用风险,取而代之的是洪水,地震,飓风等自然灾害风险,一旦债券到期日前发生了这些灾害,发行人将停止兑付;如果没有发生这些灾害,发行人将兑付本息。

三、市场参与者

南非债券市场流动性较好,参与者交易活跃,日交易额约250亿兰特。

(一)政府债券

南非政府1994年开始发行债券,为大型资本项目(包括道路、电站和医院等)筹集资金,通过向投资者发售政府债券,提升政府筹资的能力。1998年南非财政部委任12家主要交易商在债券市场上进行交易。目前有8家主要交易商获许在每周债券拍卖中投标,再通过主要交易商为二级市场提供债券购售报价服务。

国债市场主要参与者包括主要交易商、银行、经销商经纪人、代理经纪人、发行人和投资者。

目前国债已发行总量超过1万亿兰特,在整个债券市场中占比约

90%。债券市场主要是批发市场，除满足大型投资者的投资组合需求，也出售给中小投资者。

南非政府债券包括：财政部票据（Treasury Bills）、储备银行发行债券（SARB Debentures）和长期国债（Government Bonds）。

南非政府债券的特征有以下几个方面。利率方面，可分为固定利率、浮动利率及零息债券；流动性方面，二级市场非常活跃，其中政府债券流动性最强，南非债券交易市场是非洲流动性最强的债券市场；风险方面，政府债券较企业债券、股票风险低，同时收益率也低于企业债券。

（二）企业债券

南非 1992 年开始发行企业债券，目前已有超过 1,500 只企业债券在约翰内斯堡证券交易所上市。尽管企业债相对于政府债券流动性较低，但发行量仍在持续增长。企业发行债券是大型资本项目筹集资金的一个重要途径，发行人通过发行债券用来筹集资金，投资者和银行则通过投资企业债券提高其投资组合的收益。

目前企业债类型主要包括：固定利率债券（Fixed Rate）、浮动利率债券（Floating Rate）、通货膨胀挂钩债券（Inflation – Linked）、商业票据（Commercial Paper）、信用关联票据（Credit – Linked Notes）、资产支持证券（Asset – Backed Securities）、抵押贷款支持证券（Mortgage – Backed Securities）。

南非企业债券的特征主要有：利率方面包括固定利率、浮动利率和零息；流动性方面，企业债券可在二级市场流通，但流动性不如政府债券；企业债券不属于企业所有者权益，故不向债券持有人支付股息，但债券持有人的还款优先于向股东的股息支付；风险方面，企业债券风险较股票低，但比政府债券风险高，因此企业债券通常比政府债券支付更高的利率，即使是偿还能力良好的公司。

（三）债券回购市场

回购协议指相关债券的销售以及卖方回购买卖的协议。通常回购交易包括一笔即期卖出，加上一笔远期购回。即期卖出意味着资金被转移给借款人并将债券转移给贷款人，远期购回确保贷款人的贷款被偿还，抵押品退还给借款人，即远期价格差为贷款人提供资金的回报，通常体现回购利率。回购交易主要是在银行、资产管理公司和企业之间进行，作为短期融资或提高资金收益率的手段。回购市场有时也为卖空债券的投机者使用，以获取市场交易差价。

南非债券回购市场是一个交易活跃且流动性较好的资金市场，日交易量超过 250 亿兰特，日峰值曾超过 2,000 亿兰特，足以证明该市场的高流动性和高运营效率。

南非债券回购市场的特征：约翰内斯堡证券交易所债券市场的回购交易非常活跃；回购以抵押贷款方式进行监管，但在交易时则为直接买卖交易；回购交易须在双方的信用额度内进行，约翰内斯堡证券交易所不为这些交易提供任何信用担保。

四、市场运行机制

南非国债的主要交易商由财政部委任，于发行日向投资者提供债券价格，通过这些机构增加债券市场的流动性。经销商经纪人和代理经纪人分别担任银行和投资者之间的中介。

企业债券方面则无特别规定，企业可通过银行等中介发行和投资债券。

五、市场规则

（一）一级市场和发行流程

1998 年以来，财政部一直通过一级承销商发行政府债券，确保了政府债券的高效发行。政府债券通过定期公布的拍卖发行的，只有一级交易商可以参与，南非储备银行作为财政部的代理人，与一级经销商进行交易。

一级经销商必须是信誉良好的银行机构（也可以是在南非注册的外国银行分支机构），同时必须是约翰内斯堡证券交易所的会员。申请一级经销商资质的机构必须以书面形式向国家财政部门提交申请，并且必须在申请材料中确认其合规经营，并承诺长期具备作为南非政府债券一级经销商的能力。截至 2017 年 6 月，共有 8 家银行申请成为了政府债券的一级经销商。

政府债券按照每个财政年度公布的常规进程定期举行招标。招标将在每星期二举行，如遇公众假期顺延至下一个工作日。

（二）二级市场

做市商时刻准备通过自己的账户购买或出售金融资产，并会为相关资产报出两个价格：一个买入价，一个卖出价。南非政府债券的一级经销商需要为主要的政府债券进行连续的双向报价，做市商对于确保政府债券在二级市场的流动性方面发挥着巨大的作用。

经纪商是金融市场的参与者，代表希望购买或出售证券的投资者进行交易。他们不为自己的账户买卖金融资产，而是为客户进行代理。

政府债券的二级市场买家包括银行、保险公司、退休基金和投资公司。

如前所述，政府债券二级市场流动性相当高，2013 年约翰内斯堡证券交易所债券市场的平均换手率为 11（"南非储备银行季刊"，2014 年 3 月：64）。但 2012/2013 财政年度流动性最高的政府债券，3 年期固定利率债券的 R157，换手率达到 109，远高于平均水平，通货膨胀挂钩债券的流动性远低于固定利率债券。

六、管理架构

作为债券市场的直接监管机构，交易所在南非 2004 年《证券服务法案》和金融服务委员会批准的一系列规则和指令的框架内运作。

交易所则针对发行人和交易参与者制定债券交易规则和指令，主动对债券市场的各方面业务进行监控，要求参与者遵守各项债券交易规则。

第四节　南非股票市场

一、市场概况

2016 年，全球股票市场的市值为 67.2 万亿美元，同年南非在全球股票市场份额为 1.4%[1]。

南非股票市场目前包括四大板块。

主板（包括非洲板块）：非洲板块为主板的一部分，允许其他非洲国家的公司或者注册在非洲以外但主营业务在非洲大陆的公司在其本国上市的同时，在南非二级上市。

发展资本市场（Development Capital Market，DCM）：上市要求较低，适合低利润和规模较小的公司。

风险投资市场（Venture Capital Market，VCM）：适用于新兴企业或无利润初创公司。

Altx：与主板并行的替代交易平台，主要目的是促进中小企业业务扩张和发展的融资。

目前，虽然 VCM 和 DCM 板块将继续存在，但 Altx 是新上市公司唯一可供选择的主板替代方案。

2015 年，公司在约翰内斯堡证券交易所首发上市的募集资本以美元计算，与 2014 年相比下降了 11%，这主要是受到南非兰特全年疲软的影响；上市募集资金的以兰特计算的价值比 2014 年实际上涨了 11%。交易量方面，与 2014 年相比，约翰内斯堡证券交易所的 IPO 数量增长了 33%。同年 AltX 的上市价值也上涨了 2 倍以上。

根据世界经济论坛"2015 – 2016 年全球竞争力报告"，约翰内斯堡证券交易所仍然是非洲资本市场活动的可靠主力，在获取债务或股本投资的便利度方面排名第一位。自 2011 年以来，上市公司在约翰内斯堡证券交易所募集的 IPO 资本占整个非洲市场总额的 45%，占总交易量的 33%。平均而言，过去 5 年全非洲每笔 IPO 募集总额为 5,800 万美元，其中约翰内斯堡证券交易所平均为 7,700 万美元，其他非洲交易所则为 4,600 万美元。

截至 2017 年 2 月，南非两大股票板块主板和 Altx 上市公司合计 383 家，其中本地公司 308 家，外国公司 75 家。挂牌证券产品 820 只，总市值 13.5 万亿兰特。

1　数据来源：世界交易所联合会。

2017 年 4 月的数据显示，南非市值最大的上市公司是比利时百威英博啤酒集团（2016 年以"介绍"形式在约翰内斯堡证券交易所二次上市），市值 3 万亿兰特。另有 3 家公司市值超过 1 万亿兰特，分别是英美烟草、必和必拓、Naspers（传媒集团，腾讯最大股东）。19 家公司市值在 1,000 亿 ~1 万亿兰特，构成以南非大型商业银行、保险、电信、化工、制药、零售连锁行业为主。另有 62 家企业市值在 100 亿 ~1,000 亿兰特，为南非国内各行业的龙头企业，并具有一定的国际竞争力和知名度。

约翰内斯堡证券交易所与英国富时集团合作，建立了 FTSE/JSE 非洲指数，包括 FTSE/JSE 全股指数，覆盖 99% 的市值，以及 FTSE/JSE TOP 40 指数，跟踪了各行业最具代表性的优质上市公司。自 2013 年初以来，FTSE/ JSE 非洲全股指数的表现与富时 100 指数和标准普尔 500 指数基本保持一致。

虽然南非多年来只有一家证券交易所，但《证券服务法案》确实允许多个交易所的存在和运作。

2016 年 9 月 1 日，南非第二家证券交易所 ZAR X 正式开始交易，设在约翰内斯堡证券交易所的 Bryanston，业务分为三个主要部分：一是上市公司板块，二是场外交易业务，三是一个投资产品市场。该交易所提倡低成本、方便、简单的交易模式，即使是之前没有投资经验，甚至没有银行账户的人，都可以在这个平台上进行交易。此外，它也将为公司提供更灵活、透明和可支付的上市方式，交易的股票也在受限范围内。

ZAR X 为客户节约成本的主要做法之一就是取消了保证金。这一费用在正常情况下是投资者交给经纪人，作为押金形式被扣留的部分。该交易所仍然有经纪人，但是投资者并不是必须通过经纪人才能进行交易。他们可以通过客服中心、在线交易、手机 APP 等方式，直接进行交易。

该交易所的首席执行官尼尔在接受采访时表示，ZAR X 经营方式会和约翰内斯堡证券交易所完全不同："我们会首先瞄准中等资产规模的公司，包括 5 亿 ~50 亿兰特的区间段。对公司客户来说，如果你喜欢复杂的上市要求、有更多的流动资金，你可以去约翰内斯堡证券交易所。我们更关注那些无法在约翰内斯堡证券交易所上市、但是有实力的公司。约翰内斯堡证券交易所的股票交易要在五个工作日才能完成，而我们则是立即完成，这样会大大降低交易过程中可能的风险。"

二、市场参与者

南非的股票市场同大多数股票市场一样，分为一级市场和二级市场。一级市场提供了在公司IPO时或已上市公司决定二次公开发行（SPO）时，发行新股份的制度框架，二级市场则提供了买卖已发行股票的制度框架。

南非股票市场的参与者包括以下几种。

1. 发行人

上市有限公司作为发行人在受监管的证券交易所发行股票。

截至2016年底，在南非上市的公司共有374家，同年全球交易所共有46,170家公司上市。

2. 投资银行

新股发行（IPO或SPO）通常由投资银行承保，即投资银行从公司购买全部股票并将其转售给投资者。以这种方式，由于过度定价或不利的市场结构导致的发行股份的人部分风险由承销商承担。在金额巨大的新股发行中，多个承销商会联合起来分担风险。投资银行从其提供的销售和风险承担服务中获益。投资银行还通过发行债券或为其他债务担保来协助公司进行融资。它们还为公司间的兼并收购提供咨询意见。

3. 风险投资

风险投资将中长期资本投入初创或新兴企业。由于这些公司通常缺乏管理经验，风险投资还为它们的业务经营提供建议。

4. 投资人

个人投资者通常只会对股票进行小额直接投资。不过他们还可以通过养老金，医疗援助计划，保险单和单位信托等方式间接投资股权。

企业投资者可以通过持有公司50%以上股份，从而控制投票权。在这种情况下，持有该股份的公司称为控股公司，控股公司拥有该股份的公司称为控股公司的子公司。

资产或投资管理公司代表基金的利益相关者（个人，公司和政府）提供和管理养老金和集体投资计划。

保险公司将其收取的保费投资于股票、债券和其他资产。

养老金和退休基金将代表员工和雇主对股票等资产进行投资。

集合投资计划是以一组投资者的名义购买的股票、债券和货币市场工具等资产组合，这些计划一般由投资公司管理。

在南非，养老基金和保险公司是最主要的机构投资者，流动性好，评级高的股票几乎完全由它们持有，个人投资者的持股量很小。

5. 约翰内斯堡证券交易所会员

约翰内斯堡证券交易所的会员分为三类。交易服务提供商（TSP）是被授权代表客户或自己的账户进行交易服务的会员。TSP 包括经纪人、交易商和做市商。托管服务提供商（CSP）被批准代表自己的客户或其他会员客户进行托管服务。托管服务包括代表其他人保护和管理股票、其他证券和金融工具。投资服务提供商（ISP）是被授权执行投资服务的 TSP。投资服务包括提供投资咨询和客户投资组合的受托管理。

2017 年初的数据显示，南非股票市场十大交易服务提供商为 RMB－摩根士丹利，Peregrine，花旗全球市场，巴克莱证券，Investec 证券，SBG 证券，瑞银南非，美林南非，摩根大通证券（南非）和德意志证券。

三、产品类型

一般来说，股票市场被认为是证券交易所的代名词——主要指约翰内斯堡证券交易所，截至 2015 年末，约翰内斯堡证券交易所在全球 54 家交易所中市值排名第 18 位，市场份额排名第 22 位。与其他大多数交易所一样，虽然仍名为交易所，其提供的交易、结算和清算服务已不仅仅限于股票，还涵盖了债券和大宗商品、利率、货币和权益衍生工具。

除普通的股票交易外，南非股票市场还有存托凭证产品（即普通股所有权在东道国的公司，在他国股票市场上市交易，以东道国币种报价结算的证券产品）和交易所交易基金产品（ETF，代表一组证券投资组合的交易性金融工具）。南非最广泛存放的存托凭证包括 Randgold Resources，AngloGold Ashanti，Sasol，GoldFields，Naspers 和 MTN 等。

截至 2016 年底，南非上市的 49 只 ETF 交易额为 52.2 亿美元，同年全球共有 7,448 只 ETF 挂牌上市，成交额达 20.1 万亿美元。

四、市场管理架构

在南非，股票市场的管理行为主要通过约翰内斯堡证券交易所实现，约翰内斯堡证券交易所作为经营性服务机构，同时也具有前端监管机构的职能。负责设立和执行公司上市、会员管理和市场交易等规则。金融服务委员会（FSB）负责监督其监管职责的履行情况。每年，约翰内斯堡证券交易所都必须向财政部申请经营许可证，获得金融监管委员会的外部控制授权。

约翰内斯堡证券交易所成立百年来均实施自我监管方式的监管框架。约翰内斯堡证券交易所的客户在使用其提供的服务和设施的同时，也对约翰内斯堡证券交易所行使管理职能。约翰内斯堡证券交易所由 16 人的名誉委员会主持，全部具有投票权。其中当选的股票经纪人（数量上不得少于 8 人或多于 11 人）可以任命一名执行总裁和委员会另外 5 个席位。委员会负责政策制定，并由执行总裁领导的全职执行委员会落实。交易所对广大公众具有一定的法律责任，例如确保市场有序、分配信息、保证交易、促进交易结算和交易、保护投资者的利益等。这些法令现已纳入在 2004 年颁布的《证券服务法案》第 36 号证券法之中。

管理约翰内斯堡证券交易所及其授权会员的合规义务的监管框架包括《2012 年金融市场法案》、约翰内斯堡证券交易所规则和指令以及《2001 年金融情报中心法案》等。约翰内斯堡证券交易所的市场监管部门开展的监管活动主要为监督各类市场交易，以确定其成员是否遵守其监管义务，避免潜在的市场操纵行为。

未来南非将实施"双峰"监管模式，即将审慎监管职能转移到南非储备银行，而市场行为监管则继续由金融服务委员会负责。

自 2011 年起，在南非上市的境外注册公司，视同国内上市公司，取消了先前的外汇管制约束，使本地投资者可以不受限制地持有这些公司的股票。此举也是一项重大的监管政策变化，使南非成为更具吸引力的上市场所。

根据世界经济论坛发布的《2015－2016 年全球竞争力报告》，约翰内斯堡证券交易所连续六年被评为全球监管水平最高的证券交易所之一，南非股票市场的监管能力得到了很高的评价。

五、市场运行机制和规则

股票市场由发行、投资和交易股权的机制和惯例构成。南非的股票市场属于订单驱动市场，即买卖双方将特定股票的买卖价格提交给处理中心，由经纪人进行匹配。大多数此类市场都通过中央电子订单系统进行运作，买家和卖家将其订单直接输入计算机系统进行匹配，并确定市场清算价格。

（一）上市条件

南非要求希望在股票市场进行交易的公司必须在交易所挂牌上市。在南非上市要求满足以下一般原则。

第一，交易所必须认定，发行公司的股票适于上市。

第二，发行公司的所有重大活动应及时向股东及公众披露。

第三，股东应完全知悉，并有机会对发行人业务运作发生重大变动及影响公司章程或股东权益的事项进行投票。

第四，同一类证券的持有人必须对其证券享有公平和平等的待遇。

第五，上市要求和持续履行义务，应有助于投资人保持对发行人事务和整个市场信息披露的信心。持续性义务包括两个方面。

（1）披露市场价格敏感信息的要求：交易报表；季度、中期和年度财务信息；以及涉及公司高层的股份交易。

（2）公司治理要求：如正式和透明的董事会任命；董事会层面清晰的权力制衡（即没有一位董事应具有无限制的决策权力）；主席兼行政总裁职位分立；审计委员会、薪酬委员会和执行财务总监的委任等。

第六，在主板上市的申请必须由保荐人提交给交易所。保荐人通常是交易所批准的投资银行和其他专业顾问机构。保荐人需要协助申请人提出申请，并就上市要求和履行义务的事宜提供持续性的建议。

希望在主板或 Altx 上市的公司（目前 DCM 和 VCM 已不接受新的上市申请）必须符合上述基本要求和旨在确保公平、透明和有序市场的持续性义务。不遵守上市规定可能会导致暂停或终止上市等处罚。

各板块上市的一些指标性要求如表 3.2 所示。

表 3.2　各板块上市的指标性要求

上市要求	主板	VCM	DCM	AltX
股本下限	2,500 万兰特	50 万兰特特	100 万兰特	200 万兰特
利润披露	近三年	无	近两年	无
税前利润	800 万兰特	不适用	50 万兰特	不适用
公众持股比例	20%	10%	10%	10%
保荐人/指定顾问	保荐人			指定顾问
在报刊上公布财务报告	必要			自愿
培训要求	不适用			所有董事出席董事指导培训

另外在各板上市还有以下几项要求。

（1）该公司必须是法人组织或以其他合法形式设立。

（2）公司必须符合其创始文件，即公司章程大纲和章程细则或注册备忘录，遵守其注册成立国家的所有法律。

（3）董事和高级管理人员必须具备适当的专业知识和实践经验。

（4）董事在董事职责和私人利益之间不得有任何冲突。

（5）财务报表必须符合法律以及南非公认会计准则（GAAP）和国际财务报告准则（IFRS）的声明，必须经过审计。

（6）利润预测（如有）必须附有审计师和保荐人的报告。

（7）必须提供流动资金报表，说明拥有充足的流动资金或提出获得必要流动资金的方案。

（8）股份发行必须遵守法律、创始文件、授权和文件要求。

（9）股份必须完全支付并可自由转让。

（10）不允许发行具有减少或增强投票权效应的股份。

（11）只有当已发行的股份低于授权发行金额时，才允许发行可转换股份。

（二）上市方式

公司上市可选择的方式如表3.3所示。新申请人可以通过介绍、出售或认购要约、配售、发行参与或可转换权，或可放弃要约等方式将股票上市。已经上市的申请人可以通过上述除"介绍"以外的方式，以及权利要约、回购要约、资本化发行、现金发行、收购或兼并或卖方配售等方式将股票上市。

表3.3 公司上市的可选方式

	方式	新申请人	已上市公司
1	介绍	√	
2	出售或认购要约	√	√
3	配售	√	√
4	认购要约	√	√
5	发行参与或可转换权	√	√
6	可放弃要约	√	√
7	权利要约		√
8	回购要约		√
9	资本化发行		√
10	现金发行		√
11	收购或兼并		√
12	卖方配售		√

对各类上市方式解释如下。

介绍是当公司不需要筹集资金，其股份流通已经符合上市条件时，将证券上市的方法。例如，主板上市要求每类股权至少有20%由公众持有（数量上要求至少300名普通股股东，50名优先股股东，25名债券持有人）。由于并未向公众开放，介绍是成本最低和最快捷的方法，只需负担最低手续费，并提供一份包含公司关键信息的预先声明。

出售要约是邀请公众购买现有股东的股份。销售收益累积给卖方，即现有股东。这种方法需要发布招股说明书。此方式通常是最昂贵的上市路线，却是大多数公司最常使用的。这种方法的优点在于它允许股票广泛流通，这可能会增加流动性并提高股价。此外，它提供了获得公众关注和兴趣的机会，从而提高了公司的形象和知名度。

配售是指在私下谈判后向投资者定向发售股票。投资者可以是机构投资者，客户，供应商和/或员工。配售通常是一种低成本的替代方案。它需要出具一份包含关于该公司的关键信息预先声明。配售的优点是它允许公司酌情选择其投资者，缺点是可能会导致股东范围比公开报价更窄，导致流动性变差。

认购要约是邀请公众认购尚未发行的股份，报价收益归公司所有，需要发布招股说明书。与出售要约一样，这种方法的优点在于它可以使股票广泛流通，这可能会增加流动性并提高股价。此外，它提供了引起公众关注和兴趣的机会，从而提高了公司的形象和知名度。

发行参与或转换权，顾名思义是指发行具有参与分红或可转换权的股份。例如，发行将普通股转换为可赎回优先股的股份。

可放弃要约是指上市公司向其股东提出认购另一家公司（通常为上市公司的子公司）股权的方式。上市公司首先已收到认购其他公司股份的权利，但将其全部或部分权利按持股比例转让给股东。

权利要约是公司向现有股东提出按照持股比例认购公司的其他股份的要约。这是通过发行可放弃权利来实现的。该权利在支付股份到期之前无论已全额付款还是未付款，均可在交易所交易。

回购要约是公司向第三方发售股票获取现金，而第三方将全部或部分股份按比例出售给原股东。这样，股东就可以"回收"他们认购股份的权利。

资本化发行是将公司储备金按现有股东的持股比例扣除到公司股权中的发行方式。

现金发行是指为了终止某种责任、义务、承诺、限制或结算费用而发行股份获取现金。

收购或兼并发行主要目的在于通过发行股份收购资产或净资产；或者收购或兼并另一家公司，意在获得该公司的证券。

卖方配售是指在收购行为中，卖方将各自股权分配后进行配售。在此形式中，所有卖方有平等的机会参与配售。卖方（公司股东）通过出售其公司（目标公司）获得另一家公司（收购公司）的股权，而不是现金。这些股票在交易后不久就出售给其他机构投资者。

2012年约翰内斯堡证券交易所启用全自动化（电子）交易系统"千年交易所"，交易平台也从伦敦迁移到约翰内斯堡，大大加快了交易执行速度。约翰内斯堡证券交易所的交易系统为订单驱动的中央交易系统，进行开盘、日间和收盘买卖。

（三）交易流程

交易流程由投资者发起，投资者与约翰内斯堡证券交易所经纪商订立交易订单。经纪人将该订单输入到交易系统中，并将自动匹配到方向相反的订单。匹配的交易将转交给STRATE的处理系统SATIRES。SATIRES再向中央证券存管人发送交易指令。

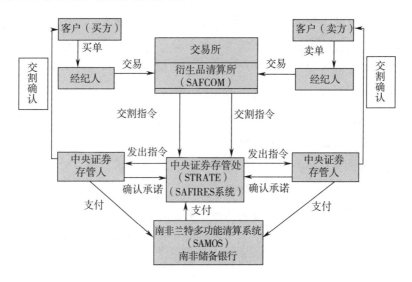

图3.4　南非股票市场交易流程

清算过程的关键部分是股票清算所或者称为中央清算交易对手（CCP）。清算所介于证券交易的各方之间，对买方来说它是卖方，对卖方来说它则是买方。除了作为上市股票证券、债券和一些非上市货币市场证券的中央证券存管处，STRATE（约翰内斯堡证券交易所持股的子公司，主要提供电子结算服务）同时也获准作为一些债券交易的清算所。SAF-COM，约翰内斯堡证券交易所的另一家全资子公司，是在约翰内斯堡证券交易所上市的衍生品的授权清算所。尽管约翰内斯堡证券交易所本身并不是许可清算所，但它通过为股市上所有交易提供担保行使了类似的职能。

南非股市的交割是在交易日后的五个连续工作日内发生的。在交割日，STRATE 的结算系统或 SAFIRES 首先确认证券可用，然后将资金转账到到南非储备银行，利用南非兰特多功能清算系统（SAMOS），使资金在清算行之间顺利地交换。现金交易是轧差进行的。股票市场、债券市场和货币市场的交割各自独立。

现金在南非央行的清算行账户间确认划转后，STRATE 将标的证券在各参与方之间进行交割。交易结束后参与方会收到信息通知，约翰内斯堡证券交易所端的系统也会有相应的条目记录。

保管人有两个层级。一级保管人是中央证券存管人，它们是唯一可以与 STRATE 直接交互信息的市场参与者。截至 2011 年，南非的中央证券存管人包括南非储备银行、南非四大银行、法国兴业银行、Computershare 和南非国有电力公司。二级保管人由约翰内斯堡证券交易所的会员构成，它们不像中央证券存管人一样保留客户的电子凭证，但可以在它们的经纪人系统中留存凭证记录，从而简化了交易。

交易有两种订单类型——市场单和限价单。市场单规定数量，不规定价格，即市场单是指市场可以提供指定数量股份时，立即以任何价格执行买卖指令。限价单同时规定要购买或出售的股份数量和限价。当市场价格下降到限价买单的限价价格，或上涨到限价卖单的限价价格时，交易即执行。市场单和限价单还要基于执行、时间和期限方面的约束。

执行方面的约束包括两种。

（1）*Fill or Kill*：指定交易量的订单，完全执行或完全拒绝。（2）*Execute and eliminate*：指定交易量和限价的订单。该订单将立即被完全或部分执行，订单的任何未执行部分将被取消。

时间方面的约束包括以下两种。

（1）*Good till time*：订单在订单日的指定时间过期；（2）*Good till cancelled*：订单日手动取消订单。

基于期限的约束包括以下两种。

（1）*Good for day*：订单在当前交易日结束时到期；（2）*Good till date*：订单在指定日期到期，最长不超过 90 个自然日。

止损单是一种有条件的订单，如果经纪人的价格下降到给定价格，则出售股票。止损单的目的是限制损失。例如，如果止损单设定为低于支付股票价格的 10%，潜在的损失将被限制在 10%。

卖空是指卖方卖出自己不持有的股份。卖空者认为股价会下跌，如果发生这种情况，卖方以较低的价格回购股票并赚取利润。如果股价上涨，卖空者将会蒙受损失。卖空有两种类型：覆盖卖空和裸露卖空。

在覆盖卖空的短期交易中，卖方借入股票，并在标准结算期（现为五个工作日）内交付给买方。这种股票通常是从长期股东（如保险公司或养老基金）借来的，他们在空头头寸开放收取借贷费。在未来某个时点要退出空头头寸的时候，卖方会在市场上购买相当的股票，然后将这些股份退还给借出人，即股份的原始持有人。

借出股份的做法即"融券"，有价证券的长期持有人，将其股票市场上借出给卖空方，并约定在未来某个日期将同样数量的股份归还给借出人。

如卖空方交易时并未借入股份，则称为裸露卖空。南非的股票交易规则禁止裸露卖空行为。

（四）市场信息披露

1997 年 8 月，约翰内斯堡证券交易所推出了实时的证券交易所新闻服务（Sens），以提高市场透明度和投资者信心。同年，上市要求中增加了公司在使用任何其他媒体渠道之前，必须通过该服务传播企业新闻或价格敏感信息的规定。

南非大多数日报和周刊以及一些互联网网站都会引用股价。上市公司通常按照行业分类列出，如化工、基础资源、石油和天然气、建筑材料、工业品和服务、银行和保险等（见表3.4）。

表 3.4　上市公司数据披露举例

公司	收盘价（分）	较上日变动（分）	较上日变动（%）	当日最高	当日最低	交易量（千）	近一年变动（%）	近一年最高	近一年最低	市值（百万兰特）	年化收益率	市盈率
制药和生物技术												
Adcock	5,850	18	0.3	6,000	5,811	2,832	-2.9	7,250	5,325	10,275.2	1.25 P	16.69
Ascendis	1,060	-9	-0.8	1,069	1,050	123	—	1,130	910	2,538.3	0.00	16.69
Aspen	27,510	-506	-1.8	28,226	26,909	1,474	44.8	28,999	17,987	125,533.8	0.57 PC	32.72
Litha	200	0	0.0	200	200	3	-43.8	361	162	1,119.3	0.00	74.07
财产保险												
Santam	19,400	-100	-0.5	19,695	19,200	32	0.5	20,438	16,000	23,158.2	2.96 P	18.78
Zurich SA	25,500	-1,000	-3.8	25,500	25,500	—	2.8	27,000	23,000	3,105.8	1.03 P	-14.47
电脑硬件												
Mustek	700	20	2.9	700	680	463	14.0	680	450	759.0	2.43 P	8.41
Pinnacle	1,500	-15	-1.0	1,535	1,434	1,559	-32.0	2,724	1,120	2,551.6	2.32 P	7.24

六、市场功能

南非股票市场是非洲同业中规模最大、最发达，也最为复杂的体系，即使与发达国家相比较，其监管措施和效率也获得了充分的肯定。

对南非股票市场与国家宏观经济的关系研究显示，银行信贷、股票流动性、国内生产总值和人均国内生产总值都对股市发展产生正相关的影响，而与国家的政治风险水平则呈负相关的关系。例如，人均国内生产总值增长 1 个百分点，股市将上涨 0.2 个百分点。因此，南非股票市场的表现较好地反映了国家经济、金融和政治环境的现状。

从反向的作用关系来看，理论上讲，随着市场的日趋成熟，需要更丰富的风险管理工具和资金筹集工具，市场的活动发展伴随着法律和监管环境的完善，总体的经济增长也将因此而受益。

也有经济学人士分析认为，通过长短期的回归分析等方式，南非银行业发展与经济增长之间存在紧密的正向关系，但南非股票市场的发展与经济增长之间没有显示出明显的关联。在他们看来，目前推动南非的实体部门发挥关键作用的更多来自于银行业的贡献，而非南非股票市场。

第五节　南非的黄金交易

一、南非黄金的发现和生产

乔治·哈里森于 19 世纪 80 年代到南非寻找黄金，由于囊中羞涩，最初在威特沃特斯兰德山区的一处农场被雇佣修建房屋。1886 年 3 月的一个星期天，哈里森坐在农场内的一座小山顶向下瞭望，他承建的那所房子仅差铺上波纹铁瓦屋顶，当天就可以完工了。他准备向农场主讨要一杯白兰地庆贺一番，于是起身向山下奔去，可没走几步就被一块石头绊了嘴啃泥。哈里森站起来，本想抬腿把碎石踢开，但那块闪着金光的碎石使他收回了脚。哈里森捡起碎石，对着阳光反复端详，确认这是自己梦寐以求的"黄金石"。哈里森或许没有想到，他的这个发现诱发了历史上又一次大规模淘金狂潮；就在他摔倒的地方发现了一个绵延了 300 公里弧形金矿脉，这个金矿脉的巨额利润刺激了 1899 年发生的第二次英布战争；仅用不到 100 年时间，黄金生产便泡沫般催化出了一座名为约翰内斯堡的国际大都市，这座城市成为了全球探矿者的朝圣地。

南非的许多黄金公司，如南非金田公司、约翰内斯堡投资公司、通用矿业公司（现重组为金科公司）等随着 1886 年金矿的发现而成立，都有百年以上的历史。其中最著名的金田公司成立于 1887 年，即威特沃特斯兰德矿区黄金资源被发现后的第二年，这些黄金公司成立后，迅速投入了金矿的开采和黄金的冶炼，在 1898 年使南非取代美国成为世界第一产金大国，并长期保持着世界头号产金大国的地位。南非金矿被发现后，威特沃特斯兰德盆地的金矿区域不断向外延伸，每隔十几年就有重要的资源发现。如在 20 世纪 30 年代，南非金田公司在约翰内斯堡西面发现了 West WitsLine 矿区；1946 年，安格鲁美洲公司在自由省发现黄金；50 年代末期，通用矿业联合公司开始在伊万德尔地区找到了黄金。从 20 世纪初开始，南非的黄金产量一直保持较快的增长速度，特别是在 1970 年创下了

1,000 吨的历史纪录，占世界总产量的70%。迄今为止，在全人类所拥有
的 14 万吨黄金中，大约有近40%是开采和提炼自南非。

南非曾被誉为"黄金之国"，但是这项荣誉截至2007 年，据独立贵金
属顾问组织英国伦敦贵金属咨询机构金田公司（GFMS）2008 年 4 月发布
的《黄金年度调查》称，中国于 2007 年超过南非成为世界上最大的黄金
生产国，打破了南非曾经保持了 100 多年的黄金最高生产纪录。但这并不
意味着中国的产金量有特别快的提升，主要是因为南非等传统产金国产量
不断下降。2001 年，南非黄金产量达 1,290 万盎司的峰值；到 2009 年，
南非黄金生产量降至世界第三位；2016 年南非的黄金产量已经跌至450 万
盎司，仅位列全球第七位。

二、南非未形成本国的黄金市场

南非在过去的一百多年中，为世界提供了 5 万多吨黄金，是当之无愧
的世界第一产金大国。然而，在南非国内，并未形成黄金交易市场，一直
以来，南非所扮演的角色只是世界黄金的供应者。

世界上两个最大的实物黄金市场——伦敦和苏黎世黄金市场中，90%
的实物黄金都来自南非，南非丰富的黄金资源几乎在离开矿井后就被运往
欧洲市场参与交易。多年前，政府虽然定下目标决定相继收回矿业公司的
经营权，但要在国内建立一个交易市场的可能性确微乎其微。经过长时间
的发展，南非国内目前已不具有建立一个市场所具备的条件。

三、南非黄金的管理和交易机制

（一）南非黄金交易旧制度

20 世纪 90 年代前，南非黄金交易实行旧的交易规则。其实行严格的
黄金管理方式，通过指定中央银行——南非储备银行管理黄金的收购与
销售。

南非储备银行的主要任务是维护本国货币币值的稳定，黄金的收购和
销售也是其主要任务之一。黄金交易改革前，该国法律规定，各采金矿山
必须将生产的黄金售给南非储备银行，并由储备银行控制对外销售，黄金

矿山可以拥有 10% 的自销权，但企业往往很少使用。南非的法律还规定，任何人不允许持有金块，在南非偷盗金矿石是违法行为。黄金收购和销售的具体要求如下。

兰德精炼厂为产金者精炼黄金，主要冶炼重 400 盎司，纯度不低于 99.5% 的金锭。这些金锭符合伦敦贵金属市场协会制定的标准，称为"优质交易金"。

所有新产出的黄金必须在 30 天之内交售给南非储备银行。储备银行收购黄金的价格由已知的伦敦黄金市场两个最新收盘价格的平均价格决定，并扣除少量交易手续费。储备银行或者把黄金转入国库，或者将黄金出售世界四大黄金市场的买家。

储备银行收购黄金后，付给交售黄金的矿山公司美元，美元存入矿山公司在银行开立的特定账户上。矿山公司应按照交易条例来出售美元。

由于盛产黄金，南非储备银行在市场上几乎总是货主，占有特殊的地位。但当黄金价格低落时储备银行不向市场销售过多的黄金，甚至在必要时购进黄金。

（二）黄金管制环境的改变

20 世纪 90 年代中后期，由于南非黄金作为赚取外汇的主要手段作用有所下降且央行承认黄金在外汇管制方面处于次要位置，管理当局逐步放松了对黄金交易的管制。

20 世纪 90 年代中期，当局规定储备银行使用美元从黄金生产商处购买黄金，黄金生产商有权进行价格套期保值，生产商可以自主销售其 1/3 的产金量。

20 世纪 90 年代后期，黄金交易管制进一步放松，规定黄金生产商不必向储备银行售金，可将生产的黄金全部出售给经批准的组织，储备银行可根据实际情况购买黄金，商业银行成为参与黄金现货和期货交易的授权银行。

21 世纪初，南非政府再一次放松了对黄金的管制，放开了黄金拥有权、许可证的要求，并鼓励黄金饰品出口。

四、新时期南非的黄金交易

近年来，南非的黄金通过该国的商业银行源源不断地出现在欧洲和北美的市场上，而商业银行开展的黄金业务中，与矿山间的套期保值业务占了很大的比例。南非商业银行大多设有专门从事贵金属交易的部门，拥有先进的交易系统和风险防范体系，设置了交易、研究、风险控制等岗位。南非主要商业银行贵金属的交易量占业务总量的 10%～15%，而黄金业务占贵金属交易量的 40% 左右，交易的方式主要有以下三种。

（一）自营及代理业务

南非商业银行的全球客户可依据黄金的定盘价进行黄金的现货买卖，同时商业银行也肩负着将南非黄金推向国际市场的责任。其中标准银行是该国大型黄金和铂金集团的合作银行，一直以来都和诸如安格鲁黄金公司在内的大型集团开展中长期的套期保值业务。

针对客户的不同需求，南非商业银行还提供期货、远期及有投资性质的交易所交易基金交易，以满足客户的要求。

除代理业务以外，南非商业银行开展一定量的自营业务，但与代理业务相比较，自营业务的交易量非常有限。

（二）租赁业务

商业银行开展黄金租赁业务在南非比较普遍，南非各大商业银行都向其全球客户提供黄金租赁业务，极大地满足了市场需求。

（三）纸黄金

长期以来，南非政府对黄金交易的控制比较严格，个人不得拥有除黄金饰品和法定金币以外的黄金实物，因此，以纸黄金为代表的投资性产品在市场中较为盛行。

第六节　南非金融衍生品市场

南非金融衍生品市场分为场外衍生品市场和场内金融衍生品市场。1987 年由当地 RMB 银行率先推出场外外汇期货合约，开启了南非衍生品市场；1990 年南非期货交易所（SAFEX）成立的同时，约翰内斯堡证券交易所股票衍生品部成立，开启了南非场内金融衍生品市场。场内市场也成为南非金融衍生品的主要市场，2016 年场内交易占比达 96%。

一、南非金融衍生品市场的发展概况

南非场内金融衍生品市场大致可以分为以下四个阶段。第一阶段，1990 年至 2001 年的初创阶段。南非金融市场最早于 1987 年推出非标准化的金融衍生品，并于 1990 建立了首家金融衍生品交易所。这一阶段产品种类不够丰富，交易相对平淡。第二阶段，2001 年至 2008 年的快速发展阶段。这一阶段开始于 2001 年约翰内斯堡证券交易所（JSE）收购了南非期货交易所（SAFEX）并推出了具有里程碑意义的单一股票衍生产品，该产品吸引了大批的投资者，并推动南非场内金融衍生品市场快速发展，2001－2008 年增长了 12 倍，约翰内斯堡证券交易所也成为全球单一股票期货产品的佼佼者。第三阶段，2009 年至 2010 年的市场调整阶段。受 2008 年国际金融危机的影响，南非场内金融衍生品市场出现了较大幅度的下滑调整，2009 年和 2010 年交易量分别同比下降 67% 和 29%，在这一阶段约翰内斯堡证券交易所收购了南非债券交易所（BESA），并成为南非唯一的场内金融衍生品市场。第四阶段，2011 年后平稳增长阶段。国际金融危机过后，南非金融衍生品市场进入了快速稳定增长期，年均增长 16%，2016 年全年交易量达 9.5 万亿兰特。

二、南非金融衍生品的主要产品

南非金融衍生品市场主要包括债券衍生品、利率衍生品、股票衍生品、外汇衍生品和商品衍生品。债券衍生品、股票衍生品和商品衍生品仅存在于场内市场，利率衍生品和外汇衍生品是场外衍生品市场的主要产品，进入场内交易的时间相对较短，分别由南非债券交易所于 2003 年引进场内利率期货和利率期权产品，由约翰内斯堡证券交易所于 2007 年引进场内外汇期货产品。

南非金融衍生品市场主要由场内市场构成，2016 年场内交易量达 9.5 万亿兰特；场外衍生品交易量仅约 4,000 亿兰特，其中 70% 的交易来自于场外外汇衍生品交易，30% 的交易为场外利率衍生品交易。

约翰内斯堡证券交易所分别于 2001 年收购 SAFEX 和 2009 年收购南非

125

债券交易所 BESA，之后约翰内斯堡证券交易所便成为南非唯一的场内金融衍生品市场。约翰内斯堡证券交易所提供的金融衍生产品种类较为丰富，但产品形式较为单一，仅有期货和期权两种产品形式，共提供 32 个大类的金融衍生品。

南非场内金融衍生品产品结构以期货合约为主，2016 年交易额达 9.43 万亿兰特，占比达 99.29%，期权类交易额仅 674 亿兰特。而 73% 的场内交易为股票衍生品交易（见图 3.5）。

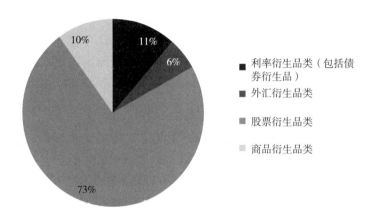

数据来源：约翰内斯堡证券交易所。

图 3.5　2016 年南非场内金融衍生品交易量构成

（一）股票衍生品

约翰内斯堡证券交易所共提供 8 个品种的期货股票衍生品和 6 个品种的期权类股票衍生品，总计超过 1,000 种交易产品。指数期货、单一股票期货和 Can - do 期货是主要的股票期货品种，2016 年交易量占比分别为 95.19%、2.59% 和 1.65%；指数期权、单一股票期权和 Can - do 期权也是主要的股票期权品种。Can - do 衍生品是指由约翰内斯堡证券交易所根据单一客户的特殊需求而定制的非标准化的金融衍生品，并可以在约翰内斯堡证券交易所挂牌交易，属于场内衍生品。

（二）利率衍生品

利率衍生品包括债券衍生品，且主要是债券衍生品，包括 3 个品种的期货产品和 2 个品种的期权产品，主要产品为债券期货和债券指数期货，

2016 年交易量占比分别为 91.37% 和 8.54%，JIBAR 期货是唯一一类非债券类利率衍生品，交易量占比仅为 0.09%。

（三）外汇衍生品

约翰内斯堡证券交易所共提供 25 个品种的外汇期货衍生品和 15 个品种的外汇期权衍生品。可进行本币对 17 个币种的交易，其中以美元相关合约为主，2016 年交易量占比 80.42%；美元相关合约中又以本币对美元合约为主，2016 年其交易量占场内外汇衍生品交易量的 79.82%。

（四）商品衍生品

商品衍生品包括四大类，分别是农产品衍生品、金属衍生品、能源衍生品和外币计价商品衍生品（Foreign Referenced Commodity Markets）。

约翰内斯堡证券交易所提供了多种南非主要农产品的期货和期权合约，主要有玉米、大豆、小麦、谷物和牛肉等。金属衍生品主要为金、银、铜以及白金的期货和期权合约。能源衍生品主要是原油和柴油对冲期货和期权合约。外币计价商品衍生品（Foreign Referenced Commodity Markets）是以商品的外币价格为标的的衍生产品。

三、南非金融衍生品市场的主要参与者

南非金融衍生品市场的主要参与者包括监管机构、交易所、交易所会员（清算机构和经纪机构）以及市场投资者。

（一）监管机构

南非金融服务委员会（FSB）是南非金融衍生品市场的主要监管机构。金融服务委员会是根据南非《金融服务委员会法案》（1990 年）设立的，用于监管非银行金融机构和金融服务，以保证南非资本金融市场公平、有效和透明，同时也以保持市场信心，促进投资者保护，防范系统风险和提高南非金融市场的竞争力为己任。金融服务委员会下属资本市场部监管交易所，证券托管机构以及清算机构等。

银行主要由南非储备银行负责监管，因此参与衍生品交易的银行不仅接受金融服务委员会监管，也接受储备银行监管。

（二）南非证券交易所

约翰内斯堡证券交易所分别于 2001 年收购 SAFEX 和 2009 年收购南非

127

债券交易所之后，便成为南非唯一的场内衍生品交易所，约翰内斯堡证券交易所接受金融服务委员会的监管，在提供交易平台同时，也通过制定交易规则，审定清算会员和交易会员资格等手段进行市场监管。

（三）SAFEX 清算公司

SAFEX 清算公司隶属于约翰内斯堡证券交易所，是南非场内金融衍生品和场外交易的清算机构。

（四）交易会员

南非场内衍生品市场交易会员的资格须由约翰内斯堡证券交易所审定，对于从事股票衍生品和商品衍生品的交易会员有相同的认定程序和条件，根据约翰内斯堡证券交易所发布的衍生品规则认定；对于从事利率衍生品和外汇衍生品的交易会员，其认定程序和条件，根据约翰内斯堡证券交易所发布的利率和外汇衍生品规则认定。截至 2017 年 3 月底，共有 98 家股票衍生品交易会员，43 家商品衍生品交易会员以及 95 家利率和外汇衍生品交易会员。

交易会员包括经纪人、银行和资产管理人三类。

（五）投资者

南非场内金融衍生品交易主要包括套期保值者、套利者、投资者，以及投机商四种类型，既接受机构投资者，也接受个人投资者；也有部分衍生品市场接受国际投资者，如债券指数期货市场。

四、南非金融衍生品市场管理架构

南非的监管机构通过监管各类金融机构而达到监管衍生品市场的目的。

金融服务委员会是南非场内金融衍生品市场的监管机构，通过监管交易所，证券托管机构以及清算机构等监管金融衍生品市场。约翰内斯堡证券交易所则在金融服务委员会的监管下进行场内金融衍生品市场管理和会员资格管理，会员资格包括交易会员资格和清算会员资格。由储备银行监管银行衍生品交易，由于银行不仅参与场内衍生品交易，也是场外交易市场的主要参与者，因此储备银行通过监管银行而成为场外交易市场的主要监管者（见图 3.6）。

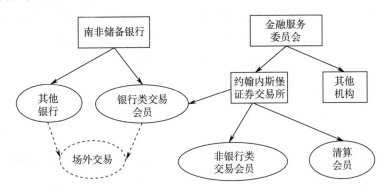

图 3.6　南非金融衍生品市场监管架构

当前主要通过以下三个方面达到监管目的。

（一）大型机构投资者投资限额

当前主要对退休基金、集合投资机构（Collective Investment Schemes）和保险公司设有投资限额限制。根据 1956 年的《退休金法案》（*Pension Funds Act of 1956*），退休基金最多只能将其总资产的 2.5% 投资于"其他资产"，而金融衍生品属于"其他资产"，也就是说，退休基金最多只能将 2.5% 的资产投资于金融衍生品市场。2002 年的《集合投资机构控制法案》（*Collective Investment Schemes Control Act of 2002*）允许集合投资机构投资场内外金融衍生品，但前提是用于对冲自有资产和金融工具或覆盖其风险敞口。上述两个法案也分别对短期或长期保险资金进入衍生品市场作了相关要求，要求保险公司进入衍生品市场必须以降低投资风险和达到有效资产组合为目的。

（二）消费者（非专业投资者）保护

由于消费者（非专业投资者）缺乏对金融衍生品风险和价值的理解，2002 年的《金融咨询与中介服务法案》（*Financial Advisory and Intermediary Services Act of 2002*）从消费者角度出发，要求金融服务提供商必须披露相关信息，并公平对待消费者。

（三）银行监管

南非储备银行负责监管银行所有业务，并通过以下两种方式监管银行衍生品交易：定期上报衍生品交易数据和制定"授权交易商的货币及交易手册"（Currency and Exchanges Manual for Authorised Dealers）。

1. 定期上报衍生品交易数据

南非储备银行要求每家银行每月上报 BA350 报表，以监控各家银行参与衍生品交易的程度和衍生品交易对银行损益的贡献程度。各银行需填报各类金融衍生品当月到期、失效和终结合约的名义金额，当月底持有合约的名义和市场价值，并分解为各类产品和产品形式，产品包括信用衍生品、利率衍生品、外汇衍生品、股票衍生品和商品衍生品；产品形式包括远期、掉期和期权。

同时 32 号监管法案要求各银行制定书面的金融衍生品交易制度。

2. 授权交易商的货币及交易手册

授权交易商的货币及交易手册（2016 年版）用于规范授权交易商的外汇交易，该手册规范外汇衍生品交易主要体现在两个方面：授权交易商资格管理和外汇远期交易原则。

当前共有 27 家银行获得授权交易商资格，也包括两家中资银行：中国银行约翰内斯堡分行和中国建设银行约翰内斯堡分行；16 家非银行机构获得有限授权交易资格，而这 16 家有限授权交易商并不具备外汇衍生品交易的授权。

该手册规定的外汇远期交易的原则如下：对于可疑交易需逐笔申请；报告所有兰特与外币的交易；所有外汇远期交易必须有南非本土的实际经济背景。

第七节　约翰内斯堡证券交易所

一、约翰内斯堡证券交易所简介

约翰内斯堡证券交易所是目前南非境内唯一的一家综合金融产品交易

所，交易所内涉及的金融交易产品包括股票、债券以及涉及利率、货币和大宗商品等在内的金融衍生品。约翰内斯堡证券交易所成立于1887年，1963年加入世界交易所联合会（World Federation of Exchanges），1990年后引入电子交易系统，2003年，交易所发布了用于小型和中型上市公司的交易板AltX，随后发布了用于利率和通货交易的Yield X，2005年在自己的交易所内挂牌上市。

按交易所内交易产品市值计算，约翰内斯堡证券交易所是全球前20大证券交易所。其中股票市场上市交易的公司约为400家，股票交易市值达1万多亿美元，约翰内斯堡证券交易所与英国富时集团（FTSE集团）合作推出了股票市场指数FTSE/JSE TOP 40蓝筹股指数，以及FTSE/JSE ALL Share所有股指数，这些指数被广泛运用到国际资产组合的配置当中，是南非乃至整个南部非洲的资本市场走势的重要风向标。

约翰内斯堡证券交易所的债券交易所是非洲大陆上最大的债券交易市场，占据非洲债券市场总值的约96%。场内交易的债券品种包括政府债券、市政债券、国有企业债及各类公司债券等，同时交易所内也定制和提供债券衍生品供市场参与者交易，目前约翰内斯堡证券交易所正在积极开拓南非周边国家的市场，推进两地交易模式，拓展更多的外国债券在南非挂牌交易。

约翰内斯堡证券交易所同时向市场提供股票、债券以及期权等众多金融衍生品，根据2016年世界交易所联合会（World Federation of Exchanges）对衍生品交易的年度调研，以交易量而言，约翰内斯堡证券交易所是全球第七大单一股票期货交易所，也是第五大货币期权交易所。

截至2015年末，约翰内斯堡证券交易所的全部交易市场包括59家股票交易会员，93家股票衍生品交易会员，65家大宗商品衍生品交易会员和99家利率、货币衍生品交易会员。

约翰内斯堡证券交易所收入的主要来源包括：公司上市和其他金融产品的挂牌交易收取的费用，交易过程中的各项收费和交易后的技术性服务，各类市场数据销售和数据相关的支持服务。

约翰内斯堡证券交易所下属全资子公司以及相关信托公司包括：约翰

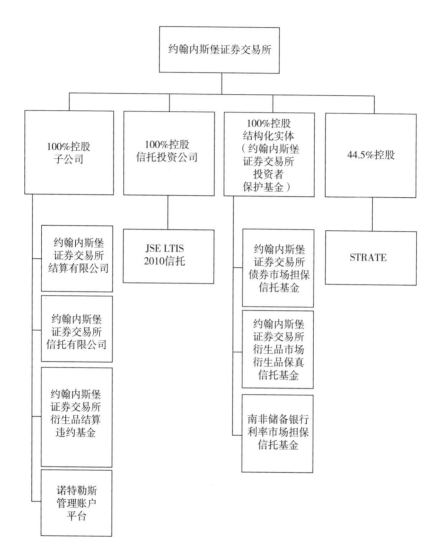

图 3.7　约翰内斯堡证券交易所股权架构

内斯堡证券交易所结算有限公司、约翰内斯堡证券交易所信托有限公司、约翰内斯堡证券交易所衍生品结算违约基金、JSE LTIS 2010 信托以及约翰内斯堡证券交易所担保信托基金等，主要是为其交易业务提供各种结算、清算、有价证券信托管理、投资代理等方面的业务。同时，约翰内斯堡证券交易所还持有 Strate 公司 44.5% 的股份，该公司是南非证券中央存托机构，同时该机构向南非以及纳米比亚的证券交易所、货币市场清算提供电子系统解决方案。

二、约翰内斯堡证券交易所商业模式及业务构成

表 3.5　2015 年约翰内斯堡证券交易所全集团的业务构成

单位：百万兰特

项目	数据销售	交易后有偿服务	二级市场交易有关收入	其他交易及服务	合计
金额	245	357	501	1,031	2,134
占比	12%	18%	26%	44%	100.0%

约翰内斯堡证券交易所的商业模式主要是围绕公司或金融产品上市交易为核心的一整套商业运作。业务的前端部分是对公司以及金融产品挂牌前的审核及监管。金融产品的发行在取得批准后方可在约翰内斯堡证券交易所对应的市场进行挂牌交易。在交易层面，根据交易对象包括股票交易市场、金融衍生品交易市场、大宗商品衍生品交易市场、利率衍生品市场（包括债券市场）以及货币衍生品市场。约翰内斯堡证券交易所同时还提供交易后的清算、交割等服务。

从交易市场的层次来看，2015 年约翰内斯堡证券交易所集团在一级市场商业活动中实现销售收入 1.61 亿兰特，较 2014 年的 1.34 亿兰特增长 20%，该收入主要来源于新挂牌交易的各类有价证券，其中 2015 年有 942 只新债券在约翰内斯堡证券交易所挂牌交易，23 家主板新上市公司，8 家中小板新上市公司，2 只新发行的交易所交易基金、264 只权证以及 49 只结构化金融交易品，交易所交易基金产品实现与肯尼亚和尼日利亚证券交易所的交叉上市。

2015 年约翰内斯堡证券交易所集团在股票二级市场上实现收入 5.01 亿兰特，较 2014 年的 4.02 亿兰特增长 25%，全年交易次数达 6,200 万笔，同比增长 34%。2014 年起，约翰内斯堡证券交易所集团在二级市场中向众多的交易商和中介服务商引入主机代管服务，该项服务是数据中心服务的一种，主要向客户提供交易宽度、数据交换以及设备租赁等方面的服务，

客户可以通过该类主机代管渠道提高交易效率和降低交易成本。作为一类新型服务，凭借约翰内斯堡证券交易所在全南非交易市场的绝对主导地位，以及随着海外市场对南非交易市场更多的介入，预计该类服务仍会有较大的增长空间和潜力。

2015 年约翰内斯堡证券交易所在金融衍生品和大宗商品衍生品所取得销售收入分别为 2.57 亿兰特和 7,300 万兰特，分别较上年同比增长 21% 和 33%。其中股票类衍生品交易金额增长 11%，交易合约总量增长 78%，股指期货交易量增长 11%，外资参与的股指期货合约数增长 4%。货币（外汇）衍生品交易合约总量增长 1%，利率衍生品合约量上涨 13%，债券市场交易量增长 21%。大宗商品方面，2015 年交易所引入了泛欧交易所（Euronext）研磨小麦期货合约；兑现其将小型期货合约引入市场，降低交易门槛的承诺，推出 1,000 公斤现金交割牛肉合约；宣布与赞比亚大宗商品交易所合作，逐步引入赞比亚粮食合约。交易所将加大对赞比亚投资者的培训工作，吸引更多的当地市场参与者。交易所还在探索引入南非大宗商品交易指数作为新投资标的可能性。此外，交易所一直在积极筹备碳指标交易平台。

约翰内斯堡证券交易所在 2015 年来自于后台服务的收入达 3.11 亿兰特，较 2014 年的 2.68 亿兰特增长 16%。后台服务主要基于经纪商交易账务系统（BDA system）的使用，约翰内斯堡证券交易所对于使用该系统的经纪商和交易会员征收连接费用、信息订购费用以及市场推广费等。

交易后服务以及市场数据服务是约翰内斯堡证券交易所重要的收入和利润来源，属于其高附加增值服务业务，主要构成为风险管理服务以及市场数据销售、支持服务。其中风险管理服务方面主要为在监控市场流动性方面针对日常清算的交易量所征收的费用。2015 年该类业务实现收入 3.57 亿兰特，较上年增长 19%。

数据销售主要包括依据客户需求，采集所需数据以及相应的数据整理和分析，对于追踪指数的客户以及加入市场的交易所交易基金征收指数许可费用等。2015 年该类业务实现收入 2.45 亿兰特，同比增长 20%，该类业务的终端客户群本年新增了 31 名当地客户以及 30 名国际客户，客户总数已接近 40,000 名。

三、约翰内斯堡证券交易所所处行业特点与优势

交易所所处的行业较为特殊，交易所的角色一般主要是为机构、企业提供融资的平台以及为金融产品提供交易场所、设计和推出符合市场需求的金融产品，同时为金融产品交易以及市场参与者提供结算在内的各项服务。一般而言，在某一地域范围内，交易所的数量都是非常有限的。即使在一个地域内有若干家交易所，但交易所都会具有不同的市场针对性。如在美国，有纽约证券交易所、纳斯达克交易所、芝加哥商品交易所等，但每家交易所涉及的市场和交易品种都具有明显的差异性。在同一地域内，各家交易所往往都避免了直接的市场竞争。

此外，虽然在不同地域之间存在同类交易所，如对于发行股票而言，全球范围内包括伦敦证券交易所、纽约证券交易所以及香港交易所等诸多知名交易所，客户可以根据自身多方面考虑，在多家交易所进行选择挂牌交易。从该角度看，存在一定的市场竞争。但对于绝大部分的客户，考虑到市场知名度以及挂牌交易的国别监管、信息披露制度差异、会计制度差异等诸多实际问题和成本，其第一选择往往都是所在国的交易所。

因此，交易所该类行业并不具有明显的行业竞争性，本国交易所对于本国的交易所市场往往具备绝对的主导地位。对于约翰内斯堡证券交易所而言，它是南非唯一的综合性交易所，其旗下涉及股票、债券、金融衍生品、大宗商品在内的各类交易产品，所以约翰内斯堡证券交易所在南非具有绝对的行业垄断地位。

在南非，由于完全遵照市场经济规律，包括利率、汇率在内的各类市场都遵循自由交易原则。此外，南非也是大宗商品的主要产出国，大宗商品主要销往全球。因此从交易的角度看，无论是对冲风险、融资、套利还是投机等活动，各类市场都存在着非常强劲的交易需求和活力，因此约翰内斯堡证券交易所所处行业发展具有强劲的市场基础，行业发展风险偏低。

四、约翰内斯堡证券交易所市场风险分析

作为交易所，其收入和利润主要的驱动力在于交易所内各项交易品种的交易量以及市场参与者的广度。因此交易市场活跃程度，包括交易品种、交易量以及参与者对于一家交易所而言至关重要。

对于约翰内斯堡证券交易所，从交易品种看，目前在其旗下涉及的交易品种已经覆盖了全部的品种大类，除了新增挂牌上市的债券、股票外，约翰内斯堡证券交易所同时也一直保持在新市场指数开发和新交易品种上的投入，例如2014年引入柴油期货、积极筹备碳排放交易平台，2015年实现期货合约小型化、引入泛欧交易所的小麦期货、另外根据约翰内斯堡证券交易所的发展战略，其也同时在努力开拓南非周边国家的交易市场，积极需求两地或多地的挂牌交易方案，如2015年与赞比亚大宗商品交易所合作并引入赞比亚粮食期货等。

从交易量看，随着新交易品种的增加以及目前经济波动程度的提高，旗下各类交易量都呈现逐年增长的态势，尤其是跟踪指数的被动交易型交易所交易基金和交易所交易票据以及与英国富时集团的合作编制 FTSE/JSE All Shares 和 TOP 40 指数，在带来交易量增长的同时也扩大了数据销售及支持类服务收入的增长。

从交易者看，除了本国交易者外，由于摩根士丹利资本国际公司（MSCI）对南非股票市场的认可以及编制了 MSCI 南非指数，以及上述与富时集团合作的股指也得到广泛接受，越来越多的外国交易者加入了南非证券的交易。同时约翰内斯堡证券交易所也保持着对交易者的培训工作以及新交易品种的引进和推广。

综上所述，约翰内斯堡证券交易所作为南非境内唯一一家综合交易所集团以及南部非洲最大的交易所，也始终积极保持着对新市场的开拓和投入，积极根据市场需求和发展趋势制定其战略，整体上看其具有很强的地域市场控制力，在所处市场范围具有较大优势。

第八节　本章小结

南非是被世界银行列为中上收入经济体的四个非洲国家之一，并被公认为新兴市场国家，国内生产总值约占非洲经济总量的1/5。在较为稳定的国际国内大环境下，南非未发生过重大社会动荡或经济危机。在2008年国际金融危机之前，南非保持了近17年年均3.5%的经济增长水平。南非被誉为非洲经济增长"领头羊"，特别需要指出的是，金融部门在推动南非经济发展中发挥了重要作用。南非拥有相当发达的金融体系，资本市场成熟完善，金融结构和监管水平达到发达国家的标准。银行系统稳定可靠，南非储备银行管辖商业银行，无论是监管当局还是银行业公司治理都相当严谨，经营稳健，商业银行受金融危机的影响较小。而负责监管证券、期货、衍生品市场等的金融服务局对南非金融市场的立法成熟完善，与国际先进操作标准接轨，营造了对境内境外投资者均具有吸引力的投资交易环境，高度活跃的金融市场也带动了资金融通与经济发展。

作为股票、外汇、债券及金融衍生品等的交易平台，约翰内斯堡证券交易所市值居于非洲第一位，在全球市场中位列前20位。南非股市表现活跃，但受金融危机等外部因素影响，波动幅度较大。受非洲经济发展滞后影响，南非股市规模较其他金砖国家要小，上市公司数量偏少，国内投资者也较少。南非近年来经济指标及财政收支较为稳定，债券市场外债规模较小，政策延续性较强，收益率较高，在非洲国家间位于绝对领先水平。国债市场流动性较强，国债种类丰富，多以本币计价。企业债市场发行主体较多，多为优质金融机构和企业，信用风险相对较低，流动性较好，受到国外投资者青睐。但南非货币兰特汇率频繁波动给债券市场投资带来了一定风险。总体来说，南非拥有非洲最为发达的金融市场和金融体系，多元化程度高，流动性强，金融市场在其经济发展中的作用不容忽视。

世界经济论坛（World Economic Forum）《2016－2017年全球竞争力报告》显示，在纳入统计的138个国家中，南非金融市场发展综合排名第11位，其中，本地股票市场融资支持居于第1位；金融服务对商业支持与银行业稳定性均居第 2 位；证券交易监管居于第 3 位。南非监管对金融机构资本充足性和流动性等均有与国际监管接轨的严格要求，南非银行业与保险业机构总体资本充足，盈利稳定。

金融机构是金融市场上的重要参与者，也是保持金融市场稳定的重要力量。从对金融市场影响的角度观察，概而言之，南非金融市场上金融机构参与者呈现出以下特点。

体量较大，精细化程度高。根据国际货币基金组织发布的《南非金融稳定性报告》，南非金融业资产总量是 GDP 的 3 倍，超过绝大多数新兴市场国家。非银行机构近几年发展迅速，目前持有金融资产总额的 2/3，其中养老基金与银行业资产基本持平，长期保险（大多为人寿险）业者持有的保险资产占 GDP 的 64%，短期保险（非寿险）资产占比较少；单位信托与集体投资计划产业快速成长，持有资产占 GDP 的 42%。

银行业资产负债基本集中在南非境内，本地银行在非洲市场业务持续拓展，影响力不断扩大。南非四大银行境外机构数量为 46 家，其中 39 家位于非洲大陆，在莱索托、斯威士兰、纳米比亚等与南非关系密切的国家，南非银行占据主要市场地位，然而总体来说，银行业在非洲其他国家的资产总额仅占银行业资产总额的 2%。银行业负债总体期限较短，大多来自于批发业务。银行存款的 87% 源自南非境内，60% 来自非银行业金融机构与公司类客户 6 个月以下的短期存款，贷存比高于 120%，银行业外币负债仅占负债总额的 6.5%。

金融产业的集中度与内部关联性较高。南非前五大银行持有银行业总资产的 90.5%，前五家保险业者在长期保险市场的占有率为 74%，前七大资金管理公司控制了单位信托资产的 60%。南非主要银行均通过间接或直接持股与保险公司建立了关联关系，这些保险公司为南非很多重要的私人养老基金提供保险服务，一些银行也开办基金理财业务，为客户提供单位信托产品。因此，在金融集团内部存在大量的关联方交易，这种高集中度结构降低了金融产业的竞争程度，使大型金融机构拥有较高的定价能力与盈利能力。

南非金融市场子市场齐全，每个子市场上交易品种丰富，既可完成本币交易，也可完成本币对外汇交易；既有场内交易，也有场外交易；既有现货交易，也有期货期权等衍生品交易，因此可满足各类市场参与者的需要。除满足市场参与者的各种各样的交易需求这一基本功能之外，金融市场还具有进行金融调节、促进资源合理配置、对企业进行监督等社会功能，主要可概括为以下几点。

高市场流动性促进资产持有。研究表明，如果金融市场不支持长期投资的流动性，则长期限高效能项目将很难取得融资，可以说，资本市场的高度发展对调节流动性风险、促进经济发展具有积极作用。南非资本市场的高流动性可以确保投资者对所持股票、债券、定存的变现能力，促使投资者大量持有此类资产，与此同时，资本市场将通过这些金融工具取得的资金投入长期项目建设和生产活动，从而推动经济发展。

加强资金的流通性。南非金融市场的多元化发展推动了满足投资者不同需求的多种类产品的产生，从而加强资金的流通性，吸引到更多资金以投入项目建设，促进资源分配与经济发展。

生成投资信息，助力资源合理分配。鉴于投资者通常对信息披露不及时、信息内容可靠度不高的企业缺乏投资意愿，而高度发展的金融市场可以为投资者提供有关经济环境、企业及其管理者的即时详细信息，使投资者可以进行合理有效的投资决策，从而也促进金融市场在规模、流动性、影响力方面的发展。

对企业领导者与公司治理进行监控。在成熟健全的金融市场中，外部投资者可以通过金融手段强制企业的内部管理者和经理人满足其对公司治理的要求；同时，南非金融系统的先进性使其可以通过将公司的所有权与治理有效分离，加强了公司管理运营的透明度与效率。

第四章

中央银行和货币政策

南非储备银行（South African Reserve Bank，SARB）是南非的中央银行，在南非金融体系中居于核心地位，总部位于南非政治首都比勒陀利亚。南非储备银行依据《货币和银行法》于1921年6月30日成立，至今仍为私营性质，资本金为200万兰特，目前拥有660多名股东。南非储备银行作为发行的银行、银行的银行和政府的银行，在货币发行、制定和实施货币政策、监管银行体系、确保国家支付系统有效运行、管理国家外汇储备和保持银行系统平稳运营等方面发挥着关键作用。

从2000年起，南非正式采用通货膨胀目标制的货币政策，通过设定通货膨胀目标区间来衡量和实现价格稳定。为实现保持币值稳定以推动经济平稳持续增长的主要目标，南非储备银行被宪法赋予了较高的独立性和自主权。南非储备银行货币政策委员会负责制定具体的货币政策。从操作实践来看，南非以控制通胀为目标的货币政策取得了相当的成效，特别是2000年以来，南非通胀水平的波动性大幅度下降，回购利率也相应地趋于稳定，通胀目标得到有效控制。不过，2008年国际金融危机爆发以后，越来越多的声音呼吁南非储备银行修改自身的政策目标，以有效刺激促进经济可持续性增长。

第一节　南非储备银行的历史沿革

一、成立的历史背景

按照 J. Chipaya Mbuya 的说法[1]，早在1879年，南非人民就一直倡导

1　参见 South African Reserve Bank Commemorative Publication 2011。

140

一个国家、一个中央银行。倡导此观点的理由是建立中央银行对国家和经济整体上有益，例如有助于稳定利率，稳定经济周期，并且可以在经济危机时期扮演潜在的、独一无二的基石作用[2]。当 1890 年一家开普敦的银行经营失败并被外资银行收购后，这种观点尤为响亮。1911 年 M. Grosclaude 再次建议成立中央银行，并提出中央银行将拥有发行钞票的垄断权，以及行使货币和金融业务管理方面的政府职能。支持此观点的南非荷兰银行检查员也提出，荷兰和爪哇中央银行作为最终信贷提供方，使其国家的工商业起到了刺激经济和支持经济的作用。然而南非人民的诉求没有得到当局的认真考虑，直到纸币兑换黄金问题的出现，才迫使政府对这个问题作出反应。

在储备银行成立之前，南非的商业银行可以向公众发行纸币，但是当局并未出台关于商业银行发行纸币的统一的立法规定，官方对所有银行的唯一要求是，当纸币被提交到发行银行的分支机构要求兑换时，发行银行有义务将公众持有并提交的纸币兑换成黄金。在同一个历史时期，其他中央银行中只有英格兰银行有着类似要求。当时，南非不同殖民地省份的货币和银行法律的具体要求也有所不同。例如，奥兰治自由州规定，银行的最大货币发行可不限于其缴纳资本，但需持有最少三分之一的货币储备；德兰士瓦则规定，银行发行货币以其注册资本为限，须集中于银行总部，且须以一定比例（33%）的准备金作为担保，银行分支机构则无货币发行权，而仅有支付法定货币之义务。

第一次世界大战结束以后，南非因参与了协约国阵营，被迫对黄金出口实行禁运，以防其落入敌对阵营手中，但是银行发行的纸币仍然可以按需兑换为黄金。英国政府在 1919 年 3 月放弃了英镑和黄金之间的战时汇率，随后英镑马上贬值从而产生了"黄金溢价"。英国的黄金价格超过南非的黄金价格，在南非将纸币转换成黄金，然后在伦敦出售黄金就有利可图。因此，黄金从南非国内大量非法流出，目的是为了赚取在伦敦市场上出售而获得黄金溢价。人们从南非的银行获得 20 年代的英国旧金币，在南

2　Mbuya J. C.（2008）．"The Pillars of Banking"，（MP），pp. 195 – 197，South African Reserve Bank，Background.

非境外以更高的价格进行交易。虽然这违反南非政府禁止出口硬币的命令，但还是有大量的硬币被走私。商业银行则被迫在伦敦以更高的价格购买黄金（重新进口到南非以回收他们的纸币），这些银行发现自己处于灾难性的境地[3]。这种"亏损交易的义务"对商业银行继续履行义务的能力构成严重威胁。

为了维护财务生存能力，商业银行要求政府取消这种将纸币转换成黄金的义务，这促成了1919年10月"黄金会议"的召开。"黄金会议"的一项重要决议是，要求政府在南非实行统一的银行立法（自1910年南非联邦成立以来未曾出台过统一银行立法）。根据这项提议，帝国银行家亨利爵士（Henry Strakosch）接受了政府任命，执行"黄金会议"的决议[4]。

黄金会议之后，1920年《货币和银行法案》（1920年第31号法案）获得通过。该法案规定成立储备银行并将其作为南非全国统一的中央银行。1920年3月，南非任命了由十个南非联盟议会成员组成的专责委员会，负责筹组中央银行。工党提议组建仿照澳大利亚联邦银行模式中央银行，以利率手段调节全社会信贷总量。南非政府和联盟各方建议接受亨利爵士的建议，建立一个类似于美国联邦储备银行体系的私人持股的中央银行。成立私人持股的中央银行提案在1920年8月以69票对22票通过。该提案的通过意味着采纳《货币和银行法案》，该法案赋予即将成立的中央银行以货币发行权。南非储备银行于1921年6月30日成立并正式开业。可以说，第一次世界大战造成的对金融秩序的破坏催生了南非储备银行。

1920年出台的《货币和银行法案》是储备银行的基本法律，该法案遵循和广泛接受了当时业已形成的有关中央银行的理论、规则和实践。在首次立法之后，《货币和银行法案》又被修订了四次，之后被1944年的《储备银行法》（1944年第29号法案）取代。

3　Gelb，Stephen. African Studies Seminar Series.

4　South African Reserve Bank Commemorative Publication 2011.

二、早期的储备银行

南非储备银行是南非的中央银行。储备银行是非洲最古老的中央银行，也是当时世界上第四个在英国和欧洲大陆以外建立的中央银行（其他三个中央银行建立在美国、日本和爪哇）。从成立之日起，储备银行股份即为私人持有[5]。

从成立开始，储备银行执行当时中央银行通常执行的几种功能[6]，例如充当货币发行银行、中央清算银行、再贴现银行和最后贷款人银行，同时还担任外汇和黄金储备的主要保管人，并担任其他银行机构现金准备金的保管人。1927年，南非政府的账户正式转移到储备银行，确立了它作为政府的银行的地位。

从货币发行银行角色来看，储备银行开始运作约10个月后，开始承担发行纸币的职能。第一批纸币于1922年4月19日向公众发行。此外，商业银行按要求自1922年6月30日起停止发行纸币，这证实了发行纸币是成立储备银行主要目的之一[7]。最初，作为南非唯一的纸币发行银行，储备银行的纸币发行权只有25年；后来，储备银行的货币发行权期限不断延长，事实上，自1944年以来，储备银行一直保留作为南非唯一纸币发行人的权利。

从中央清算银行角色来看，多年来，商业银行已经签订了多边支票清算协议，并在储备银行开立了经常账户，因为储备银行可以为准备金清算提供最为方便的服务，商业银行可以利用储备银行的设施进行每日清算。

从再贴现银行和最后贷款人银行角色来看，1920年《货币和银行法》对于银行的准备金要求也意味着储备银行可以发挥最后贷款人的作用。由于商业银行必须通过在储备银行存入黄金来获得所需清算额度，储备银行从商业银行获得了大量黄金储备，这反过来强化了储备银行在南非的地

5　https：//en. wikipedia. org/wiki/South _ African _ Reserve _ Bank.

6　Mbuya J. C. （2008）. "The Pillars of Banking"，（MP），pp. 195 – 197，South African Reserve Bank，Background.

7　South African Reserve Bank Commemorative Publication 2011.

143

位，作为南非黄金和外汇储备的主要保管人，储备银行与黄金生产商的谈判能力进一步增强。根据与黄金生产商达成的协议，储备银行将购买所有金矿生产并供应的黄金。

根据 1920 年《货币和银行法》，按照银行存款一定比例计算的准备金必须由储备银行保管。这项规定赋予了储备银行作为其他银行准备金保管人的职能。自成立以来，储备银行担任南非黄金和外汇储备的主要保管人，储备银行持有这些储备，并用于南非对外交易支付。储备银行必须保持一定的最低黄金储备量，至少占其纸币和存款的 40%，剩余部分必须由商业票据和贸易票据担保。经财政部同意，储备银行也可以暂停其黄金储备支持不超过 30 天。

在储备银行成立初期，南非名义上实行金本位制，但实际上这一体系当时暂停运作。政府可以发行黄金凭证换取金条、硬币、纸币，但在金本位制暂停运作期间，黄金凭证不可兑换。根据储备银行 2011 年出版的纪念特刊[8]，储备银行在 1921 年成立之后运用货币政策管理信贷和利率，为最终回到金本位制创造了有利条件。南非在 1925 年 5 月 18 日重新恢复了金本位制，这使南非镑与英镑币值相当。同期英国在 1925 年 4 月 25 日已经恢复了金本位制。

美国以及许多其他国家在 1929 年 10 月纽约证券交易所股票价格暴跌之后进入"大萧条"时期，引发了信贷紧缩。在这些极度悲观的经济环境下，英国于 1931 年 9 月 21 日暂停了金本位制。南非也遭受了全球"大萧条"的影响，但是却决定独立于英国的决定而保留金本位制，同时保留了黄金的全部可兑换性，也没有对黄金的进出口施加限制，导致黄金大量从南非出口。围绕金本位制的争议最终发展成一个政治问题，当时的执政府支持它，反对派坚持认为金本位制应该同英镑而不是南非货币挂钩。最终，在 1932 年 12 月，随着资本外流的增加，南非政府采取临时紧急措施放弃了金本位制，但承诺纸币直到 1992 年仍然可兑换。这项维持金本位制的政策使国内的萧条更加恶化，加剧了南非的经济困难局面。

8　South African Reserve Bank Commemorative Publication 2011.

三、南非镑的没落和兰特的由来

1782 年，因为无法从荷兰获得足够的硬币来满足结算的要求，荷兰总督范普莱滕贝格（Van Plettenberg）被迫在开普历史上第一次提出发行纸币的意见。因此最早的纸币是开普币，用英式币制单位先令和便士标注面额。1825 年，英国要求所有的殖民地使用英镑作为法定货币，好望角殖民地作为当时英国在南部非洲的唯一殖民地即采用英镑作为法定货币。当时的英镑被细分为 1 英镑等于 20 先令，1 先令等于 12 便士。后来，皇家秩序委员会向英国在南部非洲的所有殖民地推广发行英镑，英国货币随之取代了荷兰货币。

在 19 世纪 30 年代，大约 12,000 名布尔人和荷兰人后裔离开了开普殖民地，搬到内陆，以逃避英国控制。他们成立了南非共和（South African Republic，ZAR）以及奥兰治自治州。在 1874 年，当时的南非共和（ZAR）政府决定第一次生产自己的硬币。总统托马斯·弗朗索瓦斯·伯格斯（Thomas Francois Burgers）运送了 300 盎司黄金到伦敦铸造货币，有 837 枚金币上刻了他的形象。这些硬币被称为"伯格斯镑"。由于比勒陀利亚地区发现了黄金，南非共和（ZAR）政府在比勒陀利亚建造了一个铸币厂，并于 1892 - 1902 年铸造并发行基于英国镑的硬币，硬币图案使用了总统保罗克鲁格的肖像。铸币厂在第二次英布战争爆发时停止了生产。1910 年，英国赢得第二次英布战争后，成立了南非联盟（Union of South Africa），合并吸收了开普敦和纳塔尔的殖民地以及两个布尔共和国，并将其置于英国治下。1923 年，比勒陀利亚的皇家铸币厂再次开始生产和发行与英国规格和面值相同的硬币。尽管英国 1931 年赋予南非独立性，但直到 1961 年南非共和国（Republic of South Africa）成立之前，南非一直采用英式币制。1961 年南非共和国成立之后，南非采用新币制。

1920 年，南非财政部发行黄金凭证。次年，储备银行成为唯一的发钞机构，并从 1923 年起发行硬币。除了英国在 1931 年放弃金本位之后的很短时期外，南非镑在整个使用期间内保持与英镑等值。当英国在 1931 年 9 月放弃金本位后，加拿大紧跟其后，因为它承受着与英国的完全相同的黄金入不敷出的压力。当时美国货币供应紧缩导致大量的金锭流入美国。南非的情况则与英国和加拿大不同，因为出口黄金到伦敦是南非矿业的主要生意。对于英国和加拿大而言，黄金流出不可接受，而南非则视黄金出口为一个有利可图行业。然而，南非继续坚持金本位制的效果也并不理想。南非镑兑英镑大幅上涨，几乎使南非的黄金出口行业瘫痪。1933年，南非放弃了金本位制，南非镑与英镑恢复平价，困局立刻得到缓解。

根据R. Hyam和P. Henshaw在其著作《狮子和跳羚：布尔战争以来的英国和南非》中所述[9]，南非联盟政府中主要由南非的白人民族主义者组成，其决心保持金本位制，除展示独立于英国的实力以外，也有其经济上的考虑。不断扩大的经济和政治危机最终迫使南非政府放弃黄金本位制，贬值本币并将当时的南非镑与英镑挂钩。南非镑在之后三十四年里依然与英镑挂钩，其中一个原因是由于南非的资本流入和农产品出口市场依赖英国，南非经济属于高度资本密集型，特别是黄金开采行业，特别依赖大量的海外直接投资，尤其从伦敦流入的资本，因此南非有很大的动机维持南非镑与英镑挂钩的汇率制度，南非白人农场主的影响力较大，为了保护农业出口收入，也不能允许南非镑持续升值；另一个原因则是英国决心维持英镑区并维持区内黄金生产的领导者地位。南非镑与英镑挂钩既有经济上的原因，也有政治和战略上的原因。

1931年，南非财政部长尼古拉斯·哈文加（Nicholaas Havenga）宣布，南非不会放弃金本位制，当时南非的白人民族主义者普遍认为，保持金本位制在道义上和经济上都是有利的。然而，南非政府后来因受到来自农业、采矿业、南非制造商的压力等因素而改变态度，最终放弃了金本位制。

南非1931年脱离英国统治，在那之后仍继续使用英式硬币。1961年，南非共和国成立，一种新的货币也随之诞生。1961年2月14日，兰特取代了南非镑作为法定货币，它以威特沃特斯兰德（Witwatersrand）命名，威特沃特斯兰德是位于南非德兰士瓦省的一个山脉，南非阿非利康语意为

---

9 The Lion and the Springbok：Britain and South Africa Since the Boer War.

"白水山脉"，在相当长时期内以提供世界 40% 的黄金产量而闻名[10]。储备银行随后发行新纸币并收回旧的镑纸币，逐渐用新纸币取代旧纸币[11]。1962 年，新成立的南非共和国建立起了自己的印钞厂。

四、兰特投放市场

1961 年 2 月 14 日，兰特取代南非镑被确定为南非官方货币，之后逐渐演变成为新兴市场流动性货币，主要交易货币对象为美元。兰特刚刚流通时，对英镑汇率为 2 兰特兑 1 英镑，或 10 先令兑 1 兰特。虽然在多变的国际环境中，兰特币值强劲，但南非的殖民色彩强烈的政治制度最终导致兰特在全球市场中失去了其原有优势。

1974 年 6 月，南非取消了盯住美元制度，引入了浮动汇率制。当时兰特兑美元的汇率是 0.87 兰特兑 1 美元。1980 年，黄金价格暴涨，大大推动了兰特币值的走强，然而当黄金价值下跌时，兰特币值也被迫随之下跌。1983 年，国际上主要银行拒绝延期已到期的对南非的国家信用额度，迫使南非外汇市场暂时关闭，政府随即决定放弃既有兰特外汇体制。

1994 年民主选举以来，种族隔离结束，南非在国际关系方面向正常化发展迈出了重要一步，但受内外社会、政治和经济的影响，兰特兑美元相当一段时间内仍延续 20 世纪 80 年代初的下跌走势[12]。

第二节　南非储备银行组织架构及职能

一、组织架构

（一）私有化性质

南非储备银行从 1921 年成立起，其股份就为私人所持有，而且自从成

10　http：//www. southcapecoins. co. za/news/the – history – of – south – african – currency/.

11　http：//www. resbank. co. za/BanknotesandCoin/SouthAfricanCurrency/BankNotes/Pages/HistoryofSouthAfricanbanknotes1782To1920. aspx.

12　A History of South Africa's Currency by Quinton Bronkhorst，September 23，2012.

立以来，其股份结构并未作出改变。

19 世纪，当时全世界大多数中央银行都是私有的。然而，自 20 世纪 30 年代以来，情况发生了很大变化。"大萧条"以后，自 1935 年新西兰中央银行和 1936 年丹麦中央银行国有化始，为数众多的工业国家中央银行国有化成为一股风潮。

储备银行和现今少数其他中央银行（比利时、希腊、意大利、日本、瑞士、土耳其和美国的中央银行）一样，由私人而非国家政府拥有股权。

储备银行一共发行 200 万股，目前有 660 多名股东，每个私人股东最多拥有 1 万股，每股红利不超过 0.1 兰特（一般固定为 0.1 兰特），正常情况下每年派发 20 万兰特的红利，剩余盈利上交南非政府。因为南非修订了证券交易所上市规定，使其继续上市成为不可能，其股份于 2002 年 5 月 2 日从约翰内斯堡证券交易所退市。自从退市以来，其股票主要是在柜台交易。相关法案中除了规定任何个人股东拥有最多股份限制的规定外，对股份持有没有其他限制。

储备银行每年在比勒陀利亚的总部大楼举行一次普通股东大会。在股东大会上，行长作为主席，就涉及经济形势、货币政策和中央银行业务等事项发表年度讲话，这些都会被媒体广泛报道。在股东大会上，管理层会提交一份关于储备银行业务、财务状况以及对货币政策的讨论[13]等内容的综合性年度报告，供股东批准。

储备银行是否应由私有化性质该转变为国有化，争议由来已久。Pierre de Vos 认为[14]，虽然储备银行拥有私人股东，但是董事会 14 名成员中有包括行长在内的 7 名成员由总统任命，另外 7 名成员由股东选举产生，但行长对董事会有决定性投票权，股东不能免除行长或董事会其他成员职务，因此实际上私人股东对该行的运作没有任何实质性影响，对于储备银行日常运作，私人股东基本上不拥有话语权。根据 Pierre de Vos

---

13　https：//www.resbank.co.za/AboutUs/History/Background/Pages/OwnershipOfTheSouthAfricanBank.aspx.

14　http：//constitutionallyspeaking.co.za/nationalisation－of－the－reserve－bank/.

的观点，只要股东获得足够的补偿，可以在不违反宪法的情况下修改储备银行股权结构，这对于储备银行的运作不会产生什么特别影响，因为储备银行的独立性是宪法给予保障的。2017 年，南非国会也接到建议政府全面收购储备银行并进行国有化的调研报告。不过储备银行现任行长坎亚古则表示，不赞同储备银行国有化的意见，因为这将是耗费财力又劳而无功的。

（二）内部管理架构

为履行其职责，南非储备银行已建立和维持一个充分和有效的内部控制制度，并确保其被遵守。该内部控制系统基于中央银行内部的政策流程，旨在为财务和管理信息的完整性和可靠性提供足够保证。相关政策流程由受过训练的熟练工作人员负责执行，职责明确。储备银行致力于实行良好治理准则，以在最大程度上符合国内立法的规定和公司治理报告准则（King Ⅲ）的要求[15]。

南非储备银行由 14 名董事组成的董事会来管理，行长、3 名副行长（任期 5 年）以及其中的 3 名董事（任期 3 年）由总统在咨询财政部长及董事会意见的基础上任命，其他 7 名董事由股东选举产生（分别来自商业、金融、工业及农业等部门）。

南非储备银行总部设在比勒陀利亚，由银行监管部、业务系统和科技部、公司服务部、货币管理部、执行管理部、金融市场部、金融服务部、金融稳定部、人力资源部、内部审计部、法律服务部、国家支付系统部、经济研究和统计部、风险管理和合规部等 19 个部门组成，还设有一家培训学校。另外，南非储备银行在开普敦、布隆方丹等地设有主要负责货币发行和管理的 7 家分支机构，并拥有 2 家附属公司——南非铸币公司和南非印钞厂。

储备银行董事会定期开会，以确保执行管理层正确履职。董事会接受和审议来自非执行董事担任主席的各个董事会委员会的报告，以及负责日

15　https：//www.resbank.co.za/AboutUs/RiskManagement/Pages/RiskManagementGovernance-Structure.aspx.

常管理的行长执行委员会的报告[16]。各委员会基本情况如下。

1. 非执行董事委员会

非执行董事委员会由非执行董事组成，主要职能是协助董事会履行法定义务和责任，以及加强公司治理。

2. 审计委员会

审计委员会是董事会的一个下属委员会，负责审查财务报表和基本会计政策、管理信息的有效性，以及履行其他内部控制系统和内部审计功能，外部审计师和内部审计师可以不受任何限制地直接向该委员会主席汇报。

3. 薪酬委员会

薪酬委员会也是董事会的一个下属委员会，负责审查人力资源事务和薪酬事务及政策。

4. 风险委员会

风险委员会也是董事会一下属委员会，负责审查适用于中央银行业务的风险管理程序，并针对内部审计师和外部审计师应当审查的领域提出建议。

5. 行长执行委员会（GEC）

行长和副行长以执行董事的身份，负责央行的日常管理和政策决定（为非执行董事所负责的职责除外），同时负责审议政策问题（货币政策除外）和其他执行管理事项。

6. 行长协调委员会

行长协调委员会每月召开一次会议，以确保行政和部门管理层之间的适当协调。委员会包括行长、副行长、行长顾问和部门主管。

南非储备银行对风险管理特别重视，董事会负责监督整个风险管理过程。董事会下属风险委员会负责协助董事会确保风险管理有效。行长执行委员会（GEC）对央行的风险管理负有全面执行责任，向董事会负责。行长执行委员会中的风险管理委员，协助GEC对储备银行的风险管理承担执

16　South African Reserve Bank Commemorative Publication 2011.

行责任。

储备银行风险管理架构如图 4.1 所示。

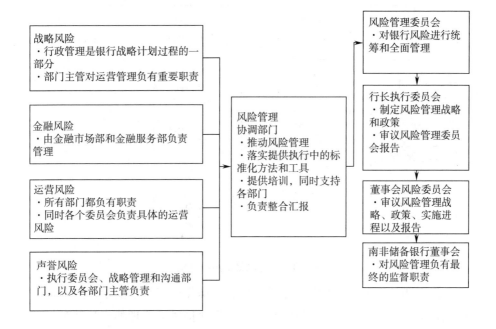

图 4.1　储备银行风险管理架构

（三）监管部内部组织架构

作为储备银行的核心部门之一，银行监管部（BSD）充分致力于实现其促进国内银行体系健全和促进金融稳定的使命。BSD 内的各个部门执行诸如研究和收集信息等功能，研究本国和国际金融稳定领域的新问题，并在每半年一次的"金融稳定性评估"中汇总和提出调查结果，以监督南非银行业，避免可能发生的重大风险。审查小组对银行和/或银行部门进行具体审查，以评估其是否遵守《1990 年银行法》、与银行有关的条例和其他相关立法，如 2001 年《金融情报中心法》。

储备银行 2015 年年度报告显示了银行监管部的组织结构，如图 4.2 所示[17]。

17　https：//www.resbank.co.za/ABOUTUS/DEPARTMENTS/Pages/BankSupervision.aspx.

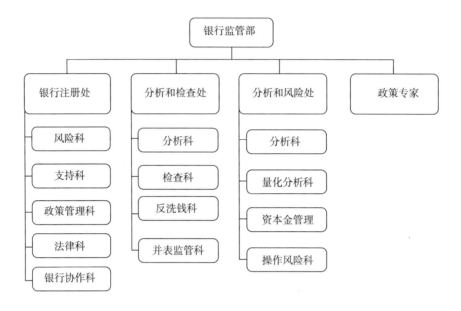

图 4.2　银行监管部组织结构

　　分析部门分析银行的财务和风险信息，确保遵守审慎要求，并验证银行是否遵守监管资本要求，风险和数量专家评估风险管理的充分性和是否切实遵守《1990 年银行法》，评估第一支柱类风险，即信用风险、市场风险和操作风险敞口所对应的最低资本要求，以及银行应用高级模型来计算出的监管资本要求。

　　资本管理部审查银行的内部资本充足评估流程（ICAAP），并将结果提供给其他风险部门分析，还对银行是否遵守最低监管披露要求作出评估。而合作银行部门则根据《2007 年合作银行法》和关于合作银行的条例注册、注销和监督合作银行。

　　法规部门提供法律管理服务（如潜在银行的处理申请），并合理响应未注册人士和机构的活动（如非法存款），政策和监管专家部门确保监管及其法律框架适用于银行和银行集团，并与国内外的其他监管当局相协调，保持监管政策与行动的对内和对外协调。

二、储备银行的职能

　　储备银行在管理南非货币和银行系统方面发挥了许多关键作用。其职能主要包括[18]：发行的银行，银行的银行，政府的银行，制定和实施货币政策，监督银行体系，确保国家支付系统（NPS）有效运行，管理官方外汇储备。

（一）发行的银行

储备银行是南非唯一拥有制造、发行和销毁钞票和硬币的权力的机构。1989年第90号《储备银行法》规定了储备银行对货币的发行和管理权。货币管理包括钞票和硬币的发行和质量管理。南非铸币公司（SA Mint）是储备银行的子公司，代表储备银行铸造所有硬币。储备银行的另一家子公司南非印钞厂代表储备银行印制所有纸币[19]。

储备银行负责批量发行纸币和硬币，以确保满足流通和公众使用之需。为了履行这一职能，储备银行设有七个分支机构（分别位于布隆方丹，开普敦，德班，东伦敦，约翰内斯堡，伊丽莎白港和比勒陀利亚北部）。这些分支机构负责确保足够的优质纸币供应，以满足公众的需求，并回笼污损纸币。分支机构还负责残损纸币的兑换和处理。

南非共有五种面额钞票，即10兰特、20兰特、50兰特、100兰特和200兰特。在南非的各系列钞票上，南非国徽显著地用于所有面额的前左上角，它也可以在背面的彩虹色带中看到，并且作为50兰特，100兰特和200兰特纸币的安全线中的全息图像[20]。南非钞票具有最先进的安全功能，因而能被视为世界上最安全的货币之一，储备银行对此感到十分自豪。根据1989年《储备银行法》，复制或伪造任何南非钞票或硬币都是违法的。由于假钞可能导致公众对南非货币的信心受损，并导致储备银行面临声誉风险，因此储备银行对打击假钞特别重视，它与各分支机构、警察局和商业银行一起联手打击假钞，也动员公众共同打击假钞。

南非政府已授予储备银行在本国发行钞票和硬币的唯一权力，储备银行每年计算该国的新钞票和硬币需求。然而，所有新设计的钞票和硬币还

18　http：//www. resbank. co. za/internet/Glossary. nsf/0/357a1facec41261442256b430031b241？OpenDocument.

19　https：//www. resbank. co. za/BANKNOTESANDCOIN/Pages/BanknotesAndCoin - Home. aspx.

20　https：//www. resbank. co. za/AboutUs/PublicAwareness/Documents/A5% 20all% 20banknotes% 20poster. pdf.

153

须事先得到政府批准才能投入流通。政府还可根据储备银行的建议，决定推出或取消某种面额的钞币。储备银行必须确保有足够的新钞票和硬币可用于替换流通中的残损旧钞币。流通中的纸币和硬币的价值量可经储备银行的资产和负债表反映出来。

根据《储备银行法》第 14 节，为保证流通纸币质量，储备银行对货币发行实行两个指导原则。第一，储备银行分行发行的旧钞必须是 ATM 能够接收、识别和处理的。第二，所用纸币能为商业银行柜员所接受。为了管理流通中的纸币的质量，存放在储备银行分支行处的所有纸币都须经过电子钞票处理机进行处理。储备银行确保全国的钞票和硬币的可用性和充足性。储备银行还向公众提供残损纸币硬币兑换服务。不适于流通的残损旧钞币将在存入储备银行后退出流通。

（二）银行的银行

储备银行还是其他银行持有的法定准备金和超额准备金的保管人，有权调整银行需要持有的最低法定准备金要求，并可以使用此类措施来影响银行的流动性和流通中货币量，同时对商业银行发放贷款，充当"最后贷款人"。

"最后贷款人职责"即储备银行在特定情况下，针对流动性短缺的银行，提供流动性支持。这个职能意味着向面临流动性问题的银行提供援助，目的是防止接受援助的银行破产，防止问题传播到其他银行，但须先对银行所面临的问题及其产生的原因进行全面分析。

当一家银行遇到经济困难时，储备银行确定其是否具有流动性或存在偿付能力问题。如果该银行的流动性短缺属于临时性质，并且不影响其偿付能力，那么，为了银行体系的稳定性，储备银行会向该银行提供临时流动性支持并采取相关行动。行动的具体类型因具体情况而异，包括在例行或特别审慎会议上与银行高级管理层讨论关注领域，正式制裁和罚款，禁止进一步扩大活动以及增加资本要求，最终的制裁是取消银行牌照。如果该银行的问题可能带来系统性风险，储备银行将通过向该银行提供"最后贷款人支持"，来防范该风险。当然，这种支持不是随机提供给任何一家遭遇困难的银行，而是适用于银行遇到流动性短缺和其违约将严重威胁整个金融体系的情况。

储备银行的紧急流动性救助（Emergency Liquidity Assistance，ELA）政策是针对当地注册的机构提供流动性，这些机构的失败可能会产生系统性风险。通常情况下，储备银行一般不向外国银行在南非的分支机构提供ELA。这是因为外国分行的流动性一般与母银行的流动性高度相关，如有必要，应该由母公司所属国家提供ELA支持以使在南非的分支机构能够履行其义务。如果母公司做不到这一点，则只能关闭其分支机构在南非的业务。在这种情况下，特别委员会将考虑是否行使《1990年银行法》第69条所赋予的权力，任命一位监护人接管南非分支机构的业务和资产。

在三种情况下，储备银行可能向有资金问题的外国银行分支机构提供援助。

首先，为了在特殊情况下提供流动性支持，特别委员会可能接受具有同等地位的外国抵押品，如经济合作与发展组织（OECD）大多数成员国的中央政府票据，以便于向在南非经营的外国银行的分支机构提供流动性。

其次，如果市场上没有合适的交易对手，储备银行可能将外国银行的分支机构所持有的南非兰特兑换成美元。

最后，在分支机构从其母公司收到资金之前，储备银行可以在有担保的基础上向分支机构提供紧急搭桥资金支持，前提是储备银行确信这些资金将确能从母公司那里收回，且母国监管机构为此提供保证。

存款保险制度是当银行出现财务危机时保证储户可以获得相当于存款一定比例的赔偿的安排。南非未实施存款保险制度，为了降低储户对存款担心导致的负面影响，南非储备银行赞同银行出现危机时应该获得特殊救助，但其目标并不是支持和保护"大而不倒"，而是当银行因出现财务危机而倒闭时，应提高善后处理水平，尽可能保障存款人的利益，以维护投资者对银行的信心。如果银行必须退出市场，须确保对市场造成的影响最小。实际上，出现临时流动性问题的银行，只要具备偿债能力，是可以获得帮助的。然而，无力偿债的银行则不能继续经营，因为此类银行的财务状况可能会很快恶化，应该以有序快速地从市场退出，从而尽可能减少存款人的损失，并且公众对银行系统的信心造成最小的影响[21]。

（三）政府的银行

南非储备银行向中央政府提供银行服务，如通过国家支付系统（NPS）与商业银行之间进行资金转移来实现收入和支付，这样的操作对银行流动性变化会产生影响，因而还可作为中央银行货币政策工具使用，有时须与其他货币政策工具搭配使用。

储备银行还通过使用网上银行、电子资金转账（EFT）和代码行结算（CLC）支票等工具协助政府进行各种支付，使其能够支付债权人、工作人员薪金和相关费用。其他职能还包括，协助政府与商业银行联络，管理与政府支票和电子转账有关的中止付款，以及向持有商业银行账户的政府部门提供现金管理服务[22]。

作为政府的银行，储备银行向中央政府提供银行服务，在政府开始在其他商业银行开立账户后，这一职能有所削弱。

虽然储备银行并不向省政府、地方政府和国有企业提供银行服务，但其负责政府资金在不同银行账户之间的划转。这样的资金流动会影响各家银行持有的现金量，通过这种手段，中央银行也可对各家银行的流动性施加控制。

财政部长已向央行行长、副行长、国库总经理（及部门内官员）进行国库管理授权，他们将在外汇管理条例的要求下行使相关职能并承担相应责任，从而使央行能够为中央政府提供银行服务，并提供必要的架构确保商业银行之间通过国家支付系统进行的资金流动能够有效进行[23]。这种资金流动对于银行持有的现金头寸有相当大的影响，这也成为中央银行调节银行系统流动性的有效手段。储备银行还为政府进行现金管理提供其他可能的便利[24]。

（四）制定和实施货币政策

南非的货币政策的制定和实施由作为中央银行的储备银行承担。储备

---

21 South African Reserve Bank Commemorative Publication 2011.

22 South African Reserve Bank Commemorative Publication 2011.

23 https：//www. resbank. co. za/AboutUs/Functions/Pages/Banker – to – Government. aspx.

24 South African Reserve Bank Commemorative Publication 2011.

银行将货币政策定义为：货币当局为了实现稳定的价格，充分就业和经济增长而影响货币数量或利率的措施[25]。

南非货币当局选择通货膨胀目标制作为该国的货币政策框架。货币政策决策权属储备银行货币政策委员会（MPC），金融市场部负责实施货币政策。储备银行选择了传统的准备金制度作为其货币政策执行框架。在这个框架中，储备银行通过收取银行的准备金，对流动性需求或货币市场结构性短缺进行调节。

在货币政策工具方面，储备银行使用各种手段来影响南非的货币数量或利率。与前几十年采取的直接措施相反，当今的重点是以市场为导向的政策措施，旨在指导或鼓励金融机构在自愿的基础上采取某些行动。换句话说，政府或储备银行创造激励措施，鼓励金融机构、企业和居民沿着其所期望的方向行动，从而影响相应的金融变量。货币当局通过在金融市场上的买卖活动或通过改变准备提供信贷的条件来创造这种激励。回购利率是重要的政策工具。回购利率是储备银行向银行部门提供支持的利率，因此代表银行部门的信贷成本。当回购利率发生变化时，银行提供的透支和其他贷款的利率也会发生变化。这样，储备银行间接影响了市场利率。具体来说，银行间拆借利率与央行回购利率保持一定价差，当央行回购利率改变时，银行间拆借利率随之作出相应调整。银行间拆借利率与央行回购利率间的价差有一段时间曾达到3.5%。这种挂钩机制直接控制银行向市场放款的利率水平，从而影响市场总体利率水平，进一步影响到其他经济总量指标，如货币供应总量、银行放贷规模以及通货膨胀水平。

除了主要回购工具外，储备银行还为商业银行提供了一系列日终结算便利，用于账户上的每日头寸结算。

储备银行同时还开展一系列公开市场操作，以管理市场的流动性，以实施储备银行的货币政策立场，具体操作包括发行中央银行票据、公开市

25　http：//www. resbank. co. za/internet/Glossary. nsf/0/357a1facec41261442256b430031b241？OpenDocument.

场操作以及在外汇市场进行货币互换[26]等。公开市场操作发挥作用的原理是利率和债券价格之间的反比关系。当储备银行希望增加货币数量时，它在公开市场上购买政府证券，为吸引市场参与者出售证券，必须提高债券买入价格，利率就相应降低；当储备银行希望减少货币供应量时，它将进行反向操作，即以比执行价格更便宜的价格出售债券，从而提高实际利率[27]。

（五）监督银行体系

储备银行的职能之一是监管南非银行系统，维持一个高效和健全的银行系统，以维护存款者和整个经济的利益[28]。大多数国家通过设立自己的监管当局对银行进行监督与管理。监管原理大体一致，不同的是每个监管当局的管理深度、与其他金融管理当局的分工合作和监管方法。南非设有完整的银行法律法规框架，储备银行以及其他监管当局负责南非银行业的监管。储备银行对"管制"和"监督"两大功能作出了明确定义："管制"指基于审慎原则和惯例而创设并维护的管理持牌银行的制度框架；"监督"指监控银行的内控系统、业务和财务状况以确保银行处于审慎经营的界限之内的行动过程[29]。经法律授权，储备银行向银行颁发银行牌照，并根据《1990 年银行法》（1990 年第 94 号）或《1993 年互助银行法》（1993 年第 124 号）及有关规定监管银行行为。

《1990 年银行法》及其相关条例详细规定了申请建立银行的要求。银行体系在南非整体经济中扮演着举足轻重的角色，银行的稳定与否非常重要，因此，任何新设银行申请都必须满足严格的准入条件，并符合监管标准。按照相关规定准备完整、全面符合监管要求的申请，完成全部筹备工作，以及精心策划和认真执行，这些通常需要咨询该领域的专业人士。申

26　https：//www.resbank.co.za/MonetaryPolicy/MonetaryPolicyOperations/Pages/MonetaryPolicy-Operations – Home.aspx.

27　http：//www.resbank.co.za/internet/Glossary.nsf/0/357a1facec41261442256b430031b241？OpenDocument.

28　https：//www.resbank.co.za/AboutUs/Documents/The% 20Bank% 20supervision% 20Department.pdf.

29　https：//www.resbank.co.za/Lists/News% 20and% 20Publications/Attachments/4014/Chapter% 204.pdf.

请的审批过程不仅包括对金融项目申请等方面的分析，还需要咨询其他监管当局的意见。

同时，储备银行还对南非金融体系定性和效率进行连续评估。储备银行主要依靠市场力量来稳定金融体系，并努力将所有干预降低到最低水平。同时，金融体系的稳定性无法依靠一家银行单独实现，而须依赖所有金融系统参与者的共同行动，储备银行须掌握整个金融体系的动态信息并确保整个金融体系稳健运行。由于金融部门之间存在固有的不平衡，金融系统可能是脆弱的，这种脆弱性难以通过对个别机构的监督进行识别和确认。为此，储备银行还越来越重视金融稳定的宏观审慎监管，并与国家财政部和其他监管机构（如金融服务委员会）联手进行监管行动规划和协调，以减轻金融危机对实体经济的影响，包括制定和维持一整套的政策流程，以及协调系统危机和解决危机的应急规划。

作为储备银行的核心部门之一，银行监管部（BSD）致力于促进国内银行体系健全，维护金融稳定[30]。为了及时了解有关银行监管的最新发展，银行监管部还积极参加各种国际论坛，如巴塞尔银行监管委员会（BCBS）及下属机构的论坛，二十国集团（G20）财长和央行行长会议和金融稳定委员会论坛。

储备银行对于南非银行部门监管的法律框架包括三个层次。

第一层次：《1990年银行法》（1990年第94号），《1993年互助银行法》（1993年第124号法）和《2007年合作银行法》（2007年第40号法）。

第二层次：与银行有关的规定，与合作银行有关的规例及与银行有关的规例。

第三层次：根据《1990年银行法》，《1993年合作银行法》和《2007年互助银行法》发布的指令、通函和指导说明。

30　https：//www. resbank. co. za/RegulationAndSupervision/BankSupervision/Pages/BankSupervision - Home. aspx.

银行监管部对国内银行系统的监管还适用以下法律[31]：1989 年《储备银行法》（1989 年第 90 号法），2001 年《金融情报中心法》（2001 年第 38 号法），2008 年《公司法》（2008 年第 71 号法），以及 2010 年《邮政银行有限法案》（2010 年第 9 号法）。

2017 年 8 月 21 日，南非总统祖马签署了《金融行业监管法案》，但尚未公布新法案的生效日期。该法案为南非金融服务业即将采用的新"双峰"监管模式提供了架构，是南非金融服务业进行彻底监管改革的第一步。《金融行业监管法案》将创建两个全新的监管机构——审慎监管局和金融业行为监管局，分别负责规范银行及非银行金融机构的审慎性、金融消费者的市场行为和公平对待。现行金融服务法规继续有效，但也会根据现实需要逐步作出调整。

银行监管部的一个重要职能是颁发银行执照。在法律上，任何机构必须得到储备银行注册办公室的明确授权，否则，均不得接受公众存款或作为银行开展经营活动。银行执照的申请过程严格，必须满足以下四个主要标准。

第一，鉴于预期业务的性质和风险，申请方的资本必须充足，以保护存款人免受损失；

第二，管理制度完善，有足够的竞争力，诚实可信；

第三，业务计划切实可行，经营可持续；

第四，符合公共利益。

银行监管的另一个职能是审慎监管银行。由于监督者无法直接管理全部监管对象，所以主要通过在风险管理的过程中推进良好风险管理实践，良好风险管理实践的主要参与者包括银行股东和董事会、管理层、内部审计师和外部审计师，公众和监督者。

银行监管同时采用定性评估和定量分析两种方法。定性的监管工作主要在银行进行，包括评估银行的公司治理和内部控制系统的充分性和有效性。考虑到银行系统的每日交易量巨大，监管主要依赖自动化监控系统，

31　https：//www. resbank. co. za/regulationandsupervision/Pages/RegulationAndSupervision－Home. aspx.

以确保良好的风险管理原则作用于整个银行体系。现场工作旨在对银行风险管理和控制是否充分形成意见。对银行风险状况和财务状况的定量分析和详细评估则委托给银行的外部审计师完成，银行每月依法向外部审计师提供完整的数据，银行的外部审计师确认数据无误后以电子方式输入数据库，然后通过各种技术（如比率分析，时间序列分析，同行和部门比较以及图形分析）进行分析，最终生成分析报告。这一分析还需使用来自其他信息源的相关信息，例如公布的年度财务报表、媒体和评级机构的评价。

相关监管人员须针对任何偏离预期的情况开展现场讨论。除了分析师与其负责的银行之间频繁的非正式联系外，正式的互动至少包括：与每家银行的执行管理层和各种风险管理人员召开季度审慎会议；与每家银行的外部审计师召开审计前的计划会议；与银行的管理层和审计师召开年度三边讨论；以及向银行整个董事会提交年度报告[32]。

南非储备银行对商业银行的反洗钱工作要求甚高，对经确认有严重问题的机构处罚力度颇大，可以对其罚款乃至要求其停业。

就南非的外国银行而言，无论它们是外国母公司的子公司还是分支机构，都必须遵守与国内银行相同的许可和审慎监管标准。

由于南非银行也在外国经营，银行监管部按照巴塞尔银行监管委员会制定的标准致力于对银行集团及其跨境机构进行综合监管，旨在确保银行的跨境业务能够由本国和东道国的监管机构有效监督，并且这些当局之间能够进行充分的信息流通。

（六）确保国家支付和清算系统有效运行

国家支付系统是客户、企业和其他机构通过在银行开立的账户划转资金所涉及的一系列的工具、流程和相关规则，它能方便交易双方有效地交换信息并以此促成交易。南非国家支付系统（NPS）不但涵盖了银行间的清算（支票、电子支付、卡支付）系统，还包括了整个清算流程，包括从一个终端用户发起一笔付款交易到最终银行之间进行清算涉及的全部系统、运行机制、参与机构、协议、流程、交易规则及相关法律等。国家支

32　https：//www.resbank.co.za/AboutUs/Documents/The% 20Bank% 20supervision% 20Department.pdf.

付系统由储备银行负责运营、管理和监督，它的运营也为储备银行履行中央职能提供了支持。

储备银行在其关于《南非国家支付系统 1995－2005》文件中，介绍了该支付系统的建立背景[33]。自 20 世纪 80 年代末，由支付相关的活动引发的结算风险日益受到各国中央银行的关注，中央银行行长们意识到对支付系统进行监管的必要性，并一致决定建立特别委员会，对已发现的各种问题进行进行调查研究。自此，国际清算银行成立了支付结算系统委员会，各中央银行也越来越关注支付系统的运行及其相伴的信用风险和流动性风险。随着南非在 20 世纪 90 年代初重返世界经济舞台，其国内的支付结算系统及风险管理自然也要与国际的先进做法接轨。1994 年 2 月，南非银行业普遍呼吁储备银行牵头进行国内支付系统升级。于是，国家支付系统建设自 1994 年 4 月开始启动，最终在储备银行及各银行的共同努力下顺利建成，系统启动之初就明确要制定支付系统现代化发展的长期战略。储备银行于 1995 年发布了《南非国家支付系统框架和策略》（蓝皮书），蓝皮书涵盖了国家支付系统到 2004 年的规划和战略。2003 年末，蓝皮书中的战略的评估得以完成，评估显示，蓝皮书中所有主要的支付系统的战略规划都实现了。国内支付系统运行良好，国内实时支付系统上线运行，法律框架实施到位，各种国内风险降低措施有效实施。

南非在法律上赋予储备银行监督国家支付系统安全有效运行的使命，具体则由储备银行国家支付系统部负责管理和监督国家支付系统（NPS）运营（该系统提供了直接付款和延迟付款功能），以确保整个支付系统的有效性和完整性。

人们通常称支付系统的功能为清算和结算。按照南非储备银行的定义，"清算"指付出款项的银行和接收款项的银行交换支付指令的过程。"结算"指两方之间或多方之间的资金或证券的划转。支付系统的核心是储备银行拥有并负责运营和管理的多功能清算系统（SAMOS），它是一个实时大额结算系统，负责处理全部金融市场交易、银行间业务以及与国际

33　https：//www. resbank. co. za/RegulationAndSupervision/NationalPaymentSystem（NPS）/Documents/Overview/NPS95to05. pdf.

银行间的外汇交易的兰特结算，同时储备银行还通过该系统对由非现金支付（例如支票）产生的同业债务进行实时结算。储备银行通过适时引入"结算风险降低措施"来保证支付系统的安全性和稳健性。只有在南非注册的银行才参有资格参加该系统，参加者必须满足储备银行对于流动性、信息和通信系统（包括安全系统）技术的要求，并严格遵守其他银行监管制度和相关法律，以确保结算系统乃至整个金融体系的安全高效运行。以SAMOS为核心国家支付系统提供以下服务[34]：发行支付工具、处理支付相关指令、向第三人提供支付服务，以及清算和结算。随着国家支付系统的启用，南非国民可以选择使用现金、支票、借记卡、贷记卡、电子转账等结算工具来完成债务偿还、商品和服务的购买，进行金融投资和资金划转。非现金支付工具为资金从付款人的付款行到受益人的收款行的转移提供了便利，相关金融机构需要以自己的名义或以客户的名义进行资金划转。SAMOS自启动以来，运行良好，业务量稳步增长，近年来完成的结算情况见表 4.1。

表 4.1　SAMOS 近来结算情况

	2009/2010 年度至 2015/2016 年度增长率（%）	2015/2016 年度月均结算量（亿兰特）
大额实时	69.7	94, 708
贷记驱动电子支付	82.1	6, 693
借记驱动电子支付	35.5	563
银行卡	261.2	772
支票	−84.0	126
自动柜员机	116.0	144
AEDO	141.6	9

34　http：//www. treasury. gov. za/coopbank/Conferences/CFI% 20Indaba% 2016% 20 − % 2019% 20October% 202012/Access% 20to% 20the% 20National% 20Payment% 20System _ Masela _ SARB. pdf.

续表

	2009/2010 年度至 2015/2016 年度 增长率（%）	2015/2016 年度月均 结算量（亿兰特）
NAEDO	207.0	82
实时清算	661.5	175
总结算量	69.2	103,272

注：大额实时结算指银行间大金额小笔数实时不可撤销支付；贷记驱动电子支付是凭付款人在既有账户存款总额之内发出的支付指令驱动的支付安排，主要用于单位向员工发放工资；借记驱动电子支付则凭用户的借记指令驱动支付程序，主要用于商家收款；银行卡包括借记卡、信用卡等卡类支付工具；AEDO 指 2006 年上线的须认证借记指令收款系统，需要付款人凭卡片和密码进行认证；NAEAO 指无须验证的借记指令收款系统；实时清算指 2007 年上线的旨在帮助客户进行快速便捷付款的清算系统，收款人可通过该系统在支付指令生效后 60 秒内收到款项。

资料来源：南非储备银行国家支付系统部《2015/2016 国家支付系统报告》。

本来，根据国家支付系统法案，只有银行才能参与清算，但是随着支付系统的发展，非银行机构也被允许参与付款的清算。

国家支付系统中进行的清算业务按参加者的角色和功能可分为以下几种。

（1）直接清算。提供全部或部分付款服务并凭自身能力参与支付清算。

（2）协办清算。在某一特定清算业务中，协办行凭借双方签订的协议协助清算发起行提供付款服务，根据协议清算发起行在清算过程中与支付清算所之间的结算由协办行代为完成。

（3）指导清算。一家新加入的银行作为直接清算者参与到清算交易中，需要由按照合同约定的另一家直接清算行对其进行指导，并在其遇到因经验或技术不足而出现问题时向其提供帮助。

（4）代理清算。只有直接清算行能够与其他清算银行签订代理协议并通过银行信用转移的方式为其客户提供清算服务。通过代理清算，其他清算银行的客户就可以将存款和资金划转至该行，其前提是要有南非清算协会认可的清算协议。

（5）技术外包。在支付清算流程中的任意或全部环节，每家参与行都可以向其他参与行提供完成付款或结算的操作业务。当然，这个过程中清算和结算的主体不会发生改变。

除清算银行以外，支付系统还有清算所（向两个或两个以上的系统参加者提供清算服务的机构）、系统运营商（为清算系统参加者提供收付指令的传递等服务）、第三方支付提供商（提供代一个受益者向多家付款者收款或代一个付款者向多个受益者付款等支付服务）等参加者。

（七）管理黄金和外汇储备

按照《储备银行法》（1989 年第 90 号），储备银行作为中央银行行使其管理官方黄金和其他外汇储备的职能。储备银行在确保政府有能力偿还外债，保证货币市场信心，维护金融稳定，制定外汇政策，保护南非经济稳定，应对外部冲击等方面发挥着重要作用。储备银行金融市场部负责管理官方储备，该部门具体负责执行货币政策，向储备银行的客户提供资金服务。

在储备银行关于黄金和外汇储备管理简报中，对储备管理的表述为管理政府资产，用于提供可用资金、进行审慎风险管理，获得合理回报的过程[35]。储备银行对官方储备的管理在由行长执行委员会通过的投资政策框架下进行。简报同时指出，储备银行对于官方储备管理的审慎管理原则体现在对于潜在投资产品的深入了解，对于资产未来价值的估算以及对于由资产分配带来的不可避免的风险的全面研究。从事储备资产管理的投资经理须全面了解世界公认的风险管理原则及实务，并且很好地理解全球经济发展对相关交易风险（或回报）产生的影响。

储备银行的投资经理主要从事固定收益的投资管理，他们对于固定收益投资组合管理的主要职责包括[36]：研究分析，投资战略制定，投资组合构建及交易执行，投资组合风险管理，实施战略资产配置方案，以及汇报储备管理的相关活动等。

---

[35]　https：//www. resbank. co. za/Lists/News% 20and% 20Publications/Attachments/5009/Fact% 20Sheet% 205. pdf.

[36]　https：//www. resbank. co. za/Lists/News% 20and% 20Publications/Attachments/5009/Fact% 20Sheet% 205. pdf.

　　储备银行在 2016 年《关于官方黄金和外汇储备管理投资政策的规定》
中，对官方储备管理进行了详细描述。行长执行委员会根据投资政策规
定、战略资产配置方案和一系列相关文件，决定官方储备投资参数，并将
监管投资过程的权力授权给储备管理委员会。根据规定，金融市场部在副
行长的管理下，负责按照投资政策、战略资产配置方案、投资指引和行长
执行委员会及储备管理委员会制定的标准管理官方储备。

　　金融市场部同时负责确保内部控制的有效性，并建立好组织架构，以
保证官方储备的管理符合投资政策及投资指引中规定的有效且审慎的原
则。按照上述政策及相关汇报制度要求，金融市场部必须向储备管理委员
会上报月度及季度风险报告、向储备银行风险管理委员会上报季度风险报
告，还应向行长执行委员会上报季度投资组合运营报告、向董事会上报储
备管理活动正式年报。金融市场部应在每月的第五个工作日，通过储备银
行网站发布上月官方黄金及外汇储备报表。

　　储备银行的简报还指出了储备银行管理黄金和外汇储备的投资目标[37]。
其中详述了储备银行的储备投资政策中的投资策略和操作框架，确定了相
关标准以及储备管理的目标。官方储备管理在央行的风险承受能力内，通
过战略资产配置得以实施。战略资产配置方案明确了储备管理的战略基
准，以及储备的目标持续期。

　　储备银行储备管理投资目标的优先次序如下[38]。（1）资本保全。资产
的安全是投资的首要目标。要在适合的风险约束下，采取以保留资本为前
提的投资组合策略进行投资。（2）流动性。投资管理要确保有足够的储备
应对到期债务。为保证足够的流动性，储备应主要投向于发达二级市场的
债券。（3）回报性。在保证上述资产保全及流动性目标的前提下，官方储
备应投资于收益率具有市场竞争力的产品。

　　考虑到这些目标，储备银行将其外汇储备分为三个部分：流动部分；
缓冲部分和投资部分。流动部分的目的是为日常营运需求提供相对的流动

　　37　https://www.resbank.co.za/Lists/News%20and%20Publications/Attachments/5009/Fact%
20Sheet%205.pdf.

　　38　South African Reserve Bank Commemorative Publication 2011.

性；缓冲部分会在在必要时补充流动部分和投资部分，并可视为担当了持有预防性缓冲的职责；投资部分着重于提高在特定和谨慎的风险偏好的框架内的回报。储备银行的风险承受力由行长执行委员会批准。

储备银行绝大多数的外汇储备以高流动性形式存在，如存款，或高质量的并易于在国际金融市场上销售的证券。与其他中央银行类似，储备银行的外汇储备投资组合维持着一个以主要国际货币计价的一系列合格证券为主的保守形式。作为其储备投资组合的一部分，储备银行还持有黄金和金币。这些资产往往是被动持有的，而不是为获得回报来积极管理的。

小部分的外汇储备委托给由部基金经理所管理，当然也须接受储备银行的严格指导和监督。外部基金管理方案是在 20 世纪 90 年代末开始实施的，主要是通过技术和技术转让来加强储备银行的储备管理能力，并追求更好的回报。

南非储备银行 1994 年外汇储备水平总量很低，后来储备银行为干预汇率而在远期外汇市场上形成了超卖，从而形成负的净外汇头寸敞口[39]，这一敞口最高时于 1998 年达到 230 亿美元，2003 年储备银行管理的净外汇头寸敞口由负转正，2011 年 5 月底，南非外汇储备超过了 500 亿美元[40]。

随着时间的推移，随着储备量的增加，储备银行管理的重点逐渐转向了对这些储备进行更积极的管理。由于管理越来越复杂，储备银行将部分储备委托给外部经理来管理。通过其外部基金经理，储备银行开始对外汇储备的投资过程和投资组合结构进行了自上而下的审查，并开展了对其详细的分析，以确定适当的战略资产配置。此外，储备银行不断调整其储备和风险管理政策和治理结构，以确保储备得以在谨慎的框架内进行管理[41]。

除了官方外汇储备管理外，南非储备银行还代表财政部在南非实施外汇管理措施。《外汇管理条例》赋予了财政部管控所有黄金和外汇交易的

39　1985 年 9 月开始，南非储备银行向私营部门提供远期外汇担保，对外汇市场进行干预形成远期外汇超卖，因而形成负的净国际头寸（即净外汇头寸敞口），负的净头寸于 2008 年达到峰值的 230 亿美元，2003 年 5 月，净外汇头寸敞口由负转正。2004 年 2 月，南非储备银行宣布取消以上外汇市场干预措施。

40　South African Reserve Bank Commemorative Publication 2011.

41　同上。

权力，这些管理权力被委托给储备银行，而黄金的出口则由贵金属监管局协商外汇管理局决定。《外汇管理条例》从法律上限制了南非公民和企业的外汇自由流出。

与结构性放松外汇管制的目标相一致，近年来公民及公司外汇付款和投资的限额正在逐渐放宽。对于非居民，相关人和移民的外汇管制也有所放松。

储备银行在外汇管理中还借助由财政部长指定的作为授权经销商的大量银行机构的力量。这些机构在中央银行的限定范围内用自己的账户与客户开展外汇交易，并向中央银行提供外汇交易报告。目前外汇管理对于外汇交易和付款的豁免政策因机构等级而不同，有关个人和机构的政策也不尽相同。

第三节　南非货币政策体系

一、货币政策委员会和货币政策决策机制

南非储备银行具有高度的独立性和自主权，其权力已经被写进南非《宪法》[42]。根据 1996 年《宪法》（第 108 号法令）第 224 节，储备银行的主要目标是保持币值稳定以推动经济平稳持续增长，为实现这些目标，必须不受影响地、无偏见地独立履行其职能，但储备银行与内阁成员之间必须定期协商相关财政事务。

储备银行在执行宪法职责方面享有重要的自主权，向议会负责。根据 *Pillars of Banking*[43] 报告，政府不能对储备银行施加不正当的影响以推动任何政治议程。根据 1989 年第 90 号《储备银行法》第 32 节，储备银行必须向国会提交其资产和负债的月度报表和年度报告。储备银行行长定期与财政部长讨论相关事项，并出席议会和财政委员会会议。

在《宪法》赋予储备银行独立性和自主权的同时，南非货币政策的制

42　https://www.resbank.co.za/AboutUs/Documents/Introduction%20to%20the%20SARB.pdf.

43　JC Mbuya. "The Pillars of Banking", MP, 2008.

定由法律授权给储备银行货币政策委员会（MPC）负责。货币政策委员会每年通常召开 6 次例会，一般为每年的 2 月、4 月、6 月、8 月、10 月和12 月。按照规定，可根据需要召开临时会议。货币政策委员会的例会通常持续两天，最终决定货币政策立场，确定回购利率是否调整及调整幅度。货币政策由委员会集体决策，而非个人单独决策。

　　货币政策委员会的每个成员都具有经济和货币政策领域的专长，成员不代表任何个人群体或地区。在会期之外，货币政策委员会的委员们会根据来自南非储备银行内部不同部门以及国内外各种信息渠道（包括金融机构、学术组织以及国际组织）的最新数据、分析材料、研究报告，对影响经济发展尤其是通货膨胀和货币政策的因素进行分析判断[44]。货币政策委员会根据储备银行的目标以及对经济、货币、通货膨胀及金融稳定性等当前状况和预测前景进行全面评估从而作出决定。具体指标因素包括：货币供给和信贷增长量，工资水平、劳动生产率和单位劳动成本的变动，产出缺口，国际收支、汇率水平和进出口品价格的变化，各种利率的波动等。

　　货币政策委员会负责设定和审议南非的基准利率（回购利率）。会议时间表在每年年初确定，公众可以提前知道货币政策委员会的会议日期。但如有需要，委员会可以召开计划外会议。委员会还负责监测日常经济运行情况，特别是那些可能对通货膨胀产生直接影响的经济表现，以此作为采取一定货币政策立场的基础。货币政策委员会会议的准备工作需在会议日期前 3～4 周开始，行长执行委员会成员需要预测预期通货膨胀率，从而设定或修正回购利率。通货膨胀率的预测基于一套计量经济学模型。但需强调的是，对通货膨胀率的预测只是货币政策决策的辅助性工具，关于回购利率的水平和变化的最终决定不仅仅取决于预测。委员会在灵活的通货膨胀目标框架内实行货币政策。目前南非中央银行制定的通货膨胀区间为3.0%～6.0%，一旦通货膨胀偏离区间，储备银行将致力于将通货膨胀恢复到目标范围内。其通胀目标的灵活性既强调了储备银行在通货膨胀回到目标范围内的责任，同时也允许周期内利率的平滑化（即避免突然大幅加

　　44　https：//www. resbank. co. za/MonetaryPolicy/Monetary% 20Policy% 20Committee/Pages/Members. aspx.

息或者减息的情况），以缓解货币政策对产出的冲击[45]。

在进行利率决策时，委员会要考虑影响通货膨胀的各种因素，如管制价格的变化，工资、生产力和单位劳动力成本的变化，国内外需求的构成，汇率变动，进口价格变动，货币供应和信贷投放，油价和预期的产出缺口（实际产出和潜在产出之间的缺口）[46]。除通货膨胀率目标是货币政策决策的基准外，货币政策委员会并不对以上其他宏观经济金融变量设置明确目标。货币政策委员会通常以协商一致方式作出决策。货币政策委员会的决定会在新闻发布会上宣布，同时发布在储备银行网站上，相应的新闻稿也同时发布，会议结果对公众透明。

二、货币政策目标和工具

（一）南非货币政策框架历史沿革

中央银行制定的货币政策框架是用于实现货币政策目标的指引或方法。基于现实的情况，货币政策可以基于规则或相机抉择。为了实现其价格稳定的主要货币政策目标，中央银行可以选择几个货币政策框架中的任何一个。重要的货币政策框架包括：自由裁量的货币政策框架，具有固定黄金价格等基准价格的框架，汇率目标，货币政策目标，通货膨胀目标，利率目标，名义收入目标。

储备银行从建立之日起，尝试过多种货币政策框架，1960－1998 年，采用过汇率目标、利率目标、货币政策、货币供应量和折中法等。19 世纪 70 年代是南非货币政策框架一个新的转折点，当局货币政策制定和实施理念和方法都发生了根本性的改变，并逐步与国际通行做法趋同。

1999 年 8 月，南非货币政策决策人开始尝试以通货膨胀目标作为本国的货币政策框架。为保持物价稳定，2000 年 2 月 23 日，储备银行正式宣布采用通货膨胀目标制的货币政策框架[47]，这意味着央行政策直接针对通

45　https：//www. resbank. co. za/MONETARYPOLICY/Pages/MonetaryPolicy – Home. aspx.

46　https：//www. resbank. co. za/MonetaryPolicy/Monetary% 20Policy% 20Committee/Pages/Meetings. aspx.

47　Karin Van WYK. Understand South Africa Financial Markets（Fifth Edition），Page 41.

胀率,而不是通过货币政策中介目标,例如通过货币供应量和银行信贷控制来衡量货币政策效果并采取货币政策行动[48]。

许多国家都采用了通货膨胀目标。各个国家选择的目标也各不相同。有些国家通过设定目标区间作为通胀目标,而有些国家更倾向于将一个点与区间相结合。从这方面考虑,结合简单的点目标与区间目标十分重要。长期以来人们认为货币政策不能直接促进经济增长和创造就业。然而,货币政策通过保持一种稳定的金融环境,是经济增长的重要前提[49]。

(二) 通货膨胀目标制货币政策框架

通货膨胀目标制的基本含义是货币当局明确以物价稳定为首要目标,并将当局在未来一段时间所要达到的目标通货膨胀率向外界公布,同时,通过一定的预测方法对目标期的通货膨胀率进行预测,得到目标期通货膨胀率的预测值,然后根据预测结果和目标通货膨胀率之间的差距来决定货币政策的调整和操作,使实际通货膨胀率接近目标通货膨胀率。如果预测结果高于目标通货膨胀率,则采取紧缩性货币政策;如果预测结果低于目标通货膨胀率,则采取扩张性货币政策;如果预测结果接近于目标通货膨胀率,则保持货币政策不变。实际通货膨胀率一旦偏离了目标区间,货币当局在采取行动前需要先判断,未来短期通货膨胀率是否能返回目标区间;如果预期通货膨胀率在未来一段期间会持续偏离目标区间,货币当局才需要调整其货币政策。

在通货膨胀目标制下,传统的货币政策体系发生了重大变化,在政策工具与最终目标之间不再设立中间目标,货币政策的决策主要依靠对通货膨胀的定期预测。由政府或中央银行根据预测提前确定本国未来一段时期内的中长期通货膨胀目标,中央银行在公众的监督下运用相应的货币政策工具使通货膨胀的实际值和预测目标相吻合。

实行通货膨胀目标制有其一定条件。

首先,需确定合理的通货膨胀目标区间。实行通货膨胀目标制国家的货币当局必须确定和公布合理通货膨胀目标区间。

48　http：//www.bis.org/review/r000321a.pdf.

49　https：//www.resbank.co.za/MonetaryPolicy/DecisionMaking/Pages/default.aspx.

其次，需对通货膨胀率进行精确预测。目标期通货膨胀率的预测值在通货膨胀目标制的操作过程中处于非常重要的地位，预测的准确与否将对通货膨胀目标制的效果产生决定性的影响。如果预测不准确的话，中央银行根据这个误差很大的预期通货膨胀率来调整货币政策，必然会使目标期的实际通货膨胀率偏离目标区间，那么实行通货膨胀目标制就没有实际意义了。

最后，中央银行需保持高度独立性。实行通货膨胀目标制，要求中央银行具有高度的独立性。央行的独立性体现在与制定和实施货币政策直接有关的职能领域，如确定中央银行贴现率、制定与调整金融机构的法定存款准备金率、进行公开市场操作等。对中央银行独立性可能产生影响的还有央行的人事任免制度、经费预算制度、为政府提供信用服务等方面的制度规定。保证中央银行的独立性和可信度是通货膨胀目标制成功的关键。也就是说，中央银行要有充分的权力选择必要的政策工具来实现通货膨胀目标。与此同时，增强中央银行的声誉和可信度也是至关重要的。一旦公众对中央银行的意愿和能力产生怀疑，其行为就会与中央银行的要求发生背离，以致影响政策实施的效果。南非央行前行长提托·姆博维尼（Tito Mboweni）[50] 提出，在 2000 年宣布了这个新的框架后，通胀目标成为南非储备银行货币政策的首要目标。对于这种货币政策框架，只有在公众坚信央行会高度重视遏制通货膨胀的条件下才能成功。

南非储备银行的通货膨胀目标制货币政策框架包含以下五个部分[51]。第一，货币当局公布通货膨胀率中期目标。目前通货膨胀区间设置为 3.0% ~ 6.0%。第二，保持价格稳定是货币政策的首要目标，其他货币政策目标都从属于此。第三，不简单使用货币量或汇率等单一变量来设置政策工具，而是基于包含多变量的综合信息作出决策。第四，货币当局通过加强与公众和市场对于政策计划、目标和决定的沟通，来提高货币政策的透明度。第五，增强中央银行通货膨胀目标问责制。

南非货币政策的主要目标是通过维持物价稳定，以实现经济可持续且

50　http：//www.bis.org/review/r000321a.pdf.

51　Karin Van WYK, Understand South Africa Financial Markets（Fifth Edition），p.42.

均衡的发展和增长。物价稳定降低了经济的不确定性，因此，为经济增长和就业创造提供了一种有利的环境。此外，低通货膨胀有助于保护国民的购买力，尤其是那些受物价上涨影响更大的穷人。在通货膨胀目标货币政策框架下，中央银行宣布设定明确的通货膨胀目标，实施货币政策以直接实现这一目标。

（三）通货膨胀目标制的优越性和主要缺陷

与利率、货币供应量、汇率等货币政策中介目标相比，采用通货膨胀目标制的优越性体现在以下三个方面。

第一，通货膨胀目标制克服了传统货币政策框架下单纯盯住某种经济、金融变量的弊端，实现了规则性和灵活性的高度统一。货币当局一旦公布了通货膨胀目标，中央银行就要在政策连贯性方面作出承诺，维持实际通货膨胀率和目标通货膨胀率的基本一致；与此同时，中央银行有权自主决定使用何种货币政策工具来实现通货膨胀目标，并且这个目标是一个区间值，当发生无法预见的经济危机的时候，允许通货膨胀率超出这个区间范围。这样，通货膨胀目标制就实现了规则性和灵活性的高度统一。

第二，通货膨胀目标制提高了货币政策的透明度。实行通货膨胀目标制国家的中央银行不但预先公布明确的通货膨胀目标或目标区间，而且还定期向政府和公众解释当前的通货膨胀状况和应对措施。这样，中央银行、政府和公众之间就形成了一个开放、透明的沟通机制与监督机制。通过与公众的交流，一方面有利于增强公众对货币政策的信心，另一方面也有利于公众评估中央银行货币政策的实效。

第三，通货膨胀目标制有助于经济的稳定。盯住汇率的货币制度往往为了实现外部均衡而放弃内部均衡。而直接盯住通货膨胀目标的货币制度是以国内经济均衡作为首要目标的货币政策制度。它可以直接缓和经济的波动，有利于经济的稳定。

南非采取这种新框架消除了公众对货币政策不确定性的疑虑。通胀率控制目标的货币政策使政策更加透明化，私营部门可以更好地作出规划。通胀控制目标稳定了通胀预期，从而也使利率更加稳定。根据《南非货币政策透明度与金融市场预测》的作者 V. Arora[52] 所述，南非货币政策的透明度自 20 世纪 90 年代末以来大幅增加。近年来，南非私营部门已经能较好地预测未来短期利率，因而不会对储备银行的政策公告感到太过意外。此外，他的研究还表明，通货膨胀预测的准确性已经提高，对于利率和通货膨胀预测的提高已经超过了实际产出的预测。据推测，储备银行提高的透明度可能在这方面产生了影响。

通胀目标制过于强调单一盯住通货膨胀，而容易忽视各种来自内部和外部的意外冲击对经济的影响，有可能导致对于危机情形的应对迟缓或不力。在非危机时期，通货膨胀目标制的缺陷主要体现在其无法有效地促进就业增长，并且有可能导致失业增加。通货膨胀目标制过分重视来自需求方面的扰动，而在处理供给方面的因素的时候缺乏必要的弹性；同时完全忽视了货币政策对就业的影响以及频繁变动政策工具对实体经济的不利影响。

（四）货币政策工具

《国际货币基金组织货币政策和金融政策透明度良好守则》[53] 对货币政策工具的定义为，货币政策工具是央行用来影响货币市场、信贷条件和实现货币政策目标的工具。

南非储备银行在 1989－1999 年[54]实施的货币政策包括两种货币政策工具，即间接政策工具和直接政策工具。

间接政策（市场导向型）由央行实施，通过鼓励市场参与者采取相应的行为，提高或者降低资产价格和市场利率，最终达到货币政策目标。值得一提的是，这类活动，涉及中央银行在多个金融市场的技术干预。中央银行干预涉及买卖特定的金融债券，例如政府债券、国库券、银行承兑汇票、外汇，从而影响资产价格、利率和汇率。在南非，最主要的间接政策

52　V. Arora. "Monetary Policy Transparency and Financial Market Forecasts in South Africa", International Monetary Fund Working Paper, 2007.

53　Code of Good Practices on Transparency in Monetary and Financial Policies, Part 1—Introduction, Approved by the IMF Executive Board on July 24, 2000.

54　https：//www. resbank. co. za/Lists/News%20and%20Publications/Attachments/4939/SARB%20monetary%20policy%20in%20the%20decade%201989%20to%201999. pdf.

（市场导向）工具包括央行的融通政策（Accommodation Policy）、公开市场操作以及银行在即远期外汇市场的买卖操作。

直接政策（或非市场导向）工具是，中央银行制定某些规则，直接限定银行和其他金融机构的业务，以达到货币政策目标。这些工具通常与暂停市场准入有关，涉及严格的限制规则。如果市场参与者不遵守这些规则，他们可能会被起诉，或被处以罚款。例如：直接下达到银行的指令，包括在特定时间内向国内私营部门借款不能超过某一上限，利率不能超过上限或下限，也包括外汇管制条例等。

直接政策工具的吸引力在于，简单来看，有明确可操作的定量指标，例如扩大银行信贷。然而，这也存在严重不足，因为某些政策工具在特定条件下可能失效，而且不利于提高经济效率。设定信贷限额是最常见的直接工具，效果有限而且会抑制银行在贷款投放上的竞争，行政管理成本也会大幅增加。再如设定贷款总量控制目标，表面上看已完成目标计划，但实际上，银行部门信贷在信贷市场中份额下降（影子银行的份额上升）。

采用间接（市场导向）货币政策工具的优势在于，它能合理分配信贷资源，降低对现有大银行的保护，增强银行业竞争。更高的竞争会促使银行降低服务成本，通过鼓励“重要贷款人”将其资金存入银行，而不是直接借给“最终借款人”，促进非正规银行业（影子银行）转为正规银行业。一般来说，如使用间接货币政策工具，央行可以更好地管理整体经济的货币状况，从而使货币政策更加有效。

自从 20 世纪 70 年代末，尤其是 20 世纪 80 年代，全球各地央行的政策向有利于市场导向政策方面转变，信贷总量控制和利率管制等货币政策的使用变少，这也包括南非。这种政策转变的背景是，在主要的工业国家，为改善市场运营效率和消除外汇管制，不断深化金融市场自由化，直接政策措施的效果大不如前。

19 世纪 90 年代，与市场导向货币政策对应的调控工具决定了南非市场利率的基本水平。同时，储备银行最主要的间接货币政策工具就是“融通政策”（Accommodation Policy），也被称为“再融资政策”。储备银行通

175

过向银行部门提供流动性的操作，控制公共和私营部门的货币总需求，以控制货币供应量。影响这一过程的变量是短期利率水平。利率水平主要取决于总储蓄额、资本流入以及政府、企业和个人的资金需求。央行通过调整回购利率来控制短期资金成本。在这一框架下，不对兰特汇率设定控制目标。

三、货币政策操作

储备银行的金融市场部负责实施货币政策。储备银行选择了传统的准备金制度作为其货币政策执行框架。在这个框架中，储备银行通过征收银行的准备金，对流动性需求或结构性货币市场短缺进行调节。

再融资是储备银行用于实施货币政策的机制。通过回购再融资，储备银行为银行提供流动性，从而使其能够满足其日常流动性要求。在这种情况下，流动性指用于通过储备银行运营的大额支付系统参与银行间市场清算的可用余额，这一余额必须超过其最低准备金水平。根据 1989 年《储备银行法》，《1990 年银行法》（1990 年第 94 号法）和《1993 年互助银行法》（1993 年第 124 号法）等法律规定的条例，银行必须在其在储备银行的准备金账户中持有总负债一定比例的储备金。储备银行对市场主要的再融资操作是与商业银行进行每周进行一次七天回购的投标，按照货币政策委员会确定的回购利率进行。银行用合格抵押品申请回购，合格抵押品包括符合审慎性流动资产要求的高流动性资产。

除了主要回购工具外，储备银行还为商业银行提供了一系列日终结算便利，用于结算其结算账户的每日头寸。例如，获得其与本行持有的准备金余额，以回购利率进行的回购/逆回购，以及自动记账便利，其中银行结算账户的日末余额以低于或高于回购利率 100 个基点自动结算。

储备银行货币政策重点之一是要确保政策性利率（即回购利率）对金融市场调节的有效性。有效的回购利率，会使商业银行有流动性需求或货币市场出现资金短缺时，主动通过回购交易向中央银行借款，银行向中央银行按回购利率付息。银行在中央银行的准备金是中央银行控制市场流动性过剩的主要手段。中央银行通过调控回购利率进而影响银行的融资成本从而对货币市场产生影响，同时也有效传导储备银行的货币政策信号。具体来说，银行间拆借利率与储备银行回购利率保持固定价差，当储备银行回购利率改变时，银行间拆借利率随之作出相应调整。银行间拆借利率与储备银行回购利率间的价差有一段时间曾达到 3.5%。这种固定挂钩机制直接控制银行向市场放款的利率水平，从而影响市场总体利率水平，进一步影响到其他经济总量指标，如货币供应总量、银行放贷规模以及通货膨胀水平。

储备银行通过定期的公开市场操作对系统流动性进行管理。公开市场操作指交易央行票据、长期逆回购、货币互换，以及政府和国有公司企业资金在中央银行和银行间市场的流动。储备银行对银行流动性水平进行日评和周评。流动性总量通过当地注册银行与储备银行间交易进行调节，银行间、银行与企业及个人间的交易不会影响货币市场的总体流动性。涉及流动性总量的交易仅包括扩大或缩小中央银行资产负债水平的交易，如跨境纸币和硬币的流通、黄金和外汇交易、政府在中央银行账户与其在银行账户间的资金流动，以及中央银行的公开市场操作。

逆回购交易是商业银行增加流动性的重要手段。逆回购是指银行在流动性资产监管指标内，可以自主选择符合条件的各类流动性资产向中央银行抵押借款。回购期限为一周。每周三，储备银行通过电子方式邀请各银行竞投，金额为银行所需的流动性金额。储备银行随后公布下一周的平均流动性需求。到期时，交易变为逆向，银行将借款归还央行以换回相关债券等流动性资产抵押。在整个交易过程中，没有现金流和债券的实际交割，仅仅通过银行在储备银行的账户贷记或借记完成，债券所有权通过中央证券存款机构（STRATE）进行电子簿记。

回购拍卖满足了银行一周的流动性需求，同时每日平仓操作还可以平衡市场的流动性盈亏。流动性盈亏产生原因主要是对流通环节货币价值预估的偏差、政府机构存款账户变动、政府支出和外汇交易等。

为避免日常性资金短缺，储备银行还提供进一步的融资渠道，如补充回购拍卖（央行回购利率为基准）、额度自动占用回购（回购利率加100个基点）。通过这些操作，央行向银行购买合格债券，这类交易第二个交易日到期。

储备银行通过补充逆回购（央行回购利率为基准）、额度自动占用逆回购（回购利率减 100 个基点）操作还可以吸收市场多余的流动性，这些逆回购交易也是第二个工作日到期。央行变相给银行提供了隔夜债券抵押，并支付相应利息。除补充回购和额度自动占用回购操作，银行还可以通过支用在中央银行的准备金账户存款满足流动性管理需求，条件是在一定期间满足流动性准备要求。

银行可将动用准备金存款作为管理短期流动性的手段。银行被允许动用准备金一天或二天（在要求的金额以下），但动用之后须在央行准备金账户保有超额储备金以满足监管要求的平均储备水平。

四、货币政策与汇率

在通货膨胀目标货币政策框架下，储备银行不对兰特汇率设定控制目标。然而，灵活的汇率又会对金融稳定产生影响，使一些国家采取通货膨胀目标制与有管理的汇率制度相结合的政策。如果采用这种方法，就提出了一个问题，当价格稳定和汇率稳定的目标发生冲突时，货币当局应该怎么做？例如，如果本币汇率存在上涨压力，而通货膨胀率超出目标范围，货币当局如何应对？鉴于可能发生这种冲突，为提高货币政策信誉，南非选择了通货膨胀目标制与浮动汇率制相结合的政策组合。在此框架下，储备银行没有具体的汇率目标，兰特汇率基本上由国内外汇市场上的供给和需求决定。储备银行不会为让兰特的汇率保持在某个特定水平或一个特定的范围而在市场上购买和出售外币[55]。

回购利率和美元/兰特汇率的相关性如下：对冲基金等投机者通过控制国债，做空汇率来推升通胀预期，从而迫使南非加息。当利率接近顶部时，汇率也接近底部，这时候投机者再反向操作，做多南非市场。

可以看到，长期以来，影响南非兰特货币汇率中最重要的因素之一，就是国际资本市场的状况。当投资者认为全球经济形势较好的时候，他们

55 王晓红，弓晶，王博. 南非汇率制度改革历程与启示［J］. 甘肃金融，2014（1）：14 – 17.

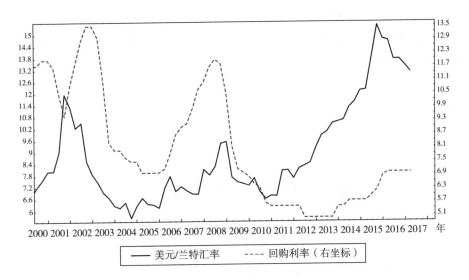

图4.3　南非回购利率与美元/兰特汇率变动相关性

会选择那些更具风险性的资产或者货币。反之，如果他们认为全球经济走势较差，他们就会把资金转回所谓的"保值天堂"。兰特和其他新兴市场国家的货币都属于高风险货币的行列。南非债券利率的变动，对汇率的影响较大。当债券利率上升时，对投资者的吸引力增加，对兰特币值有正面影响；反之，有负面影响。另一个可能影响南非兰特走势的因素就是国际市场上的大宗商品价格。南非经济目前对于大宗商品的依赖仍然很强，因此大宗商品市场的走势也会在很大程度上影响南非兰特的坚挺程度。

　　在实施以通货膨胀目标货币政策的同时，南非对外汇进行管制，其目的在于消除资本外流的不利影响，维持南非外汇储备的稳定。南非央行负责管理和外汇管制有关的事宜，而中央银行又授权给部分分支机构，允许它们以"特许经营者"身份在一定范围内自由经营。如果公众及国外投资者无法与央行的外汇管理部门取得直接联系，他们的信息咨询和申请外汇活动许可均需由特许经营者转交中央银行审批。

　　近年来，为了打击投机行为，南非监管机构加强了汇率操控行为的打击力度。2015年5月，南非竞争委员会对涉嫌在外汇交易中操控价格获利的11家国际银行展开调查，包括花旗银行、渣打银行、标准银行等。竞争委员会表示，这些银行涉嫌利用货币交易的信息平台，串谋进行所谓的"兰特控制"，并且这类行为主要是在海外进行的。2017 年 2 月 20 日南非竞争委员会宣布，因操纵兰特汇率，花旗银行南非被处以高达 6,950 万兰特的行政罚款。花旗银行方面已接受这一仲裁结果，并表示愿意协助相关调查。此事还涉及美林证券、摩根大通、汇丰银行、渣打银行等 17 家国际金融机构，其中有三家是南非本地金融机构，即南非标准银行、南非联合银行、巴克莱银行[56]。

五、货币政策传导机制和有效性

为实现货币政策目标，中央银行试图影响货币或利率的数量或水平，以期实现价格稳定，充分就业和经济增长。这意味着货币变量（例如货币数量和利率）和宏观经济变量（例如价格水平，就业水平和 GDP）之间须有一些中间传导联系。这些联系被称为货币传导机制，即货币量、利率水平变化影响实体经济的方式。

南非储备银行研究人员 Smal 和 De Jager 认为[57]，南非货币传导机制为：南非储备银行通过改变回购利率来影响零售利率及各种资产价格（包括汇率），并最终影响通胀率。回购利率影响通胀率主要有三种渠道：第一种渠道是通过影响总需求来影响通胀率，通过影响进口价格来影响通胀率，以及通过影响预期来影响通胀率。在传导机制的大部分要素中，利率的变化将最终影响总需求的各个组成部分，尤其是投资支出和消费支出。总需求的变动又将改变相对于潜在产出的实际产出缺口，产出缺口的大小反过来影响价格水平的改变率。而第二种渠道则是利率的变动通过汇率和进口价格来影响通胀率。在第三种渠道中，利率的变动可能会影响人们的预期，从而影响价格和工资水平。但高利率导致企业和家庭所需资本的价格上升，他们会将增加的成本转嫁给其他人。可以看到，该政策传导机制通过调节利率使实际产出总是小于潜在水平（目的是降低工资和价格变动的幅度），从而使货币升值，抑制通胀预期。该传导机制的缺点是各环节

56　参见人民网新闻《花旗银行南非因操纵兰特汇率被罚 530 万美金》，2017 年 2 月 22 日。
57　张晶．通货膨胀目标制的模式及作用机制探析［J］．经济研究导刊，2009（24）．

之间的影响力度仍不确定，也会有相当程度的时滞。该机制发挥作用的关键是建立一个具有透明度、责任明确度及可信度的通胀目标制框架。央行具有较高的可信度，就可以维持一个稳定的通胀预期，也有利于货币传导机制发挥其调控宏观经济的作用（见图4.4）。

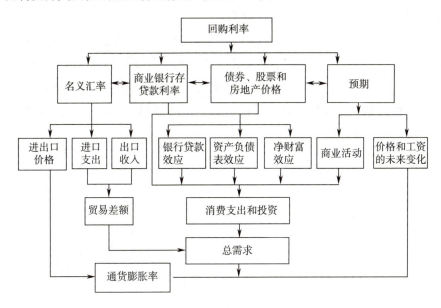

资料来源：南非储备银行《2004年5月货币政策回顾》。

图4.4　南非货币政策传导机制

　　储备银行可以利用多种货币政策手段实现货币政策目标。储备银行货币政策的主要目标是实现和维持价格稳定，以促进可持续的和平衡的经济发展与增长。价格稳定目标实现程度通过中央银行设定通货膨胀目标来衡量。储备银行采用通货膨胀目标制的内在逻辑在于价格稳定降低了经济的不确定性，为增长和就业创造提供了有利的环境。此外，低通货膨胀有助于保护所有南非人的购买力，特别是那些面对维持价格上涨而无法自保的穷人。同时价格稳定的实现还取决于金融体系和金融市场稳定性的共同作用，这也是储备银行负有金融稳定职能的原因之一。

　　可以说从2000年以来，南非以控制通胀为目标的货币政策取得了相当的成效，主要呈现以下趋势[58]：通胀和实际利率的平均水平已下降；实际GDP增长率和固定投资增加，波动性降低；在清晰认识经济周期的前提下，以反周期和灵活方式实施货币政策；南非央行与公众交流已得到显著改善，并正不断加强沟通；南非中央银行的独立性和对通胀目标的把握使其政策可信度增加，并且通胀风险溢价降低。

2004－2017年南非的回购利率变动和通胀率变动如图4.5所示。从图4.5可见，回购利率与通胀率呈正相关性，南非储备银行的货币政策操作是成功的，2000年以来，通胀水平的波动性大幅度下降，通胀水平区域稳定，同时回购利率也相应地趋于稳定，货币政策操作的难度也相应降低。通过回购利率的调整，可以有效地控制通胀目标。

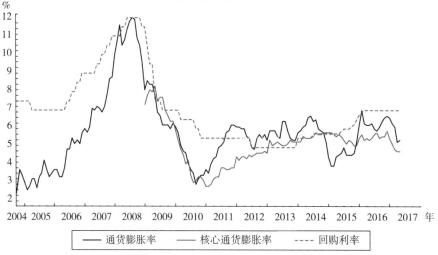

图4.5 2004－2017年南非回购利率和通货膨胀率变动相关性

目前在刺激经济增长方面，南非中央银行可以施展的空间不多，如果需要刺激经济，南非中央银行需要大幅削减回购利率，从而刺激消费增长；根据南非标准银行对通过利率工具刺激经济的效果估算显示：南非需要对回购利率削减100个基点，才能使私人储蓄率/GDP的比重从零下降到－0.7%，未来1～2年对GDP仅有0.25%左右的正的贡献；而南非长期

58　资料来源：南非财政部。

为负的经常账户逆差可能因为实际利率大幅削减而显著上升,随之而来的是货币贬值和通胀高企。南非中央银行的回购利率和消费(S)以及投资(I)之间的敏感性测算如图4.6所示。

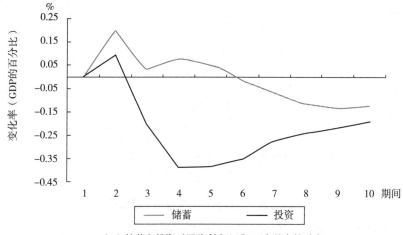

(1)储蓄和投资对回购利率上升100个基点的反应

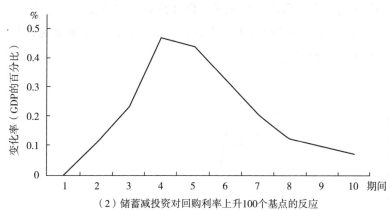

(2)储蓄减投资对回购利率上升100个基点的反应

资料来源:南非标准银行研究报告。

图 4.6 南非回购利率和消费以及投资间敏感性测算

如前所述,单一通货膨胀目标制的货币政策无法有效地促进就业增长。特别是2013年后,世界大宗商品价格下跌,长期处于熊市,南非外需大幅削减,南非经济逐步衰退,失业问题日趋恶化,货币政策对此束手无策。南非回购利率与失业率、GDP以及私人信贷变动的相关性如图4.7、图4.8和图4.9所示。

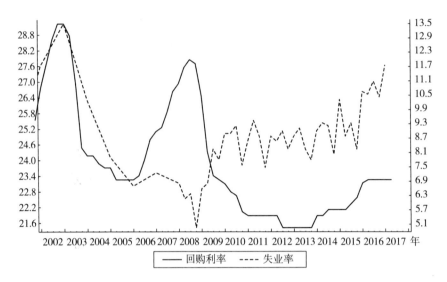

图 4.7 南非回购利率与失业率变动相关性

回购利率（实线）和失业率（虚线）的相关性如下：2002 - 2013 年，外需增长的背景下，两者呈负相关，即降息对刺激就业有一定的有效性；2013 年以后，大宗商品价格大幅下跌，外需减少，南非失业问题日趋恶化，降息无法刺激就业。

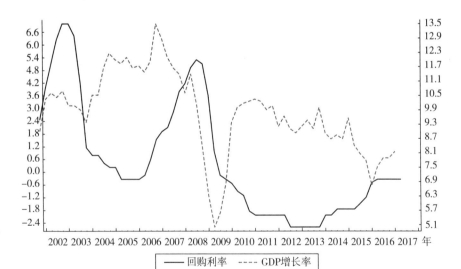

图 4.8 南非回购利率与 GDP 增长率变动相关性

回购利率和 GDP 增长率的相关性如下：2002 – 2013 年，外需增长的背景下，两者呈负相关，即降息可以促进经济增长；2013 年以后，外需大幅削减，南非经济逐步衰退，降息对刺激经济增长无显著效果。

图 4.9　南非回购利率与私人信贷变动相关性

回购利率和私人信贷增长的相关性如下：2002 – 2013 年，外需增长的背景下，两者呈负相关，即降息可以促进私人信贷增长；2013 年以后，相关性降低。

目前南非已经有一些声音在呼吁南非储备银行修改自身的政策目标，仿效或者参考美联储的模式，将刺激经济可持续性增长的目标加入进来。但短期来看仍然很难实现。

有一些学者认为，南非中央银行的货币政策往往受到国外的货币政策决定的影响。比勒陀利亚大学经济系进行了一项研究，研究者将南非货币政策反应函数的简单估计（部分均衡）与印度、巴西、中国和美国的利率变化进行了比较，并分析了世界一般均衡模型中的利率反应（主要是来自印度、巴西、中国和美国的冲击）。其研究结果表明[59]，南非货币政策会受

59　A. De Waal, R. Gupta, C Jooste. "How Independent Are the South African Reserve Bank's Monetary Policy Decisions? Evidence from A Global New – Keynesian DSGE Model", University of Pretoria Working Paper, 2015：25.

到国外利率冲击的影响。然而，结果还表明，南非央行没有简单地直接照搬其他国家货币政策决策。除了美国，南非的利率会因巴西、中国和印度的利率上升而下降。他们得出结论，由于通货膨胀和产出部分地由国内政策以外的因素决定，因此货币政策也无法完全独立于其他国家货币政策。

六、近十年南非回购利率变动和货币政策调整

2008 年，美国次贷危机引爆国际金融危机，引起全球经济衰退，全球主要央行美联储、欧央行、日本银行采取的量化宽松货币政策应对危机。国际金融危机及其引起的经济衰退对新兴市场经济体也不可避免地造成影响，大宗商品价格的暴涨暴跌就是一个例子，全球主要央行的货币政策还具有非常强的外溢效应，对全球资本流动的流向和水平产生了显著影响，对新兴市场经济体的利率和汇率也造成了显著影响，新兴市场经济体中央银行也不得不在货币政策方面作出应对。南非作为新兴市场经济体和重要的大宗商品供应国，其宏观经济受到国际金融危机和大宗商品价格变化的巨大冲击，货币政策自然受到全球主要中央银行量化宽松货币政策的实施及退出的影响。当然南非储备银行也并未对主要发达国家央行的货币政策操作亦步亦趋，其货币政策决策主要是基于国内经济形势及政策需要作出的。2008 年下半年开始，南非经济增速下降，通胀和失业率高企，货币政策也对此作出了反应。2008 年以来南非的货币政策操作大致也分为不断放松和开始收紧两个阶段。2010 年以后，南非通胀率由 2008－2009 年的 10% 以上回落到 4%～6% 的区间内，但经济增速在 2010 年回升后又接着走低并在低水平徘徊，失业率也一直居高不下。尽管南非储备银行的货币政策实现了其价格调控目标，但低速增长的经济和居高不下的失业率也不断对当前的货币政策策略提出质疑。南非储备银行在执行单一目标的货币政策时面临着新的挑战。

2008 年国际金融危机爆发以后，南非储备银行也意识到只专注于通胀是不够的。南非货币政策委员会制定利率政策时已经开始考虑通胀预期和大量其他因素，包括 GDP 潜在增长水平、信贷增长速度、物价涨跌趋势、

资本流量和汇率以及经常账户赤字[60]。

同时南非虽然是实行资本项目管制的国家，但即使是有严格的资本项目管制，其货币政策仍然受到美国收紧货币政策的影响，表现在利率走势与美国有一定的同步性；当美国收紧货币政策时，南非资本流出加剧，表现在经常账户逆差扩大，汇率贬值，通胀压力加大，长期通货膨胀预期升高，南非央行会因此被迫加息，以对抗资本流出和高通胀。

南非 2008 - 2017 年回购利率变动情况见图 4.10。

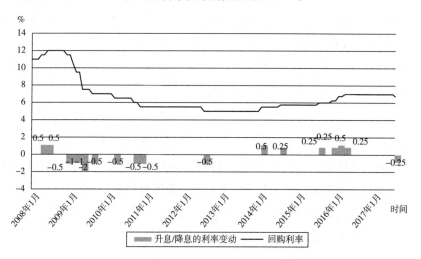

图 4.10 南非 2008 - 2017 年回购利率变动情况

（一）2008 年至 2010 年 11 月国际金融危机期间的宽松货币政策

2008 年末爆发的国际金融危机和随之出现的世界经济衰退，给南非经济带来了严重冲击。2009 年，南非经济遭遇了 1994 年种族隔离制度结束以来的首次负增长。与其他新兴市场经济体不同的是，在全球性通货紧缩的 2008 年和 2009 年，由于食品和石油价格冲击，南非通货膨胀率也较高，分别达到 11.3% 和 7.1%，2008 年 8 月一度高达 13.6%。这一阶段的货币政策在一定程度上体现出了通胀目标制的灵活性。在 2009 年多数时期，通胀率均超过目标控制范围，但政策并未收紧。同时得益于兰特升值和进口商品价格的下降，南非通胀率开始逐月走低，这为降息提供了更大空间。为了刺激经济，储备银行从 2008

60　参见亚太财经与发展学院研究报告《南非 15 年来财政和货币政策演变》。

年末开始数次降息（2008 年最高回购利率为 12%），2010 年 11 月宣布再次降息后，回购利率达到 5.5%，达到 30 年以来的最低水平。

这一阶段，美元长期利率下降，兰特同步降息，同时汇率走高，通胀比较稳定。

（二）2010 年末至 2013 年经济复苏乏力，再次调降回购利率

这一阶段南非还受到经济衰退影响，同时开始艰难复苏。储备银行也保持了宽松的货币政策。南非进入利率下行周期，并且还有较大的进一步调低利率的空间。2010 年末南非政府推出了一种全新的发展战略，即"新增长路径"，这种路径认识到了必须更好地保持生产力增长和工资增长的一致性。但在内外部环境的影响下，南非经济复苏乏力。复苏乏力引发了人们对通胀目标制货币政策体系的不满。

2010 – 2013 年，美国进行了第二轮和第三轮的量化宽松政策，美国长期国债收益率继续下降。这一阶段，由于大宗商品价格在高位震荡，南非总体经济情况表现较好，通胀总体低于央行 6% 的目标区间，兰特汇率在较窄的区间内波动，南非央行因此有了再度小幅降低回购利率的空间。2012 年 7 月 20 日，储备银行将回购利率下调 50 个基点，降至 5%。与回购利率联动的银行优惠贷款利率（prime rate）这一次也降到 8.5%。南非储备银行再次降息，一方面是因为这一期间通货膨胀有所缓解，从 4 月的 6.1% 下降到 5 月的 5.7%，6 月进一步降到了 5.5%，给调低利率提供了空间；另一方面，南非的经济复苏乏力，储备银行希望通过降低利率来抵消全球经济环境的负面影响，保持经济增速[61]。在此之后的多次货币委员会决议中，储备银行均维持基准利率在 5% 不变。这是由于南非兰特的币值下降带来通货膨胀压力，同时薪酬需求飙升。这一阶段，南非央行采用的货币政策立场是宽松的，但由于汇率原因，进一步执行货币宽松的前景是有限的。

（三）2014 年 1 月起开始进入加息通道，2017 年 7 月又稍微降息，货币政策面临复杂挑战

2014 年 1 月 29 日，南非储备银行将其基准利率提升 50 个基点，至

61　刘歆颖. 南非：金砖桂冠的坠落［J］. 经略，2012（8）.

5.5%。这是自2008年6月以来，南非首次加息。

南非储备银行在声明中强调，美联储对量化宽松规模的缩减已经开始。由于美国就业市场情况改善，美联储于2013年12月决定，从2014年1月起将每月850亿美元的购债规模缩减至750亿美元。尽管全球金融市场对此的初步反应总体平淡，新兴市场经济体却经历了高度动荡，尤其是在对中国经济放缓的担忧再次出现之后。尽管美联储的行为释放出美国复苏的信号，英国经济前景也在改善，但这并不意味着国际金融危机已经结束。中央银行此次加息出乎市场意料，因为其通胀水平仍在3%～6%的目标区间内。2013年南非平均通胀率为5.7%。可见通胀的预期是中央银行采取加息决定的重要考虑因素。

2014年7月，南非储备银行上调回购利率25个基点至5.75%，并指适度加息可令经济增长疲软与通胀上升担忧之间得到合理平衡。同时，南非储备银行调低当年GDP增长预测至1.7%，低于之前预测的2.1%。南非储备银行指出，食品价格是当前通胀压力的主要来源，在近数月内得到了一定程度的缓和，预计这一趋势将继续保持；尽管全球原油价格下跌，但南非电力供应问题抵消了前者的积极影响。且由于电力问题难以缓和，导致货币政策调控力度受限。

2014年下半年开始，美国开始退出量化宽松政策，同时启动加息，美元长期利率和风险利差同步上涨，同时大宗商品快速进入熊市。作为资源出口国，南非因此不可避免地受到资本外流的影响，兰特有快速贬值倾向，通胀预期不断上升。

2015年和2016年初，南非储备银行先后三次上调利率，分别为6%、6.25%和7%。干旱带来的食品滞后效应、南非兰特汇率疲软走势，以及美国或将上调利率等原因，均导致通货膨胀压力增加。

从2016年3月起，回购利率稳定保持在7%，利率水平处在2009年以来的高点。2017年以来，南非储备银行多次称南非本轮加息周期基本结束，但担忧原油价格上涨、兰特大幅贬值可能继续加大南非通胀压力。低增长引发公众对于央行宽松货币政策的期待，但本币走弱以及通胀压力大又制约了央行采取宽松货币政策的空间，低增长和高通胀压力并存的局面使南非储备银行在货币政策的松紧把握上进退维谷。2017 年 5 月的南非储备银行货币政策委员会未采取降息行动。中央银行不降息也引发了南非公共保护者办公室提议修改南非《宪法》关于南非储备银行的政策目标。南非公共保护者办公室建议将南非央行政策目标由"维护货币的价值"修改为"促进南非经济更加平衡和可持续的发展，确保公民的权益得到保护"（公共保护者办公室是南非共和国的独立国家机构，负责调查任何国家事务和所有政府领域的不当行为，包括该国的公共行政领域，是《宪法》规定的独立于政府的机构）。过去南非中央银行一直以致力于对抗通胀，保护货币的价值为目标，并多次称刺激经济增长并非南非中央银行的义务。复杂的宏观经济形势使货币政策的目标难以兼顾，也使货币政策的抉择比较困难，不可避免地引发了公众对于货币政策目标的争论。

尽管南非储备银行在法律上具有独立地位，但也不得不对公众的期待作出反应。从 2017 年 6 月公布的数据来看，南非 2017 年 5 月 CPI 同比增长 5.4%，环比增长 0.3%；生产者价格指数（PPI）同比增长 4.8%，环比增长 0.5%。综合来看，南非通胀压力有所减缓。因此，考虑到南非近期通货膨胀情况有所缓解，储备银行有信心将其控制在目标区间范围内，同时，南非经济增长前景仍不乐观，有必要采取降息等刺激经济增长的措施，南非储备银行于 2017 年 7 月 23 日宣布降息，货币政策委员会决定将回购利率调低 25 个基点，降为 6.75%，经过 15 个月，中央银行首次调低利率。市场此前普遍预期认为，储备银行将维持 7% 的回购利率。因此，这一决定让市场颇感意外。

随着美国逐步退出量化宽松的货币政策并对联储体系实施资产负债表缩表，美国国内利率将逐步走高，美元也将呈走强之势，南非面临的资本外流、兰特贬值压力加大，中央银行需要调高利率以吸引资本流入；但如果国内经济持续低迷，失业率居高不下，则中央银行又面临着公众要求调低利率以刺激经济的呼声，货币政策将面临着内外失调的两难局面。当然，南非储备银行也可以一方面收紧外汇管制以抑制资本外流，另一方面采取调低利率等放松货币政策的措施来满足刺激国内经济的需要。

第五章

金融监管及金融法律

由于历史的原因，南非金融监管体系与英国及英国的前殖民地国家比较类似。从 20 世纪 80 年代到 2000 年前后，南非金融监管先后经历了机构监管模式为主时期和功能监管为主时期。当前南非金融仍是功能监管为主，机构监管为辅，监管机构众多，监管职能分散。在立法的框架层次上，南非金融监管一般包括三个层面，层层细化，第一层次是法案，第二层次是各类规定和附属法例，第三层次是有关通知、解释或指引、注意事项。总体看来，作为 G20 成员之一，南非金融监管机构完全按照巴塞尔银行监管委员会的最新全球资本要求制定相关监管标准。目前，南非已按照《巴塞尔协议》的要求，执行《巴塞尔协议 II》向《巴塞尔协议 III》的过渡期，过渡期为 2013 年 1 月 1 日至 2019 年 1 月 1 日，预计将在 2019 年全面实施《巴塞尔协议 III》。此外，南非已批准开始研究"双峰"监管模型，预计很快将实质性引入并实施"双峰"监管。

第一节　南非金融监管的组织架构

南非金融监管的机构设置较为复杂，包括诸多政府机构以及自律组织。主要监管机构包括：南非储备银行（South Africa Reserve Bank，SARB）下属的银行监管部（Bank Registration Department），负责对银行的审慎监管；南非财政部下设的金融服务委员会（Financial Service Board，FSB），负责非银行金融机构以及证券市场的监管；贸易和工业部下设的国家信贷监管局，负责在涉及信贷商的市场行为中维护消费者利益；财政部则牵头负责制定金融监管政策。

一、组织架构介绍

（一）组织架构示意图

南非金融监管的组织架构如表 5.1 所示。

表 5.1　南非金融监管组织架构

南非储备银行			财政部			贸易和工业部			其他机构和组织	
银行监管部	金融监管部	金融稳定部	合作银行发展司	金融服务委员会	金融情报中心	公司和知识产权注册办公室	国家信贷监管局	国家消费者委员会	银行风险信息中心	银行业协会 保险业协会 证券业协会
商业银行 互助银行	商业银行 互助银行	金融系统	合作银行	非银行金融机构和金融服务	金融信息	公司、互助社、知识产权事项	信贷行业、信贷商、征信机构和债务顾问等	消费行为	银行业	银行业 保险业 证券业

其中南非储备银行具体负责监管的部门主要包括银行监管部、金融监管部和金融稳定部，财政部具体负责监管的部门主要包括合作银行发展司、金融服务委员会和金融情报中心，贸易和工业部具体负责监管的部门主要包括公司和知识产权注册办公室、国家信贷监管局及国家消费者委员会，协会组织主要包括银行业协会、保险业协会和证券业协会。另外，约翰内斯堡证券交易所根据金融服务委员会的授权，负责该所上市产品交易的市场一线监管。

（二）主要监管思路

"金氏规则"是南非规范化公司治理取得的重要成就，是南非对公司治理的独特贡献，被认为是公司治理的国际最佳实践。

"金氏规则"由南非金氏委员会[1]以《金氏报告》的形式发布。金氏

1　1993 年，南非董事研究院（The Institute of Directors in Southern Africa）邀请已退休的南非最高法院法官 Mervyn E. King 担任公司治理委员会主席，该委员会因而被称为金氏委员会（the King Committee）。

委员会由 11 个子委员会组成，分别是董事会及董事委员会、会计与审计委员会、风险管理委员会、内部审计委员会、可持续发展报告委员会、合规及利益相关方关系委员会、商业救赎委员会、基础性交易委员会、IT 管控委员会、选择性争议解决方法委员会、编辑委员会。"金氏规则"将公司治理涉及的诸多治理要素细分为不同的必须遵守的原则，在应用这些原则时，《金氏报告》给出了最佳实践建议。公司应用"金氏规则"的主要动力在于向股东展示公司治理的承诺，增强公司治理的效率和信心。"金氏规则"认为，公司领导层应该引导公司取得可持续性的经济、社会和环境效应，将可持续性视为公司治理最重要的道义和经济责任，并将公司公民视为应以可持续的方式经营运作的法人。虽然"金氏规则"没有通过立法来强制执行，但它的许多原则已经被公司法、公共财政管理法等采纳，与许多公司和董事相关的法律一起发挥作用。

金氏委员会于 1994 年、2002 年和 2010 年先后发布了三个版本的《金氏报告》。其中，银行业从 1996 年开始被要求报告遵守"金氏规则"的情况。2010 年 7 月 1 日，《金氏报告（第三版）》正式生效。与前两版《金氏报告》不同，《金氏报告（第三版）》适用于南非所有的经济个体，突出了发展的可持续性。2016 年 3 月，《金氏报告（第四版）》面向社会公开征求意见。在第三版的基础上，《金氏报告（第四版）》注意到资本的多样性和利益相关方的多元性，鼓励企业结合实际探索合适的报告方式。

南非所有的企业都需要声明它们是否遵守"金氏规则"，并对它们的应用情况进行阐述，而遵守"金氏规则"是企业在约翰内斯堡证券交易所上市的基本要求。

（三）主要金融监管机构职能

1. 南非储备银行

银行监管部：作为南非储备银行的核心部门之一，银行监管部的职责在于负责银行和互助银行等机构的注册以及确保相关法案要求的落实，并与财政部共同负责合作银行的注册、注销和监管，对银行面临的风险进行监管和检查，提升银行体系的健全性，研究银行监管的热点问题，增强和保持金融系统的稳定性。银行监管部除向储备银行行长报告，还就特定立法事项向财政部长报告。

金融监管部：金融监管部的职责在于监管银行营运情况，并受财政部的委托负责执行外汇政策和外汇管理规定；收集、分析、公布资金跨境流动的信息；指定外汇交易做市商及其权限；通过银行每日上报的国际收支报告（该报告可反映所有交易资金的进出情况）来监督跨境交易是否符合南非外汇管理要求。

金融稳定部：2001 年设立，2011 年与银行监管部合并成为后者组成部分，2014 年从银行监管部独立出来再次成为南非储备银行的一个组成部门，为执行即将通过的《金融业监管法案》（*Financial Sector Regulation Bill*）作准备，负责评估宏观经济风险，开展银行压力测试，制定宏观审慎监管的政策和工具，研究和执行必要的政策降低系统风险，确保南非金融系统的稳定。金融稳定部每两年发布一次南非的金融稳定评估报告。

2. 财政部

合作银行发展司（Cooperative Banks Development Agency，CBDA）：按照南非《2007 年合作银行法》的规定，南非财政部于 2009 年设立合作银行发展司。南非合作金融机构包括经营存款类、贷款类合作金融服务的金融机构，以及社区银行和村镇银行等金融机构，由组成合作金融机构的成员所有和管理。合作银行发展司的职责在于为合作金融机构提供注册服务，并对其进行监管。合作银行发展司还为合作金融机构从业人员的教育和培训提供资金和支持等便利条件，确保合作金融机构的存款和资产得到合理的管理，控制风险敞口。根据不同的合作银行类型以及拥有的存款数的多少，合作银行发展司还与南非储备银行对合作银行进行交叉监管和资源共享。

金融服务委员会（Financial Services Board，FSB）：金融服务委员会是按照《1990 年金融服务委员会法案》设立的具有一定独立性的监管机构，负责对南非全国范围的非银行金融机构和金融服务进行监管。金融服务委员会既不接受政府的资金，也不接受政府的干涉，日常运作资金来源于被监管机构。金融服务委员会致力于提升金融机构的健全性和金融系统的稳定性，确保金融机构和金融市场的诚信并公证对待客户。金融服务委员会与其他监管机构磋商互动，就关心的金融机构和金融服务向财政部长提供建议，通过金融机构向金融行业的顾客提供教育和培训，并向财政部提交年度工作报告。金融服务委员会的监管对象包括证券公司、中央证券登记处、清算所、保险公司、信托公司、投资公司、基金公司、经纪公司、提供金融顾问和中介服务的金融服务商（financial service provider），还包括对股票市场（含场外交易市场）和债券市场的及银行证券交易部门的监管。

金融情报中心（Financial Intelligence Centre，FIC）：金融情报中心于2001年按照《金融情报中心法案》设立，其任务是为执法机构、情报部门以及南非税务局获取和提供金融情报，并向财政部和议会报告。金融情报中心负责对金融信息的收集、整理、分析和提供，以预防洗钱和恐怖融资等非法行为，其职责主要包括：监测指定机构和监管机构履行反洗钱和反恐怖融资义务的合规情况；接收和分析交易数据，识别犯罪和洗钱及恐怖融资行为；向执法机构、情报机构和南非税务局提供金融情报报告；制定和牵头执行反洗钱和反恐怖融资政策；向财政部提供政策建议；履行反洗钱和反恐怖融资方面的国际义务和承诺。

3. 贸易和工业部

国家信贷监管局（National Credit Regulator，NCR）：南非国家信贷监管局按照《2005年国家信贷法》设立，负责监管南非的信贷行业，包括信贷商、征信机构和债务顾问等。国家信贷监管局负责登记信贷行业参与者，开展信贷教育和研究，建立公平、公正的信贷环境，促进国民享有公平使用金融产品的权利，并对金融服务过程中产生的纠纷进行调节等，确保国家信贷法案得到执行。国家信贷监管局还注重开发相应的信贷市场，促进和提升低收入或生活在偏远、低密度社区的民众获取信贷服务的便利程度，满足提升边缘人群特别是低收入人群的信贷需求。

公司和知识产权注册办公室（Companies and Intellectual Property Commission，CIPC）：公司和知识产权注册办公室按照《2008年公司法》设立，负责对金融机构满足南非《公司法》的要求进行管理，主要职责包括：公司、合作社和知识产权（包括商标，专利，设计和版权）的注册及其维护；注册业务的信息公开；推广公司和知识产权法，提高公司和知识产权保护意识；推广相关法律法规；提高相关法律法规的执行效率和执行效果；监测财务报告标准的遵守和违反情况，并向财务报告标准委员会（Financial Reporting Standards Council）提出建议；就国家公司和知识产权相关政策进行研究并向财政部长提交报告，提出相关建议等。

国家消费者委员会：国家消费者委员会（National Consumer Commission，NCC）按照《2008 年消费者保护法案》设立，是消费者事务的主要监管机构，主要负责推广和贯彻执行《消费者保护法案》，记录和解决消费者投诉，调查商家不当行为，确保公正的商业环境，保护消费者的社会和经济福利。国家消费者委员会还负责引导投诉人向相关争议解决机构（如省级消费者事务机构和相关的监察方案）寻求帮助，并在消费者法庭上代表消费者利益。国家消费者委员会不可以调解或裁决消费者和商家的争议，相反，它只能调查消费投诉。消费者先要尝试与商家协商解决争议，在无法解决的情况下，国家消费者委员会建议消费者向省级消费者保护机构寻求帮助，最后向国家消费者委员会寻求帮助。国家消费者委员会重视在国家其他行业、部门支持下的争端解决机制，以便消费者和商家快速解决争端。

4. 其他机构和组织

南非银行风险信息中心（South African Banking Risk Information Centre，SABRIC）是非营利性机构，旨在通过银行业的努力，通过专家团队和公共、私营部门的合作，为客户提供高质量的产品和服务，打击与银行相关的犯罪，营造安全、可靠的银行服务环境。银行风险信息中心及时发布诈骗信息等各类犯罪活动信息，警示消费者提高警惕，确保客户利益不会受到损害。

南非银行业协会（Banking Association of South Africa，BASA）是在南非注册的所有银行的行业代表组织。银行业协会代表银行业与政府及利益相关方进行沟通协调，创造有利于银行业的经营环境，并确保在南非银行业的变革中发挥作用。银行业协会通过管理下设各委员会就银行业相关的议题提出建议，并通过管理临时性的若干行业论坛、工作组和子委员会，在特定时间内辅助解决一些特定的问题。此外，银行业协会代表银行业，在《国家信贷法案》《公司法案》《消费者保护法案》《房屋抵押贷款公开法案》等重大立法和监管议题上发挥作用。

南非保险业协会（South African Insurance Association，SAIA）代表南非几乎所有保险公司，包括再保险公司，并维护其利益。协会遵循《南非保险业协会行为准则》，旨在为行业树立最佳实践标准和增强自我规范，引导行业共同努力，推动保险业发展。协会主要职能包括：在公众层面和各级政府层面作为行业利益的代表；作为探讨和维护行业利益的行业论坛；鼓励成员交流信息，讨论重大问题，创造保险业的共同愿景；增进各方对保险业的理解和认知；加强与国内外保险同业的交流；建立合适的行业标准；促进行业可持续发展。

南非证券业协会（South African Securities Lending Association，SASLA）是代表南非证券业利益的行业论坛，旨在促进南非证券业的有序、有效和竞争发展，职责主要包括：促进南非证券业的借贷活动；确保南非国内外证券业的诚信；促进南非证券业的税收和立法改革；促进证券业建立良好的实践标准；与监管、政府和其他机构一起，提升对证券业的意识和认识，促进证券业的合理立法；与国际同业合作；提升对证券业未来机遇和挑战的认识。

二、当前监管框架的形成背景

南非金融监管体系很大程度上模仿了与其有着相当历史关联的英国及澳大利亚、加拿大等英国的前殖民地国家。从 20 世纪 80 年代到 2000 年前后，南非金融监管经历了几次重大变革。

（一）机构监管模式为主时期

20 世纪 80 年代早期，南非金融监管机构很少关注国际监管的变化，严重落后于国际先进水平。监管机构对金融机构的资本要求只是简单的资本占总资产的比例，表外活动和衍生品不受监管。由于当时政治上被孤立，南非金融监管的国际交流尚未起步，监管的国际合作更是无从谈起，更不用说监管标准的国际协调。金融业——银行、保险和资本市场，被认为是互不相干的行业，在监管上彼此也是分开的。换句话说，当时是机构监管模式，是基于法定实体的监管模式。机构的法律形态决定了由哪个监管机构来监管它的活动，包括审慎监管和行为监管。这种监管模式遵循金融系统不同行业的界限，每个行业都被不同的监管机构监管，典型特征是不同行业的监管者之间没有协调。

1965－1980 年，南非银行业监管非常严格。1980 年可以称之为放松监管的元年。20 世纪 80 年代后期，为了应对金融创新、资本流动和全球金融集团的挑战，南非金融监管开始广泛参考国际经验，监管者开始在国内外的会议上与他国监管者进行交流，制定了银行和资本市场监管的核心原则，接受了资本充足率和风险管理的基本概念，并开始重视对国际金融集团的监管，金融监管结构朝更加依靠市场力量的放松监管的方向变化。这期间，金融监管系统发生了重大变化，银行监管的职责由金融部（即现在的财政部）转移到南非储备银行，财政部还于 1989 年设立了金融服务委员会。更重要的是，消费者站到了舞台中央，监管机构第一次开始重视消费者保护。公司治理规范、信息披露、透明度以及公司责任也开始成为监管的重要内容。

（二）功能监管模式为主时期

1987 年，南非专门成立了 De Kock 委员会[2]以检视货币政策对金融系统的影响。De Kock 委员会研究后认为南非的银行被过度监管，导致效率不高，缺乏竞争。De Kock 委员会提议推动去监管进程，从机构监管转向监管特定经营活动的功能监管和风险加权的平衡规则。与机构监管不同，功能监管由机构开展的业务来决定业务的监管者，不考虑机构的法律形态，每种业务类型都可以有它自己的监管者。功能监管试图监管每一套规则下的每一个行为，不论涉及的机构类型如何，好处在于不同类型的金融机构可以用一个单一的法律来监管。De Kock 委员会的这些提议在《1990年银行法》中得到了广泛采纳，该法基于《巴塞尔协议》，聚焦风险管理，

2　1987 年，De Kock 任南非储备银行行长，并担任财政部特别经济顾问，期间被任命为货币体系和货币政策调查委员会（the Commission of Inquiry into the Monetary System and Monetary Policy in South Africa）主席，该委员会因而被称为 De Kock 委员会（the De Kock Commission）。

开始重视贷款分类、国别风险管理、反洗钱、并表监管和及时纠正银行不满足审慎要求的行为等，同时监管结构也变成了部分集中式，即南非储备银行监管银行活动，其他机构监管非银行活动。

20世纪90年代中期政治孤立结束后，南非金融监管迅速与国际标准看齐，并注重消费者保护。1994年前后，南非金融系统发生了重大变革。1993年的《互助银行法案》定义了一种新的机构类型。1993年，Melamet委员会[3]提出推动南非向统一监管模式转型，以与有着相似金融系统的欧洲国家金融系统的发展趋势保持一致。2000年前后，保险业、证券业和金融市场基础设施建设也变得更加完善，对它们的监管也变得更加规范。

三、组织架构的主要特点

（一）监管机构众多，监管职能分散

从监管机构数量和职能分布来看，南非金融监管呈现监管机构众多，监管职能分散的特点。南非储备银行、财政部、贸易和工业部都有金融监管职能，具体负责监管的机构众多，各管一块却又每个都很重要。当前的监管框架建立在行业划分的基础上，不同的行业适用不同的标准和监管要求，例如，对银行业的监管、对保险业的监管、对养老金的监管、对集体投资计划基金的监管、对信贷行业的监管等。这种碎片化的监管方式，连同大量的不同行业（银行、保险等）的监管法律，意味着不同的金融产品和金融服务适用于不同的标准，而业务范围庞杂的金融集团则必须同时遵守大量不同的监管要求。这种监管架构总体上有效，但也导致了监管职能的分散化，监管差异也导致了一些监管套利行为。

（二）功能监管为主，机构监管为辅

从金融业务对应的监管机构及监管法律来看，南非金融监管呈现功能监管为主、机构监管为辅的特点。一方面，商业银行、互助银行及合作银行的银行业务监管分别对应《1990年银行法》《1993年互助银行法》《2007年合作银行法》及相关修正案，前两者由南非储备银行监管，后者

3　1994年，南非政府设立的旨在研究南非金融监管模式改革的咨询委员会。

主要由南非财政部监管，监管机构、监管对象和监管法律界限明确，属于机构监管的模式。另一方面，证券、保险以及养老金等业务主要由财政部监管，没有专门的监管机构，且各大金融集团混业经营的现状决定了其银行业务之外的业务对应众多监管法律的要求，属于功能监管的模式。

（三）政府监管为主，行业自律为辅

南非金融监管呈现政府监管为主，行业自律为辅的特点。南非金融业整体监管框架的设计由财政部负责。其中，财政部的合作银行发展司、金融服务委员会和金融情报中心，贸易和工业部的公司和知识产权注册办公室、国家信贷监管局、国家消费者委员会属于政府机构。南非储备银行是南非的中央银行，负责对合作银行以外银行的监管。银行风险信息中心和银行业协会、保险业协会、证券业协会则是由银行业、保险业、证券业自发形成的公益性、行业性组织，旨在维护客户的合法权益和加强行业自律，并推动行业健康发展。

四、南非改进金融监管的指导思想

（一）落实"双峰"模型，逐步过渡到混业监管

从分业监管和混业监管来看，南非当前的功能监管和机构监管总体上仍然属于分业监管。2017年8月21日，南非总统祖马签署了《金融行业监管法案》，但尚未公布新法案的生效日期。该法案为南非金融服务业即将采用的新"双峰"监管模式提供了架构，是南非金融服务业进行彻底监管改革的第一步。《金融行业监管法案》将创建两个全新的监管机构——审慎监管局和金融业行为监管局，分别负责规范银行及非银行金融机构的审慎性、金融消费者的市场行为和公平对待。随着"双峰"监管理念的逐步落实，南非将由分业监管过渡到混业监管。按照"双峰"监管审议模型，宏观审慎监管将由南非储备银行负责，行为监管将由新成立的隶属财政部的金融业行为监管局负责。对于商业银行而言，宏观审慎监管跟目前的监管区别不大，但行为监管涉及消费者权益、金融产品描述、利率定价合理性等方面，如果行为监管委员会认定银行相关表述、描述、收费、定价等不清晰不合理，包括金融集团架构及业务领域不清晰、不明确，金融

业行为监管局都有权进行监管，因此新监管模型对商业银行的影响较大。

（二）优化金融生态，增强金融服务能力

当前南非金融领域呈现较高的集中性，金融资产和行业利润集中在主要的几家金融机构。从政府的角度来讲，南非政府希望金融机构能够再多一些，能够为尽可能多的穷人提供金融服务，大型金融机构可能无法覆盖必要的人群和领域。从监管的角度来讲，南非监管倾向于以几家大型金融机构为主、小型金融机构为辅的生态结构，这样能更好地维持金融系统的稳定性，降低系统性金融风险。根据公开报道，南非邮政银行和 Discovery Bank 两家新银行有望获得批准。外资金融机构只要符合相应的监管要求，即可申请进入南非金融市场。

（三）结合本国实际，合理借鉴国际监管标准

2008 年国际金融危机暴露了国际金融市场的内在不足，为此巴塞尔银行监管委员会等国际标准制定机构出台了大量新的监管标准和监管要求。南非认为，引入这些监管变化应对本国监管框架和监管要求进行持续评估，以确保结合本国实际，在合理借鉴的基础上与国际标准接轨。从这点来看，银行法和银行监管条例需要不断被修订更新。例如，在实施《巴塞尔协议Ⅲ》时，就需要对南非银行监管的法律框架进行必要的、更深层次的修订。

（四）严格风险防范，审慎开展金融创新

南非金融监管部门和金融机构在金融创新方面都偏向于保持稳健和风险可控，监管的创新侧重于体制机制，金融机构的创新侧重于区别同业，但对于风险都有着严格的控制，高度警惕金融创新可能带来的市场波动和难以预知的不良后果。相对而言，各方较为鼓励支付领域的金融创新。随着互联网金融的兴起，南非也出现了以 SNAPSCAN 为代表的二维码支付方式。

第二节　银行业金融监管

一、监管对象及概况

南非的银行类金融机构主要分三类，即一般商业银行（Banks）、互助

银行（Mutual Banks）及合作银行（Co‐operative Banks）。

南非除了拥有丰富的自然资源外，还具有完善的政治、金融、法律、通信、能源和交通体系，也是 G20 成员国中唯一的非洲国家，其 GDP 总量约占非洲所有国家 GDP 总和的 25%。2008 年国际金融危机后，南非积极改善投资环境，削减税收，降低关税，遏制了财政赤字，控制了通货膨胀，放松了外汇控制。在此背景下，南非银行业发展相对比较健康，并呈现出以下几个特点。

（一）银行资产规模大且集中

南非银行业资产规模较大。非洲银行业按资产规模排名的前十大银行中，有 5 家是南非的银行，这 5 家南非银行的资产总额约占非洲前十大银行资产总额的 70%。

南非银行资产规模集中。南非国内目前共有本地注册银行 17 家，互助银行 3 家、合作银行 2 家、外资银行设立的分行 14 家、外资银行设立的代表处 39 家。南非四大银行资产总额约占南非银行业资产总额的 85%，利润总额约占南非银行业利润总额的 90%，基本垄断了南非的银行业市场。

（二）外资银行在南非银行系统中扮演着重要角色

在南非按资产排名的前十大银行中，有三家是外国银行在南非的子行（分别是花旗银行、摩根大通银行、汇丰银行），1 家是由外国银行控股（南非联合银行由巴克莱银行控股），2 家银行由外国投资者参股（天达银行由英国投资者持有 10% 左右的股份，标准银行由中国工商银行持有 20% 的股份），仅有莱利银行、第一兰特银行、Capitec Bank 和非洲银行基本由南非当地机构持股。

（三）银行监管相对成熟

南非储备银行成立于 1921 年，历史悠久，监管经验较为丰富。南非现行《银行法》是 1990 年颁布的，沿用至今。

二、监管机构

南非有五大监管机构涉及对银行业的监督和管理，即南非储备银行、金融服务委员会、金融情报中心、国家信贷监管局与公司和知识产权注册办公室。

三、立法框架

（一）立法原意

南非作为 G20 的成员之一，有义务根据巴塞尔银行监管委员会的相关要求对本国银行业进行监管。总体看来，南非银行业监管机构基本上完全按照巴塞尔银行监管委员会的最新全球资本要求制定相关监管标准。

目前，南非执行的是巴塞尔银行监管委员会的"审慎监管"原则，2013 年开始，南非进入实施《巴塞尔协议Ⅲ》的过渡期，预计将在 2019 年正式开始实施《巴塞尔协议Ⅲ》。除此之外，南非已宣布采用"双峰"监管模型，预计很快央行将开始实质性引入并实施"双峰"监管，相关的机构建设也在逐步推进。

从类型上看，南非的银行业的有关立法按照商业银行、互助银行和合作银行三种类型进行划分。从层次上，南非银行业的有关立法包括三个层面，第一个层次是法案，第二个层次是各类规定，第三个层次是有关通知、解释。

（二）一般商业银行

对于一般商业银行，相关立法主要内容如下。

1. 《1990 年银行法》

法案中的"银行"指根据该法注册成为银行的公众公司，法案内容主要包括银行注册官（Registrar of Banks）的职能权限、银行的注册成立、股权及银行控股公司（银行集团）的注册成立、银行分支机构设置和公司治理、审慎监管要求，以及银行业务开展的有关规定等。

根据该法案，南非最高一级银行监管机构为南非中央银行，即南非储备银行。储备银行下设银行办公室（Office for Banks），其负责人即为银行注册官。银行注册官根据有关法案的规定履行职责，并在每年就有关监管活动向财政部报告。

在银行注册方面，法案对银行的申请注册、注册的取消或中止等进行了详细规定，并规定了外国银行在南非开设分支机构或代表处需要满足的条件和具体做法。一般来说，银行需依据法案进行注册，需向注册官提交申请，并由注册官批准；对于拟在南非开设分支机构或代表处的外国机构，要求该银行已在他国注册成立，并在注册地从事相关的银行业务。

在银行控股公司、分支机构的设置和管理方面，法案也作出了相应的规定。此外，法案还对银行的公司治理提出了具体的要求，主要包括对银行审计师的任命，审计师对于银行注册官的职责，银行审计委员会的构成和职能，风险和资本管理委员会的构成和职能，董事事务委员会的构成和职能，信息披露等。

此外，法案还对银行部分业务的开展作出了限制性规定，主要涉及银行投资不动产或针对第三方公司的股权投资或对旗下的子公司提供贷款业务。

该法案对巴塞尔银行监管委员会的"审慎监管"原则进行了描述和具体化。法案明确，南非的银行业实施审慎监管原则，对最低资本和流动性提出了具体要求，并规定了相关的计算方式，还对如何控制集中度风险作了规定。

对于最低资本的要求，法案规定，如果银行不开展金融工具交易业务，那么这类银行的核心资本、二级资本、一级准备金和二级准备金之和不得低于 2.5 亿兰特（或以各类资产和风险敞口的总额为基础，根据法定的百分比来计算；取两者中高者）。如果银行开展金融工具交易业务（包括仅开展金融工具交易业务的银行，以及业务涵盖金融交易业务的银行），则要求其核心资本、二级资本、一级准备金、二级准备金，以及三级资本之和不得低于 2.5 亿兰特（或以各类资产和风险敞口的总额为基础，根据法定的百分比来计算；取两者中高者）。对于银行控股公司、银行集团旗下的实体来说，则没有具体的数值要求，而是以各类资产和风险敞口的总额为基础，并根据法定的百分比来计算。

在流动性方面，法案规定，银行流动性的最低要求主要以各类负债总额为基础，根据法定的百分比（不可超过 20%）来计算。

在集中度方面，法案要求银行、控股公司或分支机构对单一债务人（法人或自然人）的投资或贷款总额，或其他的信贷产品总额不能超过银行资本和准备金总数的 10%。法案还规定，对私营非银行机构的投资、信贷支持等不能超过该机构预核资本金的 25%，否则需事先得到银行注册官的审批许可（但不包括对分行、互助银行等的投资）。

2. 《2012 年银行法修正案》

该法案于 2012 年颁布，主要是针对《1990 年银行法》，依据巴塞尔银行监管委员会规定的一些变化而进行了修正，主要的修订表现在定义、有关申请的规定、外国银行机构代表处命名等方面。

3. 基于《1990 年银行法》的通告

基本上，这一系列的通告主要是针对相对具体的监管对象、相对具体的产品作出的，类似于解释。例如，针对欧洲投资银行、南非开发金融有限公司和金融服务合作机构（Financial Service co – operative）的业务开展进行了一定的规范和限制；此外，还对商业票据的有关内容进行了规定。

4. 一般商业银行监管规定

在法案、法案修正案、通告的基础上，南非储备银行还颁布了一系列的监管规定。这些规定主要包括三个方面的内容：关于《巴塞尔协议Ⅲ》的监管规定（2012 年颁布实施）、关于外国银行分支机构在南非开展业务的条件限制（2008 年颁布实施）以及关于外国银行机构代表处的监管规定（2001 年颁布实施）。

关于外国银行分支机构在南非开展业务的条件限制，南非储备银行规定，这些分支机构需遵循审慎监管规定。他们可吸收各种类型的存款，可在南非申请开设多个机构；外国银行在南非的分支机构整个经营期间，其资产净额（经审计）不得低于 10 亿美元，资本金不得低于 2.5 亿兰特（或不得低于考虑到各种风险敞口之后的资产总额的 8%，或注册官决定的更高的比例）；分支机构开展银行业务必须持有母公司出具的安慰和保证函。此外，还规定了分支机构在公司治理、命名、申请程序、费用及牌照方面需接受的有关监管。

对于外国银行机构代表处的监管规定则相对比较简单，主要对向注册官上报有关代表处的信息（职能等）、公司治理、财务报表等方面作出了具体的要求。

（三）互助银行

1. 《1993 年互助银行法》

本法主要是对从事互助银行业务的法人进行监管。法案主要包括银行注册官职能权限、互助银行的注册成立、银行公司章程和公司治理、审慎监管要求、银行业务开展的限制性规定、互助银行向一般商业银行的转换、银行的兼并和停业清理等方面的内容。

根据该法案，银行注册官在南非储备银行的控制和指导下履行法案规定的有关职责，并在每年就有关监管活动向财政部报告。

互助银行的注册成立分两个阶段，即暂时注册阶段和最终注册阶段，且暂时注册阶段是一个必需的阶段。在完成互助银行的暂时注册后，可在任何时间内向注册官申请进行最终注册。此外法案还对互助银行的公司章程和公司治理、银行董事、银行总部及分支机构的设置、会计记录和财务报表、审计师的任命和审计委员会等方面的内容进行了规定。

在审慎监管要求方面，法案对互助银行也有最低资本和准备金、最低储备余额、流动性、风险敞口等方面的最低要求。其中，资本和准备金方面，法案对核心资本、二级资本、一级准备金和二级准备金的组成进行了规定。例如，核心资本以发行的永久性付息股或不可赎回的债务债券获得的资本为基础，按照注册官规定的百分占比计算出；二级资本是通过发行债务债券获得的借贷资本。法案规定，为维持其日常的业务开展，互助银行的核心资本、二级资本、一级准备金和二级准备金的总额不得低于1,000 万兰特（或以各类资产和风险敞口的总额为基础，根据法定的百分比来计算）。

在流动性方面，法案规定，互助银行流动性的最低要求主要以各类负债总额为基础，不可低于20%。

此外，法案还对互助银行的风险敞口有相关的限制性规定，例如，在没有得到董事会和有关委员会事先许可的情况下，互助银行的投资、贷款发放等总额不得超过其资本和准备金总额的法定比例。

根据法案的规定，互助银行可申请转为一般商业银行，但需得到银行注册官的批准许可和互助银行全体成员特别大会通过。在完成身份转换后，还可根据《1990 年银行法》的有关规定申请注册成为银行控股公司（银行集团）。

2.《1999 年互助银行法修正案》

修正案主要对《1993 年互助银行法》的部分内容进行了修订，扩大了银行注册官的部分权限；取消了互助银行的暂时注册程序，可直接"注册成为互助银行"；对银行人员组成和公司治理的有关规定进行了修正；对风险敞口的有关规定进行了进一步的阐述；对互助银行的业务开展进行了补充说明。

3.《基于 1993 年互助银行法的监管规定》

这些监管规定的颁布时间为 1993 年，主要是对法案一些具体的技术细节进行描述和规定，对互助银行的财务报表（资产负债表、损益表、合并资产负债表）、资本充足率、风险管理（流动性风险、交易对手风险、信贷风险、利率风险、汇率风险、市场风险、交易风险），从技术层面进行了解释和说明。例如，给出了资产负债表的样本、构成，并对要填写的各项指标进行解释。

4.《监管规定修正案》

该修正案的颁布时间为 2001 年，主要还是根据现实情况的变化，对《1993 年互助银行法》基于技术层面进行了技术细节的修订。

（四）合作银行

1.《2007 年合作银行法》

法案明确了其颁布目的，即使更多人使用银行服务，促进合作银行的发展；建立恰当的监管架构和监管机构。

法案对合作银行进行了界定，指依法注册的、拥有存款的合作社组织，其成员数在 200 名或以上，成员的存款额在 100 万兰特或以上。主要包括初级储蓄合作银行、初级储蓄和贷款合作银行、二级合作银行和三级合作银行。

南非财政部下属的合作银行发展司（Co－operative Banks Development Agency，CBDA）直接负责对合作银行进行监管，并促进其发展。根据不同的合作银行类型以及拥有的存款数的多少,合作银行发展司还与南非储备银行对合作银行进行交叉监管和资源共享。

法案针对四种类型的合作银行可开展的银行业务分别作出了明确的规定。初级储蓄合作银行可从成员手中吸收存款,以各成员的名义为其开设支持存取款、转账和支付业务的储蓄账户,可从成员手中借款,可在任何性质的银行机构以该合作银行的名义开设储蓄或支票账户,可进行有关可流通票据业务的操作,可使用吸收的存款进行财政部许可的投资活动。初级储蓄和贷款合作银行除了可开展初级储蓄合作银行能进行的所有业务外,还能向各成员发放不得超过财政部规定的最高限额的贷款。二级合作银行的业务范围涵盖了上两类银行的全部,且可以成员的名义进行金融工具交易,甚至可在商业银行专门开设用于外币交易的银行账户。三级合作银行可开展合作银行全部业务。

在审慎监管和风险敞口方面,法案主要关注资本、资产质量、流动性、盈余公积四个方面,并要求此系列指标必须满足最低监管要求。在风险方面,法案规定,除非监管机构许可,合作银行进行投资或发放贷款不得超过财政部规定的比例。

此外,法案还规定了由合作银行发展司成立合作银行存款保险基金(Co-operative Banks Deposit Insurance Fund),并对其进行管理,以保障储户的利益。

在法案中,还规定了合作银行的资产、股权、债务和债券的拆分合并转让等方面的事宜,并允许初级储蓄合作银行向初级储蓄和贷款合作银行的转换。此外,法案还规定,合作银行的代表机构和支持组织也必须向合作银行发展司注册。

2. 《2007 年合作银行法》修正案

该修正案的发布时间为 2009 年,主要对不同类型的合作银行的成立条件提出了更明确的要求:初级储蓄合作银行、初级储蓄和贷款合作银行的成立要求成员在 200 名或以上,持有的成员的存款额在 100 万兰特或以上;二级或三级合作银行由 2 家或更多合作银行组成,主要体现在成员数和存款额上。

3. 《基于 2007 年合作银行法案的监管规定》

该监管规定的发布时间为 2009 年，主要监管规定包括：

在合作银行的业务方面，准许合作银行使用的外部借款（来源于合作银行发展司、更高一级的合作银行和成员的借款），但不能超过该银行全部资产总额的 15%；对合作银行可持有的资产（主要是存款）作了明确的界定；对除初级储蓄合作银行以外的其他三种类型的合作银行发放贷款的行为作了严格规定。

在审慎监管方面，规定要求，最低资本充足率不得低于合作银行持有的资产总额的 6%；在满足最低资本充足率要求的情况下，贷款损失准备金不得低于发放贷款总额的 2%（期限在 1 ~ 6 个月的，准备金额为 35%；期限在 6 ~ 12 个月的，为 50%；期限超过 1 年的则 100% 准备）；在流动性方面，要求合作银行所持有的固定资产和非营利资产在资产总额中的占比最多不超过 5%，存款总额中至少 2.5% 的资金必须存入合作银行发展司或高一级合作银行，即使在进行不超过 32 天、随时可变现的投资时，也至少要持有不低于 10% 的现金。此外，还规定，合作银行向其单一成员或关联人员吸收的存款不得超过合作银行资产总额的 10% 或资本金的 25%；合作银行对单一成员或关联人员投资或贷款的资金总额也不得超过资产的 10% 或资本金的 25%，监管机构批准的除外。

四、《巴塞尔协议Ⅲ》的框架及南非银行业监管的进展

(一)《巴塞尔协议Ⅲ》框架

2008 年爆发的国际金融危机给全球银行体系带来了巨大的冲击，金融危机暴露出《巴塞尔协议Ⅱ》的诸多不足，因此直接促使了巴塞尔银行监管委员会对其进行进一步的补充和完善。2010 年 9 月，巴塞尔银行监管委员会发布了新的全球资本标准，内容涉及银行稳健性、流动性风险管理、市场风险管理、交易账户新增风险等多个领域。

《巴塞尔协议Ⅲ》的核心内容主要包括以下几个方面。

1. 资本充足率

《巴塞尔协议Ⅲ》要求一级资本充足率下限从现行的 4% 上调至 6%，

核心一级资本占银行风险资产的下限从现行的 2% 提高到 4.5%，总资本充足率不低于 8%。

此外，还要求银行增设总额不得低于银行风险资产 2.5% 的"资本防护缓冲资金"，旨在确保银行维持一个恰当的资本缓冲区，在经济危机时用来"吸收"损失。《巴塞尔协议Ⅲ》增设 0~2.5% 的逆周期资本缓冲区间（此项由各国根据情况自行安排），并对系统重要性银行提出附加资本要求，降低"大而不倒"带来的道德风险。

因此，《巴塞尔协议Ⅲ》实施后，核心一级资本、一级资本、总资本充足率分别提升至 7.0%、8.5% 和 10.5%。

2. 杠杆比率

为了防止杠杆过高的风险，巴塞尔银行监管委员会在《巴塞尔协议Ⅲ》首次对银行采取了杠杆率限制措施——银行的总资产不能超过一级资本的 33 倍，以及 100% 的流动杠杆比率和净稳定资金来源比率要求。

3. 资本构成

《巴塞尔协议Ⅲ》中，对一级资本的定义更加严格，同时简化了二级资本，并取消了三级资本。

表5.2　《巴塞尔协议Ⅱ》与《巴塞尔协议Ⅲ》要求对比

《巴塞尔协议Ⅱ》下的资本构成	《巴塞尔协议Ⅲ》建议的资本构成
一级资本	一级资本
实收资本/普通股	普通股
资本溢价	
留存收益	
盈余公积	其他持续经营下的资本
少数股本权益	不计入一级资本
创新资本工具（15%上限）	不计入一级资本
二级资本不超过一级资本的100%	二级资本
一般准备	简化二级资本，只有一套二级资本的合格标准，其他子类将被取消
混合债务资本工具	
次级债	
三级资本市场风险暴露（极端情况适用）	三级资本（三级资本将被取消）

　　其中，一级资本的主要形式必须是普通股和留存收益。且普通股必须满足一套合格标准才能被计入一级资本。少数股东权益将不能被计入核心资本的普通股部分。某些具有创新特征的资本工具，将会被逐步取消。二级资本方面，则进行了简化，只保留了一套二级资本的合格标准，取消了其他子类别，并同时规定了二级资本的最低标准，取消了二级资本不能超过一级资本的限制。三级资本则被彻底取消。

　　4. 缓冲期设置

　　由于大幅提高资本充足率将提高借款者的借贷成本，并限制放贷，可能会延缓经济增长及影响就业。因此，《巴塞尔协议Ⅲ》给予银行较长的时间缓冲，一级资本的要求达标的缓冲期到 2015 年，资本留存缓冲的缓冲期到 2019 年（见表 5.3）。

表 5.3　《巴塞尔协议Ⅲ》路线图

时间	2011 年	2012 年	2013 年	2014 年	2015 年	2016 年	2017 年	2018 年	2019 年 1 月 1 日
杠杆率	监督监测		并行期从 2013 年 1 月 1 日到 2017 年 1 月 1 日，自 2015 年 1 月 1 日开始披露					将杠杆率正式纳入第一支柱	
最低普通股权益资本比率			3.5%	4.0%	4.5%	4.5%	4.5%	4.5%	4.5%
资本留存超额资本						0.625%	1.25%	1.875%	2.50%
最低普通股与资本留存超额资本之和			3.5%	4.0%	4.5%	5.125%	5.75%	6.375%	7%
普通股扣减项的逐步实施（包括超过递延税资产、抵押债权事务性服务权利以及金融工具最高限度的额度）			20%	40%	60%	80%	100%		100%

时间	2011 年	2012 年	2013 年	2014 年	2015 年	2016 年	2017 年	2018 年	2019 年 1 月 1 日
一级资本最低要求			4.5%	5.5%	6.0%	6.0%	6.0%	6.0%	6.0%
总资本最低要求			8.0%	8.0%	8.0%	8.0%	8.0%	8.0%	8.0%
总资本与资本留存超额资本之和			8.0%	8.0%	8.0%	8.625%	9.125%	9.875%	10.5%
不再作为合规非核心一级资本或二级资本的资本工具	从 2013 年开始的 10 年之内逐步退出								
流动性覆盖率	观察期开始				引入最低标准				
净稳定融资比率				观察期开始			引入最低标准		

此外,《巴塞尔协议Ⅲ》还引入了降低系统性风险的措施。这些指标主要针对系统性重要银行(Systemically Important Banks,SIBs),覆盖超额资本、应急资本和自救计划等。

(二)南非银行业实施情况

南非作为 G20 的成员之一,有义务根据巴塞尔银行监管委员会的相关要求加强对本国银行和金融业的监管架构。总体看来,南非金融监管机构完全按照巴塞尔银行监管委员会的最新全球资本要求制定相关监管标准,基本无变动。表 5.4 为南非储备银行于 2012 年 10 月颁布的《巴塞尔协议Ⅲ》执行时间表。

表 5.4 《巴塞尔协议Ⅲ》执行时间表

指标	《巴塞尔协议Ⅲ》的要求	2013 年	2014 年	2015 年	2016 年	2017 年	2018 年	2019 年
一级资本占银行风险资产下限	4.5%	3.5%	4.0%	4.5%	4.5%	4.5%	4.5%	4.5%
一级资本占银行风险资产下限中系统风险资本要求		1.0%	1.5%	2.0%	1.75%	1.50%	1.0%	0.50%
资本防护缓冲基金	2.5%				0.625%	1.25%	1.875%	2.5%
逆周期资本缓冲区间	2.5%				0.625%	1.25%	1.875%	2.5%
一级资本充足率下限	6.0%	4.5%	5.5%	6.0%	6.0%	6.0%	6.0%	6.0%
一级资本充足率下限中系统风险资本要求		1.5%	1.5%	2.0%	1.5%	1.25%	1.0%	0.75%
总资本最低要求	8.0%	8.0%	8.0%	8.0%	8.0%	8.0%	8.0%	8.0%
总资本最低要求中系统风险资本要求（最高 2.0%）		1.5%	2.0%	2.0%	1.75%	1.50%	1.25%	1.0%
国内系统性重要银行达到一级资本占银行风险资产下限要求的比例					25%	50%	75%	100%

南非储备银行对本国银行的监管要求绝大部分与《巴塞尔协议Ⅲ》的要求完全一致，资本防护缓冲基金及逆周期资本缓冲区间部分，《巴塞尔协议Ⅲ》允许各国根据自身情况自行安排，南非储备银行安排得相对靠后。

（三）《巴塞尔协议Ⅲ》的潜在影响

某大型金融集团的研究指出，完全采纳《巴塞尔协议Ⅲ》的要求将对南非金融市场产生三个方面的结构性变化。

1. 增加融资成本

《巴塞尔协议Ⅲ》要求提高资本充足率水平，要求提高表内外风险和衍生品的风险覆盖。此外，《巴塞尔协议Ⅲ》还将使南非银行必须通过海外债务资本市场获得长期融资，进而增加银行的资金成本。因此，完全采纳《巴塞尔协议Ⅲ》的要求将导致融资成本大幅增加。

2. 限制银行的贷款能力

《巴塞尔协议Ⅲ》对资本和流动性的要求更加严格，将限制银行金融服务的借贷能力，导致融资减少。为弥补净稳定资金比率的缺口，南非金融业需在以下方面进行结构性调整：第一，南非银行将通过离岸债务市场筹集长期资金；第二，由于银行借贷能力将受限，有关长期资产及相应流动性风险和信用风险将直接计入养老金、人寿保险及资产管理公司报表；第三，抵押贷款、公司贷款和基建项目融资的金额将会下降；第四，国内银行长期贷款的期限也会相应缩短，这可能会对南非的增长、发展目标和GDP 产生不利影响，进而影响到就业、基础设施建设、投资、出口和贸易融资。

3. 增加金融系统性风险

完全采纳《巴塞尔协议Ⅲ》可能产生一些意想不到的后果，主要在于系统性风险水平的提高，风险被转移到影子银行，企业将承担更多的风险，包括再融资风险、外汇风险、交叉货币衍生品的外汇对冲风险、流动资产互换风险、衍生品套期保值将变得十分昂贵、影子银行的流动性及信贷敞口风险等。

南非的银行业受到 2008 年国际金融危机的冲击相比较少，银行业的监管框架在其中扮演的角色因而也受到世界的广泛认可，许多南非监管已经成功解决的问题如今是其他地方监管改革的重点。南非的经济和银行体系有其自身的结构性特点，不宜简单复制国际经济危机后有关国际组织提出的建议，而不仔细考虑其对南非的潜在影响。

第三节 证券业监管

一、证券业概况

南非的证券业相对比较发达，有着不仅能服务其国内经济，还能辐射更广泛的非洲大陆和其他相对成熟的资本市场。南非约翰内斯堡证券交易所是全球前20家市值最大的交易所之一，2013年末总市值超过1万亿美元，2015年末为11.73万亿兰特，是非洲最大的交易所。

约翰内斯堡证券交易所成立于1887年，是随着南非的第一次淘金浪潮应运而生的。1947年，南非开始通过法律形式全面规范金融市场。1963年，约翰内斯堡证券交易所加盟了世界证券交易所联盟。20世纪90年代，证券交易所完成了电子化的过渡。2005年，交易所本身也成为上市公司。在发展过程中，约翰内斯堡证券交易所先后收购了南非期货交易所、南非债券交易所，逐步形成了涉及股票、债券、货币、股票衍生品、大宗商品衍生品等交易品种齐全的证券市场。目前，约翰内斯堡证券交易所拥有境内外62个股票交易会员，120个股票衍生品会员，92个大宗商品衍生品会员和102个利率/货币衍生品会员。

目前，股票市场方面，有近400家企业在约翰内斯堡证券交易所的主板和AltX板（类似中小板、创业板）上市，其中既包括英美烟草、SABMiller、嘉能可和必和必拓等重量级公司，也包括众多医药、银行、创新型企业等。2015年，股票市场交易6,189万笔，成交金额达5万多亿兰特，其中外资的买卖均接近1万亿兰特，约翰内斯堡证券交易所股票市场的容量和流动性均远超其他非洲交易所。

债券市场上，约翰内斯堡证券交易所有非洲大陆最大的利率市场，其债券发行主体为政府和国有企业，但公司债规模也在逐年扩大。2015年，约翰内斯堡证券交易所的债券交易达到45万笔，交易面值涉及22.74万亿兰特，其中外资的买卖均接近8,200亿兰特。

在衍生品方面，约翰内斯堡证券交易所提供了多种衍生品交易工具，包括期货、期权等，涉及利率、货币、股票和大宗商品的各类衍生品，交易门类齐全。在2012年的全球衍生品市场评选中，约翰内斯堡证券交易所的单一股票期货交易量居全球第6位，货币衍生品交易量居全球第9位。2015年，利率衍生品市场交易超1万笔，合约600万张，交易金额约7,000亿兰特；货币衍生品市场交易约6万笔，合约4,000多万张，交易金额约4,500亿兰特；证券衍生品交易超350万笔，合约超过4亿张，交易金额近7万亿兰特；大宗商品衍生品交易超过30万笔，合约超过300万张，交易金额超过7,000亿兰特。

二、监管思路及监管机构

（一）主要监管架构及目标

南非的证券业划归到非银行类金融机构，主要涉及监管分类中的资本市场类以及财务咨询及中介服务类。

南非证券市场基本上属于自律组织监管模式，交易所、证券保管机构、清算所等机构一方面作为市场的参加者参与到证券交易的各个环节之中；另一方面又是证券交易的监督者，及时发现潜在的违法犯罪活动。同时，资本市场类以及财务咨询及中介服务类这两个监管分类，都归属于南非金融服务委员会监管，金融服务委员会承担着金融市场监管的大部分职责。

从具体执行层面来看，金融服务委员会很多的监管，是放在约翰内斯堡证券交易所层面进行的。依据《2012年金融市场法案》、《2001年金融情报中心法案》以及约翰内斯堡证券交易所相关规则和指令，约翰内斯堡证券交易所承担了市场监管的职能，具体负责监管交易、制定上市规则、制定会员要求和交易规则等。金融服务委员会则负责监管约翰内斯堡证券交易所的监管职能的执行情况。

近年来，南非在金融业逐步引入"双峰"监管理念，证券业自然不能例外，在新的监管架构设计框架下，审慎监管方面的职能将移至南非储备银行名下，金融服务委员会则继续负责市场行为方面的监管。

（二）主要监管思路

从实际操作来看，根据监管内容的不同，证券业分属于金融服务委员会的资本市场部及财务咨询与中介服务部两个不同的部门监管。

资本市场部的主要监管依据来自于《2012 年金融市场法案》，负责证券交易所证券存管、清算机构、交易对手、交易数据和资料的监管和监督，主要目的是为了保障南非资本市场公平、有效和透明，保护投资者，降低系统性风险，促进南非资本市场的竞争力。资本市场部依据证券监管相关法规，一是保证股票、债券、衍生品的正常上市和交易，二是为投资者的交易创造托管等安全的环境。

财务咨询与中介服务部的主要监管依据来自于《2002 年财务咨询与中介服务法案》，主要目的是保护投资者，使金融服务行业规范化和专业化。该部门主要负责市场机构的登记、注册，执照的更新和管理，各机构财务报告、合规报告的审查等。

从以上可以看出，在金融服务委员会的内部分工上，资本市场部更多偏向于监管产品和交易行为，财务咨询与中介服务部则更多偏向于机构的资质监管。

南非的证券业监管思路可以用图 5.1 简单描述。

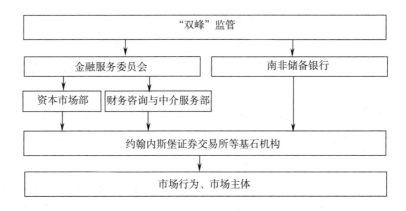

图 5.1　南非证券业监管思路

三、立法框架

（一）立法原意

南非证券业立法框架的搭建，在很大程度上借鉴了英国的立法体系和修改进程。2008 年国际金融危机之后，英国进行了金融监管法律改革，在 2010 年开始起草《金融服务法》，并于 2012 年颁布。南非的《金融市场法》从公布法案到提交审查，至 2013 年 2 月正式颁布，都与英国立法前后相随。南非每一次的金融市场监管法律制定都紧跟着英国的立法步伐，内容上也进行了大量借鉴。

与监管框架相对应的，南非的证券业立法框架也包含几个层次：第一层次的主体法是《2012 年金融市场法案》及其对应的补充、修订等，处于从属地位的是《2002 年财务咨询与中介服务法案》以及反洗钱相关法案等；在第二层级的是附属法例，主要包括约翰内斯堡证券交易所制定的股票市场、衍生品市场、利率和货币市场规则及相应的修订等；在第三层级的主要是一些通知、指引、注意事项等。

（二）《2012 年金融市场法》

南非的《2012 年金融市场法》是在 2008 年国际金融危机之后，紧随英国进行的一项金融监管法律改革。法案共分 12 章，主要包括以下核心内容。

基础规定。主要对一些定义进行了界定，并明确提出《金融市场法》的五大主要目标：确保南非金融市场公平、有效和透明；提升南非金融市场的信心；保护投资人；降低系统风险；提升南非金融市场和证券服务在境内外的竞争力。

金融市场监管和监督。主要对部长、证券服务注册官在金融市场监管和监督方面的权力进行了界定，并明确由金融服务委员会的执行官和副执行官分别担任证券服务注册官和副注册官。

交易所。法案对交易所的有关事项进行了详细的说明，对包括申请交易所执照时需要提交的材料、申请主体的资质和开业等提出了具体的要求。法案明确了交易所的监管地位，法案提出，持牌交易所须颁发交易规则，须监管其用户符合交易规则和指令，须监管其用户符合法案要求，并负有上报注册官的义务。此外，法案还对交易所、注册官等在证券上市、交易、退市、暂停交易、信息披露等方面的流程、责任和义务作了较为详细的规定。

证券托管与管理。法案主要对证券（包括货币市场证券）的中央存管作出了相应的规定，对证券中央存管机构的职能和定位作出了规定和要求，对参与方的责任和义务作出了具体要求。对于中央存管的规则制定，法案还明确提出了相应的原则和规则。

清算所。法案主要对证券清算所的设立、职能、清算所规则进行了描述和界定。

交易数据中心。法案主要对交易数据中心的设立批准和责任义务进行了界定。

适用于市场基础设施的总则。法案主要对市场基础设施机构（包括上述的交易所、托管机构、清算机构等）的执照年审、取消和暂停，以及日常运营、问题处理等方面作出了相应的规定。

行为准则。针对金融市场各参与主体，法案提出了行为准则通则，要求参与主体需诚实、公平、专业、关心客户利益，要维护金融市场的完整性等。

代理人条款。法案对证券交易用户的指定代理人（被提名人）作出了相应规定。

市场滥用。法案主要对一些市场滥用的罪行进行了界定，包括内幕交易，禁止的交易行为，错误、误导或欺骗性的陈述、承诺和预测等。并对内部交易的责罚作出了原则性的规定。此外，法案还详细规定了金融服务委员会在市场滥用监管上的权力和责任，并规定了相应执委会的人员任命、构成和职能。

审计。法案规定，市场基础设施机构的审计师须经注册官同意才能聘用，并按照国际准则、公司法等规定，对这些机构进行年度审计。

其他通则。法案主要对注册官、法庭的权力，尤其是注册官执行现场检查、监察、处罚的权力，法庭取消机构或个人从业资质的权力，进行了相应的明确。还对执法委员会、清盘、企业救助和接管等作出了原则性的规定。

（三）附属法例

在证券业的监管中，处于第二层级的是附属法例，这些附属法例主要包括约翰内斯堡证券交易所制定的股票市场、衍生品市场、利率和货币市场规则及相应的修订等。

根据不同的市场，约翰内斯堡证券交易所将这些交易规则划分为四大类，分别为股票市场规则、衍生品市场规则、利率和货币市场规则以及内幕交易。

1. 股票市场规则

针对股票市场，约翰内斯堡证券交易所又将有关规则具体划分为股票规则、股票衍生品规则以及担保基金规则，对这些不同类型的市场进行管理。

其中，股票规则最早发布于 2005 年，后续通过各类通知等方式对其进行了多次修订，最近的一次修订为 2016 年 5 月。最新版的股票规则通过16 个章节，对有关股票的交易主体、交易行为进行了规范，其核心涉及以下几个部分。一是市场主体方面。该规则对市场的准入标准进行了详细的说明，包括对市场主体资格、会员资格的认定标准，设定了交易服务商、投资服务商、托管服务商等的准入标准，并详细描述了向约翰内斯堡证券交易所进行申请和批准的流程及要求。股票规则还对市场主体的合规、清算、内部控制和风险管理方面，提出了具体的要求，并涉及审慎管理的有关要求。二是交易方面。约翰内斯堡证券交易所对交易系统的使用、交易时间、交易取消、可疑交易等方面进行了规范，并对资金的清算核算等具体细节进行了详细的规定。三是在机构的商业行为、客户资产保全方面，约翰内斯堡证券交易所也作出了详细的规定。此外，股票交易规则还对争议及解决、监管和强制执法等各方面作出了较为详细的规定。

股票衍生品规则最早发布于 2007 年，后续也进行了多次修订，最近的一次修订为 2016 年 1 月。最新版的股票衍生品规则整体结构与股票规则类似，也主要包含申请和批准流程，交易和交易流程，公司行为，会员财务健康情况，清算核算，托管 6 个方面的内容。

担保基金规则主要针对一个比较特殊的产品——约翰内斯堡证券交易所担保基金，约翰内斯堡证券交易所本身是这只基金的秘书处。这只基金主要用于投资者保护。

2. 衍生品市场规则

与股票市场规则类似，约翰内斯堡证券交易所将衍生品市场规则又划分为衍生品规则、衍生品指令、富达基金规则三类。

其中，衍生品规则最早发布于 2005 年，历经修订后，现在执行的是 2015 年 11 月的版本。该规则主要对参与衍生品交易的市场主体/会员资格、交易规则、在册交易人员管理、具体交易系统及交易类型、头寸管理、保证金交易、投资管理等方面，作出了较为详细的规定。

衍生品指令方面，主要涉及会员的资本充足率要求、合规官要求、资产管理和咨询服务准入标准、经纪商准入标准、交易时间、具体报价等内容，还对涉及外币的衍生品的外汇管制方面进行了规定。该指令的最新版为 2015 年 11 月版。

与股票规则类似，衍生品市场也有一个富达基金规则[4]（JSE Fidelity Fund Rules）用于投资者保护，约翰内斯堡证券交易所对此基金的管理也出台了细则。

3. 利率和货币市场规则

针对利率和货币市场，约翰内斯堡证券交易所制订了利率和货币市场规则、利率和货币市场衍生品规则、富达基金规则，以及制订了多个标准合同文本。

这些规则、指令与其他市场类似，都是对市场主体的准入、商业行为的监管、交易的规范、客户和资产的管理、投资管理等方面进行了规范。对涉及的有关合同，约翰内斯堡证券交易所还提供了标准的合同文本，包括客户同意书、投资管理协议、清算协议等。

4. 内幕交易

约翰内斯堡证券交易所针对内幕交易和其他市场滥用行为专门制定了相关的规则，最新版本系 2016 年 1 月版。在这份规则中，约翰内斯堡证券交易所对内幕信息及内部人，内幕信息的披露和公布，内幕交易的确罪和抗辩等进行了详细的规范，并对市场操纵、虚假陈述等进行了描述和界

4　用于投资者保护的信托基金，约翰内斯堡证券交易所承担秘书处职能。

定。此外，规则还明确了内幕交易的具体管理机构，明确了具体的惩罚和追责措施。

（四）通知指引及注意事项等

除上述内容外，金融服务委员会、约翰内斯堡证券交易所还会针对各类新情况出台相关的通知等，通常以董事会通告、子委员会通告等形式出现，但仍然具有法律效力，属于法律框架的构成部分。

第四节　保险业金融监管

一、监管对象概况

（一）全球保险业概况

表 5.5　2012—2014 年全球保险业保费收入情况

单位：百万美元

年份	寿险	非寿险	总额
2012	2,624,993	1,976,336	4,601,329
2013	2,545,045	2,048,587	4,593,632
2014	2,654,549	2,123,699	4,778,248

资料来源：纽约保险信息研究所 "2016 International Insurance Fact Book"。

2014 年全球保费收入增长 3.7%。其中，非寿险增长 2.9%，2013 年为 2.7%；寿险增长 4.3%，2013 年为 1.8%。2014 年全球保险深度为 6.2%，其中排名前五位的国家和地区分别为中国台湾、中国香港、南非、韩国和荷兰，保险深度分别为 18.9%、14.2%、14.0%、11.3% 和 11.0%。从绝对数来看，2014 年总保费收入列全球前五位的国家是美国、日本、英国、中国大陆和法国，分别为 1.28 万亿美元、4,798 亿美元、3,513 亿美元、3,284 亿美元和 2,705 亿美元，全球占比分别为 26.80%、10.04%、7.35%、6.90% 和 5.66%。南非 2014 年的总保费收入 491 亿美元，全球占比 1.03%。

（二）南非保险业概况

南非保险按照现行法案，主要分为长期保险和短期保险两种。短期保险主要为非寿险，包括工程、担保、债务、交通事故、医疗、财产等险种，合同通常须每年签订；长期保险主要指寿险，其他还包括援助、偿债基金、健康、伤残等险种。

南非是非洲最大的保险市场。南非保险业的监管框架对创造竞争性、成长性市场十分有利，长短期保险保费收入未来预计将维持5%以上较快增长。此外，随着年轻人群体的壮大和手机的不断普及，南非小额保险业务也得到了更快的发展。但南非人均GDP相对较低，在一定程度上抑制了保险业发展速度。同时，南非保险业也面临着新监管框架带来的成本上升，中介功能缺失，信息披露不完善，潜在利益冲突，专业人才短缺等问题。

根据南非金融服务委员会（Financial Service Board，FSB）官方公布数据，截至2016年6月，南非总计有97家注册短期保险公司，76家注册长期保险公司。2015年保费总额达5,947亿兰特，其中短期保险占比21%，长期保险占比79%。

2015年，南非长期保险总保费收入4,720.10亿兰特，其中长期直接保险公司保费收入4,611.60亿兰特，长期再保险公司保费收入108.50亿兰特。

2015年，南非短期保险总保费收入1,227.08亿兰特，其中短期直接保险公司保费收入1,139.09亿兰特（直接保费为817.15亿兰特，再保险保费为321.94亿兰特）；短期再保险公司保费收入87.99亿兰特（直接保费为20.94亿兰特，再保险保费为67.05亿兰特）。

直接保费中车辆险和财产险占比最高，分别为44%和32%；剩余的意外险、债务险、担保险、工程险、交通险和杂项合计占比24%。

二、保险业监管体制和机构

（一）南非现行保险监管体制

南非的保险业目前主要由金融服务委员会的保险部和精算部负责监

管。保险部的主要职能是：（1）监管并确保南非保险公司遵守南非长期和短期保险法案对稳健经营、公司治理和行业操守的相关规定；（2）出具监管意见，以更好地满足保险业监管目标。精算部的主要职能是：（1）为短期和长期保险的注册提供技术支持：按照相关要求提供协助和评价；确保保险公司符合法案规定的最低偿债能力要求；确保保险公司在法定估值方法下财务的稳健并有能力满足保单持有人的合理预期；与南非精算学会合作，批准法定精算师资质，确保精算师符合相关职业资质和经验要求；协同金融服务委员会保险部门进行现场检查和其他合规性考察；特别统计调查等。（2）向各利益相关者提供咨询服务：诸如向保险公司、相关咨询机构提供业务、产品设计和估值方法等方面的咨询，使其满足金融服务委员会的监管要求。（3）建立合适的监管环境：制定或修订指令和方针，使保险行业满足监管要求，包括加强对消费者的公平对待；处理保单持有人对精算相关问题的投诉；参与各类保险行业协会；维护行业标准；管理保险行业协会高级官员和政府的关系；积极参与行业会议；按照需求向金融服务委员会保险部提供技术培训等。

（二）新监管框架——"双峰"监管

次贷危机后，南非金融监管体制的改革不仅吸取了次贷危机的直接教训，而且还考虑了提高金融业的安全性和稳健性，维护金融稳定，保护金融消费者和确保金融服务便捷、有效和廉价等更广泛的政策目标。2011年，南非财政部出台政策文件《以更安全的金融业更好地服务南非》（*A Safer Financial Sector to Serve South Africa Better*），提出在南非采用"双峰"监管模式，标志着对过去分业监管模式的根本性改革。

南非财政部于2013年公布其金融业立法草案，以在南非实施"双峰"监管体制，该草案历经两轮征求意见和修改，于2015年10月提交国会。该草案的主要内容有：

第一，该草案提议由南非储备银行负责维护金融稳定，并由其在发生或可能发生系统性风险时负责进行处置。草案建议成立一个金融稳定监督委员会（Financial Stability Oversight Committee，FSOC）和一个金融部门应急论坛（Financial Sector Contingency Forum，FSCF）。

　　金融稳定监督委员会的主要目标是协助南非储备银行实施其与金融稳定相关的法定职能，促进金融监管机构和南非储备银行在有关金融稳定事务上的协调与合作。金融部门应急论坛由南非储备银行副行长牵头成立，其主要目标是协助金融稳定监督委员会识别潜在的系统性风险，并协调适当的计划、机制或结构以缓解这些风险。金融稳定监督委员会和金融部门应急论坛由南非储备银行提供行政支持和其他资源（包括经费），以保证其有效运行。

　　第二，在微观审慎监管方面，草案建议在南非储备银行内部新成立一个审慎监管局（Prudential Authority，PA），负责对银行、保险公司和大型金融集团、金融市场（如约翰内斯堡证券交易所等）和支付系统等金融基础设施的微观审慎监管，即负责银行业、证券业、保险业的微观审慎监管（和改革前相比，央行增加了对证券、保险的审慎监管）。审慎监管局的目标是促进和提高金融机构和金融市场基础设施的安全性和稳健性，以保护金融消费者，防范金融风险，并协助维护金融稳定。

　　第三，在行为监管和消费者保护方面，草案建议成立一个金融业行为监管局（Financial Sector Conduct Authority，FSCA），负责行为监管和保障金融消费者的权益。

　　金融业行为监管局独立于南非储备银行，其目标是提高南非金融体系的效率和诚信，保护金融消费者，促进金融机构公平对待金融消费者；同时向金融消费者和潜在的金融消费者提供金融教育服务，普及金融知识，提高金融消费者的金融素养以帮助他们作出稳健的决策，并协助维护金融稳定。金融业行为监管局负责对几乎所有各类金融机构进行行为监管（与改革前相比，央行对银行业的行为监管职能被分离出去了）。与英国类似，行为监管保持独立，没有纳入央行框架下。

　　第四，在监管机构的沟通、协调和合作机制方面，草案建议成立金融监管机构联席会议（Council of Financial Regulators，CoFR）和金融部门内阁成员联席会议（Financial Sector Inter–Ministerial Council，FSIMC），以促进新成立的审慎监管局和行为监管局之间，以及它们和其他金融监管机构及南非储备银行间的协调与合作。

金融监管机构联席会议的职责是促进不同金融监管机构之间的协调与合作，促进其组成机构的高层人员探讨他们共同关心的问题，包括采取的战略方向，了解并应对来自国内和国际的挑战。金融部门内阁成员联席会议的目标是通过提供一个讨论和审议共同关心的问题的论坛，以促进负责金融监管相关政策制定的内阁成员间的合作。

三、法律框架

南非在保险业立法的框架层次上包括三个层面：第一个层次是法案，例如现行的《长期保险法》《短期保险法》以及即将颁布的《新保险法》；第二个层次是各类框架、规则、条例和法规，主要有小额保险监管框架、保单持有人保护规则、小额保险条例、资本充足率要求、专属自保保险条例、增值税条例、消费信贷法规、财务咨询和中介服务法规（FAIS）等；第三个层次是有关通知、解释。

本章重点讨论即将出台的《新保险法》（*Insurance Bill*）和《偿付能力评估和管理法》（*Solvency Assessment and Management*，SAM）。《新保险法》是南非"双峰"监管改革的一部分，旨在加强南非保险监管框架，该法案将替代 1998 年 52 号《长期保险法》和 1998 年 53 号《短期保险法》。SAM 是新保险法案的附属法规，该法规参照欧盟的《第二代偿付能力监管框架》（Solvency II），将从公司治理和风险管理、财务稳健要求及信息披露三方面，建立一个更广审视视角的监管体系，替代原先单一的法定偿付能力额度的监管方式。

（一）《新保险法》

1. 立法原意

2008 年的国际金融危机凸显出对银行和保险公司实行更高要求的审慎监管和市场行为准则的重要性。由 G20、国际货币基金组织和金融稳定委员会主导的全球金融监管改革对银行业提出了更加审慎的《巴塞尔协议 III》，对欧盟保险业则提出了《第二代偿付能力监管框架》（以下简称 Solvency II）。

南非《新保险法》参照《巴塞尔协议 III》和 Solvency II 的核心理念，

强调了较高的审慎标准，融入了 Solvency Ⅱ 的核心理念，从全集团层面监管、公司治理、牌照颁发、风险管理和内部控制等诸多方面对保险行业作了相应要求。同时，《新保险法》通过对接《金融业监管法案》（*Financial Sector Regulation Bill*，FSRB），构成了南非"双峰"监管改革的重要一步。

2. 最新进展

2015 年 4 月 15 日南非内阁通过新保险法案，4 月 17 日起征求公众意见。2016 年 1 月 28 日，财政部将《新保险法》提交南非议会的财政常设委员会审议。2017 年 11 月 28 日，《新保险法》在南非议会获得通过，并已提交南非总统签批。

《新保险法》设计了保险行业偿付能力评估和管理框架，以加大对投保人的保护，增强行业的稳定性。法案还提供了保险行业审慎监管的统一法律框架，在与国际保险行业的监管标准保持一致的同时，也考虑了南非本国的实际情况。

3. 框架和内容

《新保险法》中的保险公司指依据本法注册成立的从事保险业务的法人，除非特别说明，包括劳合社[5]、劳合社保险承保人以及再保险公司。新法案主要包括以下内容：保险业务的基本原则、核心人员和重要持有人、牌照的申请、暂停和吊销、公司治理、财务稳健性、汇报和对公披露、业务转让等大宗交易、决议框架、法案的执行以及一般性规定。

在核心人员和重要持有人方面，除劳合社、劳合社保险承保人以及外国再保险公司分支机构外，保险公司的核心人员和重要持股人必须经审慎监管局批准，并符合法案规定的合适性要求，核心人员和重要持股人的变更、核心人员的终止必须在 30 天内通知审慎监管局。

在保险牌照方面，新法案对保险公司的注册、暂停和吊销等进行了详细规定。一般来说，仅从事小额保险的公司必须是南非公司法下注册成立的盈利和非盈利企业或南非互助法下注册成立的互助企业；仅从事再保险业务的公司必须是南非公司法下注册成立的公众公司或国有企业或外国再

5　又称劳埃德保险社，伦敦市的一个保险交易场，是一个按照 1871 年《劳埃德法令》形成的法人团体，它为其经济支持者提供了一个分摊风险并进行联营的市场。

保险公司分支机构；除以上两种情况，其他保险公司必须是南非公司法下注册成立的公众公司或国有企业。除小额保险公司和再保险公司，其他保险公司仅能从事寿险或非寿险业务，不得同时两项业务。附属保险公司（captive insurer）不得承保第三方险。代客保险公司[6]（cell captive insurer）不得同时承保在同一单位结构下的第一方险和第三方险，不得承保另一家保险公司的保险责任相关风险。所有保险公司均需依据本法向审慎监管局提交注册申请，审慎监管局一般需在 120 天内批准或拒绝申请。

在公司治理方面，新法案对保险公司的董事会构成和治理、风险管理、内部控制和业务外包、审计等提出了具体要求。

在财务稳健性方面，法案要求保险公司资本必须满足预设的最低资本要求和偿付能力资本要求。此外，审慎监管局还规定了保险公司财务稳健性测算的原则、方法和假设，资产估值的原则、方法和假设，负债估值的原则、方法和假设，自有资金的分层和分类，附加资本等。

在决议框架中审慎监管局对法定经理、破产管理人的任命以及商业救援和解散程序作了详细规定。

（二）偿付能力评估和管理法规

1. 立法原意

欧盟 Solvency Ⅱ是欧盟借鉴《巴塞尔协议Ⅲ》对银行的监管思路，对《第一代偿付能力监管框架》（以下简称 Solvency Ⅰ）的改进。Solvency Ⅰ体系为"一个支柱"，主要体现为法定偿付能力额度法，是通过对固定比率的规定确定法定最低偿付能力标准，保险公司的实际偿付能力不得低于法定最低偿付能力，是一种较为直观、操作较为简单的偿付能力监管方法。而 Solvency Ⅱ监管框架的目标不但使保险公司更好地衡量、监控和管理风险，还包括更加专业的 IT 数据支持、内部模型支持、恢复与重置计划等，从而成为拥有更广审视视角的监管体系。

Solvency Ⅱ与《巴塞尔协议Ⅲ》一样，可以概括为"三大支柱"：第一支柱为定量要求，包含资本要求、技术准备金、实际资本；第二支柱以

6　由其母公司拥有的，主要业务对象即被保险人为母公司客户的保险公司。

公司内部风险管理、自身风险和偿付能力评估、监管审查为主，还包括早期预警提示、投资策略、资产负债匹配、风险分散计划等；第三支柱为信息披露要求，包含监管报告和公开披露[7]。

南非金融服务委员会参照欧盟的 Solvency II 提出了类似的审慎监管框架——SAM，以公司治理和风险管理、财务稳健要求以及信息披露作为三大支柱，旨在提升保险行业财务稳健并加强对保单持有人的保护。

2. 最新进展

2015 年 12 月 25 日，金融服务委员会的 SAM 工作组对 SAM 中关于财务稳健性的监管标准进行了第一轮讨论。讨论结果已于 2016 年 2 月 19 日上报金融服务委员会。经过多次征求公众意见，SAM 已经随着《新保险法》于 2017 年 12 月被提交南非总统签批。全面的 SAM 法规将以附属法规的形式与新保险法案同时生效[8]。

3. 框架和内容

SAM 法规主要包括公司治理和风险管理、财务稳健要求以及信息披露三大支柱。在保险公司偿付资本监管方面，保险公司应持有足够的资本满足最低资本要求和偿付能力资本要求。在某些特定情形下，监管当局有权要求保险公司满足一定的额外偿付资本的要求。同时，保险公司应建立有效的公司治理体系对业务和风险进行管理。公司治理体系应包括风险管理职能、合规管理职能、内部审计职能和精算管理职能。在信息披露方面，保险公司至少每年一次向公众披露与其偿付能力和财务状况相关的重要信息。

（1）关于公司治理和风险管理。

SAM 法规要求保险公司建立有效的公司治理体系，对保险业务进行合理谨慎的管理。保险公司应建立风险管理、内部控制、内部审计以及可能发生的服务外包的管理政策，确保保险公司的经营持续性和合规性。保险公司聘请的关键管理人员应具有良好的知识背景和相关经验，具备专业胜任能力，为人正直并具有良好的声誉。

风险管理方面。保险公司应建立有效的识别、评估、监控、管理和报

7　杨杰，陈瑾，陶亮. 欧盟保险公司偿付资本监管（Solvency II）框架及内容.

8　Financial Service Board. Solvency Assessment and Management（SAM）2015 Update.

告风险的管理体系。风险管理职能覆盖承保和准备金管理、资产负债管理、投资管理、流动性风险和集中风险管理、操作风险管理、再保险和风险缓释技术等方面。使用内部评级模型法时,风险管理职能应涉及设计和实施内部模型、测试模型的有效性、存储模型有关的技术文档、分析模型运行效果等方面。作为风险管理职能的一部分,保险公司应进行风险和偿付能力自我评估工作。在评估整体偿付能力时需考虑特别风险、风险承受度以及业务发展战略,偿付资本计量的监管要求,风险假设的重大差异,评估模型风险。偿付能力评估是业务发展的需要,保险公司应及时完成评估工作。偿付能力自评估不能修改偿付资本计量结果。

保险公司的内部控制体系包括行政管理与会计管理、内部控制框架、风险报告制度以及合规管理。保险公司内部审计应具有客观性和独立性,内部审计的结果应及时向管理层或监管部门报告。

精算管理职能包括制定准备金评估标准;确保准备金估计使用的方法、假设和模型的合理性;评估数据的充分性和质量;比较最优估计与经验值的差异;向管理层和监管部门报告准备金的可行性和合理性;监督出现的意外情形;评估整体承保政策;评估再保险安排的合理性等方面。

(2)关于财务稳健要求。

保险公司用于承担损失的资本包括自有资本和附属资本。自有资本包括基础自有资本和合格的次级债务。基础自有资本为经评估的资产与负债之间的差额,并扣除保险公司持有本公司的股权之后的资本。附属资本包括除自有资本以外的可用于吸收损失的资本,包括投资者尚未缴足的股本或未催缴的初始资本,信用证和担保以及其他具有法定约束力的承诺。附属资本的范围以及相应的计入监管资本的额度由监管部门认定。

保险公司的资本根据其特性和吸收损失的能力划分为一级资本、二级资本和三级资本。分类依据是:①该项资本是基础资本还是附属资本;②该项资本是否具备永久性特性,即在持续经营中或清算时可以全部用于吸收损失或在必要时增资的承诺;③该项资本或负债的清偿顺序在保单持有人和其他债权人之后。主要的划分标准：合格的基础资本划分为一级资本；基础资本中可以用于承担损失并具有期限且其偿付顺序在保单持有人和其他债权人之后的资本划分为二级资本；附属资本可划分为二级资本；其他资本为三级资本。

保险公司偿付资本是一级资本、二级资本和三级资本的总和。根据偿付资本监管要求，一级资本占总资本的比例不得低于三分之一，三级资本占总资本的比例不得高于三分之一；根据最低资本监管要求，满足最低资本监管要求的资本包括一级基础资本和划分为二级资本的基础资本，且一级基础资本不得低于二分之一。监管要求对各层级的资本比例的规定只适用于监管标准，不影响保险公司内部资本的管理。

（3）关于信息披露。

保险公司至少每年向保单持有人和债权人披露与其偿付能力和财务状况相关的重要信息。保险公司信息披露内容主要包括业务经营和收益情况；公司治理体系以及治理对风险管理的有效性；风险分类、风险暴露、风险集中度、风险缓释措施以及风险敏感度；资产与负债结构、准备金以及评估财务报表使用的评估基础和模型；资本管理，包括但不限于自有资本的构成、规模以及资本质量，偿付资本和最低资本、内部模型法与标准法之间的差异、不符合资本监管要求的方面以及导致不合规的原因及其影响。

在披露资本管理信息方面，保险公司应分析自有资本构成的变化情况，说明影响评估自有资本构成的资产负债表因素；披露偿付资本、监管部门要求的额外监管资本以及说明导致额外监管资本的原因；在披露偿付资本时，如有必要，应注明偿付资本尚需经监管部门的评估。

在披露偿付能力和财务状况方面，监管部门允许保险公司不披露影响市场公平竞争的信息、有关保单持有人和第三方的保密信息。保险公司应说明未披露信息对偿付能力和财务状况报告的影响。

保险公司应建立信息披露政策和审批程序。保险公司可在自愿基础上披露更多有关其偿付能力和财务状况的信息。偿付能力报告应经管理层、监管部门批准后才能公布。

第五节 其他金融监管

一、反洗钱与反恐怖融资

（一）相关规定

反洗钱和反恐怖融资的法律法规主要涉及《银行法》《银行条例》《金融情报中心法》和《反洗钱和反恐怖融资条例》，这些法律法规形成了南非反洗钱和反恐怖融资等相关活动的法律框架。

《银行法》：授权由银行监管部的负责人——银行注册官负责监管银行；要求银行建立独立的合规职能，作为风险管理框架的一部分，由银行的合规官负责；要求银行及其控股公司，分支机构按照银行注册官的要求，提供相关信息和报告，包括审计报告。

《银行条例》：要求银行预防犯罪活动，识别和管理犯罪活动的风险；要求银行在发现洗钱或恐怖融资活动的30天内向银行注册官书面报告有关情况，包括金融情报中心法要求报告的情况；要求银行建立强大的结构、政策和流程来防止市场滥用、金融欺诈、市场操纵、恐怖融资和洗钱等行为；要求银行建立独立、客观的内部审计部门，对银行风险管理、控制和管制流程和系统进行评估和改进，防止金融服务被滥用，内部和外部审计报告的副本都应提交银行监管部；要求银行向员工提供充分的培训和指导。

《金融情报中心法》：（1）明确了客户认证、客户识别和客户准入的基本要求；对金融机构应保存的记录、记录保存期限、记录的获取等作出了规定；明确了金融机构的报告义务及报告要求；明确了金融机构未履行法定义务时的罚则；明确要求保护提交相关报告的人员。（2）要求金融机构按照法律法规要求制定并执行内部规则；要求金融机构对高风险的客户开展尽职调查，对高风险客户采取分级的客户准入政策，对政治人物进行增强型尽职调查；要求金融机构提供调查和起诉所需的信息；要求金融机构采取控制措施防范代理行洗钱和恐怖融资风险；要求金融机构指定合规官，负责银行及雇员遵守反洗钱和反恐怖融资法律法规以及银行内控制度；要求金融机构向其雇员提供培训，提高遵守金融情报中心法和内控制度的能力。（3）赋予监管者监管和督促相关金融机构遵守反洗钱和反恐怖融资相关法律法规情况的职责；要求监管者在知道或怀疑金融机构涉及洗钱活动时，必须告知金融情报中心，并提供充分的信息和记录；赋予金融情报中心必要时要求金融机构暂不处理相关交易的权力。

《反洗钱和反恐怖融资条例》：明确了识别确认客户身份的记录规则及记录保存的要求；明确了持续维护客户信息的要求；明确了金融机构制定内控制度，监测和报告可疑交易的要求；明确了金融机构获取信息帮助识别非法活动或洗钱活动的要求。

（二）相关安排

金融情报中心：南非金融业整体监管框架的设计由财政部负责，然而金融情报中心实际上承担了反洗钱和反恐怖融资政策制定的牵头角色。金融情报中心设有反洗钱顾问委员会，成员包括情报中心、财政部、警察局、司法宪法发展部、国家检察院、情报局、保密局、中央银行、税务局、金融机构的代表、监管机构的代表以及其他机构或人员，负责向财政部长提供识别洗钱等非法活动的政策建议。金融情报中心和银行监管部等监管机构一起发布当前法律没有纳入的指导意见，每季度和监管机构开会讨论反洗钱和反恐怖融资措施、可疑交易报告和趋势、犯罪预警和网络犯罪趋势等问题及其他相关事项。金融情报中心是南非唯一接受和分析可疑交易报告的机构，也是唯一可与南非警察局、重案调查组和南非税务局共享金融情报信息的机构。必要时，金融情报中心可以与金融行动特别工作组（FATF）、国际货币基金组织及埃格蒙特集团[9]（Egmont Group）等分享合规信息。

银行监管部：银行监管部设有专门的反洗钱和反恐怖融资小组，负责对银行的现场检查和处罚，在现场检查中，银行需提交反洗钱和反恐怖融资风险的自评估报告。现场检查基于银行暴露的风险而定，监管计划根据

　　9　1995年由一些国家的金融情报中心（FIU）在比利时布鲁塞尔的埃格蒙特－阿森伯格宫召开会议成立的一个非正式组织，旨在加强各国反洗钱信息交流与合作。

从各方获取的信息来定，包括非现场分析，与银行管理人员会谈，内部和外部审计报告等。除了现场检查，所有银行都需提交季度报表，例如可疑交易报告的笔数。银行监管部每季度与南非前五大银行举办审慎会议，讨论反洗钱和反恐怖融资事宜，包括银行内部审计中反洗钱和反恐怖融资相关情况，也和一些银行开会讨论特定的反洗钱和反恐怖融资事项。为管理外资银行洗钱和恐怖融资风险，银行监管部与外国同行协调，共同制定检查计划。银行监管部可以和互相签署谅解备忘录的国外监管机构分享特定银行的反洗钱和反恐怖融资不合规的情况。

银行监管部编写了内部反洗钱和反恐怖融资的监管手册，明确了银行监管部履行《金融情报中心法》的流程和程序，包括如何履行监管和评估、现场和非现场检查的详细指导。银行监管部制定了详细的检查程序，包括评估银行内部规则和工作方式，政策及程序，评估内部审计是否独立行使审查反洗钱和反恐怖融资职能，评估管理信息系统的充分性，包括审查可疑交易是否被银行分析过，是否向金融情报中心报告过，是否有政策和流程使其员工报告任何与银行金融服务滥用的问题。银行监管部认为，尽管金融情报中心发布的指导意见不具有法律效力，但银行监管部可以基于意见采取一些监管举措。作为非现场监管的部分，银行需每月向银行监管部报送反洗钱和反恐怖融资的统计情况，包括反洗钱和反恐怖融资控制的政策和规则在上月是否更新；上月的可疑交易报告数量，包括达到特定金额的交易金额总计；上月员工接受培训的统计情况。银行监管部有权对不合规的银行进行处罚，实际上已经对多数大型银行进行了处罚。

银行监管部希望银行采用风险为本的评估方式并采取相应的措施降低风险。银行监管部认为，它的监管范围已经超越了金融情报中心法和金融行动特别工作组的标准。为了让银行采取风险为本的反洗钱和反恐怖融资工作方式，银行监管部正在开发监管工具来识别更高风险的机构，从而确定现场检查对象。由于从规则为本的监管向风险为本的监管仍处于初级阶段，银行监管部的这种监管变革还没有与银行做好充分的沟通。

金融服务委员会：金融服务委员会有专门团队负责反洗钱和反恐怖融资工作，监控被监管对象执行金融情报中心法的情况，审查监管对象提交的合规报告，并组织现场检查，提出改进合规能力的工作要求。其中金融顾问和中介服务部、保险部和集体投资计划部负责金融服务商、长期保险公司和集体投资计划管理公司的反洗钱和反恐怖融资及相关活动的监管。

二、风险预警

一个有效的银行监管系统要求监管者能够保持对某家银行或银行集团的前瞻性评估，区分它们的系统重要性，识别、评估和解决从银行和银行系统中产生的风险，要有早期介入的框架，要有和相关机构合作的安排，在银行遇到危机时可以采取措施有序解决。这需要监管机构掌握银行的集团结构、风险状况、内部控制环境和银行应对能力，并能够在相关银行之间的比较。

（一）风险评级

为做到有效监管，银行监管部建立了以风险为本的两个监管维度。一个维度是风险为本的监管可以被视为确定银行系统监管重点的方法论；另一个维度是风险为本的监管适用于特定银行和银行集团，从而重点关注特定银行和银行集团的高风险领域，并采取相应措施降低风险。基于这种方法论，银行监管部制定了双评级系统，一个是基于银行的系统相关性（行业影响力评级），另一个是基于银行面临的风险（风险评级）。评级结果每月更新，并提供给一线分析员。

每个银行评级信息概况会按月提供给银行监管部管理委员会。行业影响力评级分为1~5级，5级表明该银行是系统重要性银行。鉴于南非银行业的高集中度，前五大银行占据了超过90%的资产，对于行业影响力评级而言，所有的大银行都被评为5级，其他的银行为1~3级，因经营规模不同而不同。这些评级比较稳定，因为银行的相对规模不会剧烈变化，但是银行监管部指出，当一家银行遇到麻烦，且传染风险增加时，银行监管部会提高该银行的系统重要性评级，并且这样的情况已经在小银行中发生过。

银行或银行集团的风险评级包括一个总体评级和分项评级。分项评级对下列特定金融或非金融风险类别进行评级：资产负债表、表外资产负债表、资本充足率、盈利能力、流动性风险、利率风险、市场风险、信贷风险、货币风险、操作风险、洗钱和恐怖融资风险、公司治理。分项评级分为 1~5 级，每级如下：1 级是强，2 级是满意，3 级是一般（观察类），4 级是关注（有失败的风险），5 级是不满意（有很可能失败的证据）。总体评级是对分项评级的加权平均。一般而言，总体评级高于 3 级时被视为需要监管注意，银行总体评级为 4 级或以上时将被认为是有问题的银行。

（二）国家风险

在大型银行开展跨国经营的过程中，复杂的国家风险及其传递是对银行集团的潜在威胁，应予高度重视。

《银行条例》对此作出了相关规定：要求银行建立综合的风险管理流程，充分满足银行经营规模及银行特点的需要，对于银行而言，要确保董事会和高管层及时收到相关风险的信息，包括国家风险及其传递。《银行条例》并规定了识别、监控和报告国家风险及其传递，以及应对措施；要求银行能确保精确监测国家风险敞口并在银行信息系统、风险管理系统和内部控制系统中进行报告；要求银行持续确定国家风险限额，并计提适当的国家风险及其损失拨备。目前，银行监管部还没有为任何国家设定具体的百分比限制，要求银行有内部审批通过的作为风险偏好设置流程一部分的此类限制，并要求银行有政策和流程来监控这些限额。

此外，银行监管部和银行共同举办的年度审慎会议会对银行所在地的运营环境进行讨论。银行需报送信贷总敞口及不同地区风险敞口的信贷质量季度报表。银行提交的季度报表提供了不同地区的分类，该信息由银行监管部用于评估银行区域敞口的合适程度。银行每年的外部审计也被要求向银行监管部报告发现的任何重大缺陷。此外，银行监管部在必要的时候还收集其他信息，例如，在 2008 年国际金融危机的高点，银行监管部收集了对欧洲某些国家风险敞口的月度数据。

三、金融监管的国际合作

（一）相关规定

《银行法》在外国管理的银行的监管方面，对公司治理提出了要求。

《银行条例》列出了适用于银行总部对其海外运营的公司治理监管的详细要求，明确了治理、风险管理和内部治理的要求适用于并表层面和每家海外分支机构层面。银行集团的每家外国分支机构都应按要求提交季度报表，报表包括分支机构详细的金融和风险信息，包括信贷风险，市场风险，操作风险和其他风险。银行注册官有权要求一家银行或控股公司就其海外机构提交额外的报告。

（二）相关安排

备忘录。南非储备银行和其他国家监管机构签署了许多备忘录。外国银行在南非运营时，南非储备银行要求与外国监管者签署备忘录，作为银行注册或授权手续的一部分。在审批南非银行的海外机构时，申请者需提交包括东道国监管情况和海外机构经营能力的信息，银行监管部还会运用多种信息源考察外国监管者的资质及该国的法律框架，来看它会否阻止必要信息的出境，有关情况会在审批时一并考虑。对于拟同意并购或设立银行的跨境运营，银行监管部要求与跨境运营相关的监管者签署备忘录，内容包括机构所在国不得阻止信息出境的保证。银行监管部与外国监管部门会举行定期会晤或临时性会晤，来讨论跨境监管的事项。只要是重大的监管事项和基于与外国监管机构的备忘录的规定，临时会议可在任何时候由任何一方发起。此外，银行监管部也与大型银行集团境外机构的 CEO 经常会面，在与银行及其控股公司召开的 CEO 会议中，与银行海外运营相关的内容，包括分支机构，合资公司和分行等，包括对他们的监管等，都会在会上讨论。

监管论坛。作为东道国的监管机构，监管论坛主要作为银行监管部分享信息的平台。银行监管部为标准银行集团组织了监管论坛，还作为监管者参与外国银行的监管论坛，还与其他监管机构，特别是英国审慎监管局举行特别会议。

此外，银行注册官可与其认为必要的东道国或国内监管机构或任何其他机构或个人签订合作协议，协议的内容覆盖监管事项。金融服务委员会有权与外国监管机构合作和分享信息，包括合作和不仅限于监管事务的信息分享，如以确保金融机构安全稳健确保金融系统稳定性为目的的信息分享。在南非当前与外国监管的合作中，暂时没有危机管理和危机解决的议题。涉及外国法律时，南非法庭可能会认可并给予支持，但不会给出具体的解决措施。

第六节　金融综合监管及其协调

一、金融综合监管的主要举措

（一）相关规定

《银行法》和《银行条例》确保了并表管理的审慎要求，例如资本充足率、流动性、风险敞口都以并表监管为基础。

《银行法》对并表监管做了详细规定，所有关于银行的指引，指导和要求都适用于银行或它的控股公司，规定控股公司适用于中等资本的要求，风险敞口也适用于控股公司。

《银行条例》定义了并表管理的范畴，包括银行集团的所有银行；所有相关受监管或未受监管的由银行或任何分支机构开展的金融实体或金融活动；银行的控股公司；所有相关受监管或未受监管的由控股公司或分支机构或合资企业或关联企业开办的金融实体或开展的金融活动；以及任何其他被银行注册官认为可能对相关银行集团造成潜在巨大风险的实体（截至目前还没有认定过此类实体）。《银行条例》将并表监管的目标归纳为"妥善把控所有重大风险，包括信贷风险，市场风险和操作风险，还包括确保银行集团资本和储备资金诚信"，明确指出并表监管适用于所有公司机构和实体。

（二）相关安排

银行监管部与银行的诸多会议均从并表层面进行讨论，每家大的银行集团都有专门的作为前台分析团队组成部分的并表分析人员。考虑到南非大型银行都是金融集团的组成部分，银行监管部对集团非银行活动中产生的风险有着清醒的认识。银行监管部特别关注银行集团各部门的状态，监测它们的环境和对银行的影响，并和银行及控股公司的董事会及高管层定期讨论研究有关问题。在审慎会议和其他会议期间，银行监管部都会讨论并表监管事项。而且，所有银行集团的架构都被审查和评估，并反映在它们的管理信息报告的评级和半年度风险审查结果中。

银行或控股公司需要提交基于并表监管的季度报表，内容包括集团资本充足率、内部敞口、集团敞口、集团货币风险以及集团流动性等。南非银行的境外分支机构，季度报表内容包括资产负债表、表外资产负债、收入情况、资本充足率、信贷风险、流动性风险、市场风险、利率风险、股权风险和操作风险。所有银行集团还必须每半年提交一份详细的组织结构图，反映银行或控股公司的所有利益。

二、金融监管的协调

（一）合作框架

南非储备银行：《银行法》授权银行注册官可在必要时与其他任何监管机构签署关于监管事务的、类似备忘录之类的合作协议。《银行法》允许银行注册官与其他监管同行分享信息，只要银行注册官认为这些信息是必要的和符合相关法律要求的。南非储备银行的银行监管部和财政部的金融服务委员会在1998年签订了《合作和协调备忘录》，并定期讨论系统性问题。备忘录明确了在监管领域的互相帮助，信息交换和对银行、互助银行以及受金融服务委员会监管的金融机构进行合作监管的指导。

金融服务委员会：《金融服务委员会法》授权金融服务委员会与任何监管机构就共同利益的事务保持联络；参与任何监管机构的事项；向任何监管机构提供建议或接受他们的建议。如果金融服务委员会准备就涉及其他监管机构利益的法规提出反对意见，金融服务委员会应通知相关监管机构。金融服务委员会有权与监管机构（包括外国监管机构）进行谈判协商，并与之签订双边或多边合作协议，以就金融机构的报告义务和其他义务进行协调配合，协调监管活动，在足够安全的情况下分享信息。金融服务委员会可以分享与公共利益相关的信息；可以和监管机构或政府部门以确保金融机构安全和稳健为目的分享信息，或以与其他监管机构对金融机构的监管协调为目的分享信息；金融服务委员会的证券服务注册官应与南非储备银行行长就监测和降低系统性风险进行充分有效的合作安排;证券注册官应通知财政部长和南非储备银行行长任何可能导致金融市场系统性风险的信息。

财政部:财政部长的角色涉及制定各种部门法规,审批相关监管行为(例如,取消或注销外国银行的分支机构),并且任命相关监管负责人。《宪法》赋予南非储备银行独立行使职能的权力,但同时也需要同财政部商议。在公共金融和危机管理方面,银行并购需要获得财政部长的同意。

国家信贷监管局:国家信贷监管局监管消费者信贷和为信贷商提供注册服务,有权对借贷行为施加影响或者取消对信贷商提供信贷服务的授权。国家信贷监管局可与任何监管机构就共同利益的事务进行合作,可以与相关的金融行业的监管机构签订协议,在决定对某个注册信贷商采取行动时与这些监管机构进行合作和协调。

银行监管部和金融服务委员会以及南非中央证券存托所之间签订了合作备忘录,包括信息的交换和互助的安排。金融服务委员会每季度会和大型银行和保险公司就相关议题开会,这些议题大多具有内在联系。这些会议的议程包括监管计划和监管发现等议题,财政部和国家信贷监管局也在需要的时候参加。这些机构之间还有频繁的非正式的技术层面的接触。银行监管部和金融稳定部之间有着密切合作以及频繁的接触。金融监管委员会也作为一个解决审慎监管和市场行为监管之间冲突的一个正式渠道,由金融监管机构的负责人,非金融监管机构和其他利益相关方参加,以确保金融监管的整体协调配合。

(二)协调主体

由于没有金融稳定监管和危机管理的正式的法律框架,各监管机构一般通过金融业应急论坛、金融稳定监管过渡委员会等渠道来协调监管事务。

金融业应急论坛:金融业应急论坛于 2003 年创立,旨在协调管理金融危机的计划、机制和结构。作为金融业自发性的协调机构,金融业应急论坛一般两年开一次会。南非储备银行副行长任论坛主席,成员包括财政部、南非储备银行、金融服务委员会,南非银行业协会,南非保险业协会，约翰内斯堡证券交易所，南非中央证券存管机构和南非储蓄投资协会。论坛备忘录明确了成员单位的义务，确保共同的理解和承诺，提高金融业应急论坛的效率。论坛围绕两个委员会开展工作，一是包括私有参与者的操作风险委员会，重点关注基础设施失效和操作风险，另一个是包括南非储备银行和财政部代表的委员会，负责金融危机的应急计划和系统性风险的识别和应对措施。

金融稳定监管过渡委员会：金融稳定监管过渡委员会是协调南非储备银行、其他监管机构和财政部之间的金融稳定事务的非正式组织。南非储备银行的内部金融稳定委员会（行长任主席）为其工作开展提供帮助。金融稳定部也帮助识别和评估系统性风险并向行长提供意见和政策建议。

三、金融机构的退出

（一）当前框架

相关规定：《破产法》规定了清算过程中资产在债权人中的分配程序。金融业务法规，例如《银行法》或《保险法》进一步为特定客户，例如储户和投保人，提供了保护性规定。当前没有正式的危机管理的法律框架，仅建立了由南非储备银行副行长任主席，财政部、南非储备银行和金融服务委员会的代表为成员的金融业应急论坛，协调金融危机期间的紧急计划。

适用范围：当前破产流程，例如监护人和业务救助安排，仅适用于失败的法律实体。

救助机构：根据金融业法规，银行、保险、养老金等，许多监管机构从各自领域来看负有救助责任。目前没有一个预先确定的牵头机构，或者法律协调安排。

进入救助：触发清算或监护人的标准按照行业划分，例如银行、保险公司或其他单个金融机构，基于不同机构类型确定适用的标准。在进入救助前，早期介入十分有限，难以防止严重的和不可避免的损失。如南非储备银行在早期介入有问题的金融机构时，在取消银行执照，限制银行开展业务或解职银行的董事或管理人员方面面临一些限制。

救助权力：当前的救助权力分散在不同的法律规定的监管机构。由于彼此没有共同的一致的目标，中间存在潜在的利益冲突。

救助资金：南非有模糊的存款保险系统，由政府提供资金，没有存款保护计划或提供系统性流动性的框架，私人部门没有向储户或失败的银行提供补偿的安排。南非储备银行为使银行符合《巴塞尔协议Ⅲ》流动性覆盖率的要求提供了流动性工具。

跨境合作的法律框架：金融业法规为跨境合作和信息共享做了规定，监管机构通常有备忘录，涉及正常监管职能和信息共享方面，但是这些不包括在危机或救助情况下特定机构的合作协议，还不足以有效地有序地解决在多个国家经营的金融集团的救助问题。

恢复和救助计划：南非已经为银行制定了恢复计划，但还需要把这些计划延伸到非银行的系统性重要金融机构，暂时没有制定综合性的救助计划。

救助评估：当前没有定期的救助评估要求或程序。救助评估只会在特定的时候发生，而非基于一致认可的跨行业的方法论。

（二）相关安排

银行、证券和保险公司在困境下的救助安排较为类似。

以银行为例，银行救助制度包括监护人制度，当一家银行即将倒闭时，银行注册官会向财政部长提名银行的监护人。监护人由财政部长任命，负责银行的管理，同时任命另一个不是银行雇员的人协助监护人管理银行的事务。经财政部长授权，监护人有充分的权力控制银行及其资产，包括与银行的债权人进行商量和谈判。监护人应在银行注册官的监督下履行管理银行的义务，最大限度地维护债权人和银行业的利益，遵守银行注册官的要求，保管各种会计记录和各种报告，一如银行正常运营时的要求一样，遵守公司法的一切要求，有权代表银行维护银行的一切利益，如果监护人认为银行无法存续，其应书面告知银行注册官，并每月向银行注册官书面报告银行的情况。

银行被监护期间，银行注册官可以任命一位调查人负责调查银行的业务，贸易，交易，事务或资产和债务，在有合理理由时可调查任何人员，被调查人员不得拒绝回答任何正当问题。调查人应在 5 个月内完成调查，并在随后 1 个月内提交调查报告给银行注册官，财政部长和律师。

银行监管部在银行面临危机时会在具体情况具体分析的基础上考虑以下因素：发生危机的银行的系统重要性程度、银行是否有能力存活、银行是否经历资本或流动性问题等，按照银行危机的实质不同，可由南非储备银行或政府担保提供紧急流动性救助，财政部可以为系统性重要银行提供公共资金作为救助资金的一部分发挥作用。南非储备银行可以在财政部的许可下获取公司的股份，可以通过参与谈判为私人部门提供救助。

如果银行确实无力经营，银行注册官可以在法院的监管下为银行申请清算，可以提请由法庭批准清算人，清算人由从大型审计公司选出的、符合资质的人员担任。银行的清算过程基于普通公司的倒闭框架，南非储备银行不具有直接的清算职能。

证券公司：按照《金融顾问和中介服务法》，无论按照《公司法》或《破产法》该公司是否满足破产条件，证券注册官可以为了保护客户利益向法院申请对金融机构进行清算。在与公司达成一致后，证券注册官可以为受金融服务委员会监管的金融机构任命一名经理，同时也可以向法院申请为金融机构任命一名监护人。

保险公司：《保险法》为保险公司按照法院指令破产作出了规定，并适用《公司法》和《破产法》的规定。按照《长期保险公司法》的规定，注册官可以在财政部长同意的情况下，向法院申请对长期保险公司进行清算。

金融市场相关机构：注册官有权按照《金融市场法》撤销或取缔金融市场基础设施相关机构的执照，并将业务转移到其他机构，或者为了保护清算成员、有权用户或参与成员或客户的利益，注册官可以向法院申请对机构进行清算。

参考文献

[1] 南非银行法案及修正案.
[2] 南非互助银行法案及修正案.

［3］南非合作银行法案及修正案．

［4］南非国家信贷法案及修正案．

［5］南非金融市场法案及修正案．

［6］南非破产法案及修正案．

［7］南非公司法案及修正案．

［8］南非保险法案．

［9］南非金融情报中心法案．

［10］南非反洗钱和反恐怖融资管制条例．

［11］金氏报告第三版（King Ⅲ Report）．

［12］南非财政部．"A Safer Financial Sector to Serve South Africa Better"，2011.

［13］南非储备银行．"Financial Regulations in South Africa"，2001.

［14］南非财政部，南非储备银行．"Strengthening South Africa's Resolution Framework for Financial Institutions"，2015.

［15］南非财政部．"Twin Peaks in South Africa"，2014.

［16］国际货币基金组织．"Detailed Assessment of Compliance on the Basel Core Principles for Effective Banking Supervision SA"，2015.

［17］国际货币基金组织．"Financial Safety Net Bank Resolution，and Crisis Management Framework SA"，2015.

［18］金融稳定委员会（Financial Stability Board）．"Peer Review of South Africa"，2013.

［19］南非储备银行．"Selected SA Banking Sector Trends"，2016.

［20］巴塞尔银行监管委员会．"Assessment of Basel Ⅲ Risk－based Capital Regulations—South Africa"，2015.

［21］Financial Service Board. Insurance Regulatory Seminar Material－Cape Town 2 Nov. 2015 and Pretoria 5 Nov. 2015.

［22］South Africa Minister of Finance. Republic of South Africa Insurance Bill.

［23］杨杰，陈瑾，陶亮．欧盟保险公司偿付资本监管（Solvency Ⅱ）

框架及内容.联合研究报告，2013 年 1 月.

［24］巴塞尔银行监管委员会.Assessment of Basel Ⅲ LCR Regulations - South Africa.2015.

［25］KPMG. The South African Insurance Industry Surve，2014.

［26］McKinsey & Company."Global Insurance Industry Insights An In - depth Perspective"，2014.

［27］PWC. PWC Insurance Industry Analysis 2015，2015.

［28］PWC. PWC Insurance Industry Analysis 2016，2016.

［29］Insurance Information Institute. International Insurance Factbook 2016，2016.

［30］PWC. PWC African Insurance Trend，2014.

［31］Erika Botha，Daniel Makina. Financial Regulation and Supervision：Theory and Practice in SA ［J］. International Business & Economics Research Journal，2011（11）.

［32］G. Coetzee. Regulation and Supervision of Microfinance Institutions：the Experience in South Africa，1998.

［33］南非政府部门网站、约翰内斯堡证券交易所、相关金融行业协会网站及资料.